시진핑

13억 중국인의 리더, 그는 누구인가?

글 _ 홍순도

시진핑

13억 중국인의 리더, 그는 누구인가?

글 _ 홍순도

프롤로그

 흔히들 극적인 뒤집기라는 말을 한다. 스포츠에 이런 케이스가 많이 나타난다. 농구의 버저 비터, 야구의 9회 말 2아웃 2스트라이크 3볼에서의 역전 만루 홈런, 축구의 인저리 타임 결승 골 등은 모두 이런 극적인 케이스에 해당한다.
 극적인 뒤집기는 정치권에서도 왕왕 일어난다. 중국이라고 예외는 아니다. 지난 세기 말에는 이 사실을 보여주는 분명한 사례도 하나 있었다. 때는 천하대란으로 치달을 뻔한 톈안먼 유혈 사태의 싹이 본격적으로 트기 시작한 1989년 5월 19일 전후였다. 당시 중국의 공식적인 최고 지도자는 자오쯔양(趙紫陽) 당 총서기였다. 하지만 학생, 시민들의 민주화 요구에 동조했던 그는 이때 이미 막강한 막후 최고 실권자인 암장군(暗將軍) 덩샤오핑(鄧小平) 중앙군사위원회 주석에 의해 식물 총서기가 돼 있었다. 그의 행동을 도저히 용납 못할 반당(反黨) 행위로 규정한 덩의 강력한 주장에 의해 해임이 사실상 결정된 것이다. 이어 그는 19일 마지막으로 학생들 앞에 나타나 눈물을 흘리면서 입장을 이해한다고 말한 다음 공식 석상에서 완전히 사라졌다. 이후 숨 막히는 순간이 흘렀다. 비밀리에 후임 총서기 선출을 위한 당 최고 권력 기구인 정치국 상무위원회 회의도 덩 주석의 주재 하에 열렸다. 결과는 너무나 의외였다. 상식으로는 권력 서열 3위인 정치국 상무위원회 위원 리펑(李鵬) 총리가 후임자가 되는 것이 정상이었다. 더구나 리 총리는 백그라운드도 막강했다. 영원한 총리라는 별칭으로 불린 저우언라이(周恩來)와 덩잉차오(鄧穎超) 부부의 양자라는 엄청난 프리미엄이 있었다. 한마디로 최고 지도자가 될 모든 조건을 다 갖추고 있었다. 그러나 덩 주석이 낙점한 인물은 의외로 권력 서열이 한참이나 뒤지던 당 정치국원 장쩌민(江澤民) 상하이 시당 서기였다. 장으로서는 극적인 뒤집기, 리로서는 다 잡은 고기를 놓친 셈이 됐다.

이런 깜짝 뒤집기 드라마가 금세기 들어와서도 다시 한 번 연출되게 됐다. 주인공은 2012년 10월에 열릴 공산당 전당 대회인 제18차 전국대표대회에서 각각 차기 총서기 겸 국가 주석과 총리로 완전히 확정될 시진핑(習近平. 59) 국가 부주석과 리커창(李克强. 57) 상무 부총리이다. 불과 4년여 전만 해도 총서기로 유력했던 리 부총리는 총리로 승진하고, 시 부주석이 총서기 자리를 손안에 쥐게 된 것이다. 특히 이런 구도는 2010년 10월 시 부주석이 당 제17기 중앙위원회 5차 전체회의(17기 5중전회)에서 중앙군사위원회 부주석에 선출되면서 군권까지 사실상 장악함으로써 하늘이 두 쪽이 나지 않을 경우 변화가 없을 것으로 보인다. 하늘이 두 쪽이 나는 경우는 시 부주석이 엄청난 비리에 휘말려 낙마하는 경우나 유고 외에는 없으나 현재로서는 그럴 가능성은 거의 제로라고 단언해도 괜찮다.

원래부터 중국의 미래 10년을 이끌어갈 차세대 지도자로 일찌감치 주목을 받아온 두 사람은 지난 1995년을 기점으로 이름을 본격적으로 알리기 시작했다. 당시 막후에서 막강한 실력을 행사하던 이른바 팔로(八老. 공산당 최고 원로들인 덩샤오핑, 천윈陳雲, 양상쿤楊尚昆, 보이포薄一波, 펑전彭眞, 시중쉰習仲勳, 쑹런충宋任窮, 완리萬里)의 원로회의는 중국의 미래를 이끌 뛰어난 지도자 감을 찾아내라는 지시를 당에 내렸다. 지시를 받든 당 정치국과 중앙조직부는 즉각 행동에 돌입했다. 당성, 능력, 평판, 50세 이하의 연령 등을 기준으로 한 뛰어난 스펙의 인물들이 곧 리스트에 올라왔다. 이들은 당의 철저한 검증을 받은 다음 다시 한 번 걸러졌다. 마지막에는 두 사람이 남았다. 전국을 이 잡듯 뒤져 찾아낸 이 두 사람이 바로 시진핑과 리커창이었다. 당시 시는 푸젠(福建)성 부서기, 리는 공산주의청년단(약칭 공청단共靑團) 제1 서기였다. 이때만 해도 둘 중 선두주자는 단연 나이가 두 살 아래인 리였다. 또 그가 늘 한두 발 앞서가기도 했다. 외신들이 차기 당정 지도부를 선출하기 위해 2007년 10월 15일에 개최된 공산당 제17차 전국대표대회 이전까지만 해도 리커창이 총서기, 시진핑이 총리가 될 것이라고 확신하고 있었던 것은 따라서 크게 이상할 것이 없었다. 더구나 리는 공청단 제1 서기를 장기간 역임한 후진타오(胡錦濤) 총서기 겸 국가 주석의 직계 파벌이라는 이점까지 안고 있었다. 그러나 정작 차기 지도부를 구성할 당 정치국 상무위원회의 인선이 끝나면서 이 구도는 확 바뀌고 말았다. 시진핑이 예상을 뒤엎고 차기 총서기가 될 수밖에 없는 권력 서열 6위의 상무위원으로 선출된 것이다. 반면 리커창은 총리로 가는 것이 확실해 보이는 권력 서열 7위의 상무위원으로 선출됐다. 이 구도는 이듬해 열린 제11기 전국인민대표대회 1차 회의에서 시가 국가 부주석, 리가 상무 부총리로 선출되면서 사실상 거의 확정됐다. 지난 세기 말에 이은 중국 권력 내부에서의 극적인 뒤집기가 다시 한 번 연출된 것이다. 시로서는 거의 불가능해 보인 기적을 엮어낸 셈이 된다.

   시진핑이 이처럼 극적인 뒤집기를 통해 기적을 연출하는 저력을 보여준 데에는 다 그만한 이유가 있다. 한마디로 총서기 자리를 그저 줍지 않았다는 얘기가 될 수 있다. 정말 그런지를 한 번 살펴봐야 할 것 같다. 우선 그는 베이징대학 졸업 이후 일거에 벼락출세를 한 다음 승승장구한 리커창과는 달리 기층에서부터 한 단계씩 계단을 밟아 올라갔다는 장점이 있다. 이는 지도자에게 무엇보다 귀중한 자산이 될 무수한 경험을 했다는 얘기가 된다.

이 과정에서 그는 중요한 지역에서 요직을 모두 섭렵하기도 했다. 우선 청년 시절에는 산시(陝西)성에서 소위 지청(知靑. 지식 청년이라는 뜻으로 문화대혁명 때 농촌으로 하방된 이들을 뜻함-저자)으로 노동을 했다. 또 베이징과 가까운 허베이성에서는 현급 간부로 일했다. 이어 푸젠성과 저장(浙江)성, 상하이시, 베이징시 등에서는 시장, 서기, 성장, 인대(人大. 국회에 해당하는 전국인민대표대회, 즉 전인대全人大의 각 성 및 시의 하부 조직) 상무위원회 주임, 중앙당교 교장으로 일했거나 일하고 있다. 허난(河南)성과 랴오닝(遼寧)성에서 고관으로 주로 경력을 관리한 리커창보다는 많이 나아 보인다.

두말할 것도 없이, 있는 것이 없는 것보다 훨씬 좋은 군 경험 역시 무시하기 어렵다. 우선 그는 칭화(淸華)대학을 졸업하던 1979년에 국무원 부총리 겸 중앙군사위원회 비서장이던 겅뱌오(耿飇)의 비서로 일했다. 당시는 인민해방군 내에 직위만 존재한 탓에 계급을 달지는 못했으나 어쨌거나 현역이자 장교 신분이었다. 이때 그의 활약은 대단했다. 자신에게 맡겨진 겅의 업무 스케줄 조정, 내빈 접대, 연설문 작성 등의 일을 완벽하게 해냈다. 심지어 그는 80년 5월 25일부터 10일 동안은 미국을 방문한 겅을 수행, 일찌감치 미국의 선진 무기체계를 시찰하는 기회도 잡았다. 겅의 비서로 3년 동안 일한 다음에도 그의 군사 경력은 멈추지 않았다. 우선 83년에 옮겨간 허베이성 정딩(正定)현에서 서기로 일하면서 현 무장부대 제1 정치위원을 겸임했다. 이어 90년부터 96년까지 푸젠성 닝더(寧德)시와 푸저우(福州)시 서기 등으로 일하면서는 푸저우분군구(福州分軍區) 당제1 서기를 역임했다. 또 96년부터 2002년까지 푸젠성 부서기, 대리성장 등의 자리에서 일할 때는 난징(南京)군구 국방동원위원회 부주임 겸 푸젠성 국방동원위원회 주임, 고사포예비사령부의 제1 정치위원으로도 일했다. 심지어 그는 당 고위직으로 일할 때에도 군문에서 멀어지지 않았다. 2003년부터 2007년까지 저장성 서기로 일할 때에는 성 군구 당위 제1 서기, 2007년 상하이 서기로 재임했을 때는 상하이 경비구 당위 제1 서기의 자리를 겸임했다. 그가 2010년 10월 실질적으로 미래의 군권을 장악하게 될 중앙군사위원회 부주석 자리에 취임한 것은 때문에 우연과는 한참 거리가 멀다고 해야 한다.

지금 중국의 정치 상황은 군이 전면에 나서야 하는 국면이 아니다. 또 군부 최고위층도 당 정치국 상무위원회에 입성하지 못하고 있다. 그러나 마오쩌둥(毛澤東)의 말처럼 권력은 총구에서 나온다는 말이 있다. 시진핑이 중앙군사위원회 부주석을 겸하고 있는 것은 바로 이 점에서 무엇보다 의미가 크다. 더구나 그의 풍부한 군대 경험은 군부의 전폭적인 지지를 이끌어내고 있다. 그야말로 최고 지도자가 되기 위한 최적의 조건을 갖추고 있다고 해도 괜찮다.

절대로 튀지 않는 스타일 역시 시진핑의 장점으로 꼽힌다. 대체로 사람이 너무 지나치게 튀면 다치는 경우가 많다. 중국은 더 말할 필요조차 없다. 천방지축 나대면 한 방에 훅 간다는 사실을 중국의 5000년 역사는 잘 보여주고 있다. 게다가 중국인들은 대체로 1인자보다는 2인자가 되는 것을 더 좋아한다. 저우언라이가 대표적으로 이런 유형에 꼽힐 듯하다. 시진핑 역시 이 점에서는 오래 전부터 단연 발군의 인물인 것으로 알려지고 있다. 라이벌이었던 리커창이 베이징대학 학생회장 출신으로 말이 다소 많고 튀는 스타일인데 반해 일찌감치 조용한 스타일을 지향하면서 이를 몸에 익혔다고 한다. 심지어 그는 부하를 질책할 때도 큰 소리를 치는 법이 절대로 없다는 것이 서방 언론의 전언이다.

그와 리커창이 한국을 방한했을 때를 비교해보면 어느 정도인지 잘 알 수 있다. 먼저 시진핑의 행보를 봐야 할 것 같다. 2009년 12월 16일 3박4일 일정으로 한국을 밟았으나 행보는 그다지 시끌벅적하지 않았다. 그저 꼭 필요한 한국 측 인사들을 만나고 조용히 이한했다. 반면 2011년 10월 26일 고작 1박2일 일정으로 한국을 찾은 리커창의 행보는 판이했다. 우선 그는 산둥(山東)성 칭다오(靑島)에서 기업인을 무려 80명이나 우르르 대동한 채 전용기 편으로 서울공항으로 입국했다. 마치 국가 원수급의 행차라고 해도 좋았다. 한국 측 요인들도 대부분 만났다. 대통령을 비롯해 총리, 국회의장 등이 그와 만나 함께 사진을 찍었다.

그의 행보는 다음 날인 27일에 더 요란했다. 서울 장충동 신라호텔에서 전경련 회장을 비롯한 기업인 250여 명을 만난 것이다. 당시 신라호텔 앞에는 리커창 부총리의 한국 방문을 열렬히 환영한다는 붉은색 현수막까지 내걸렸다. 또 오성홍기를 단 캐딜락 리무진 주위로는 수많은 양국 경호원들의 삼엄한 경계가 펼쳐지기도 했다. 시진핑의 방한 때와는 달라도 너무 달랐다. 어떻게 보면 성격이 강하기로 유명한 보시라이(薄熙來) 충칭(重慶) 서기 겸 정치국원을 연상시킨다. 그러나 이런 튀는 스타일은 중국에서는 별로 좋게 평가받기가 어렵다. 시진핑이 아무래도 리커창보다는 좋게 보일 수밖에 없는 것이다.

언론을 가능하면 적대적으로 보기보다는 친구처럼 대하는 이른바 프레스 프렌들리한 성향도 그의 뒤집기에 일조했다고 해도 좋다. 원래 중국 언론은 정권의 나팔수로 불린다. 그래서일까, 중국의 최고 지도부는 언론의 중요성은 알고 있으나 별로 부담스러워하지 않는다. 아니 어떻게 보면 언론 종사자들을 하대하는 경우가 적지 않다. 때문에 중국 최고 지도자들의 대부분은 사전 예고 없이 사진을 찍으면 외국 언론사 종사자들에게까지 화를 버럭 내고 하는 보시라이 스타일로 언론을 대한다. 리커창 역시 대체로 이런 스타일이라고 해야 한다. 하지만 시진핑은 절대로 이렇게 하지 않는다. 심지어 언론의 중요성을 알고 먼저 접근하는 경우도 있다고 한다. 특히 홍콩 언론을 비롯한 외신들에게는 예상 외의 우호적인 자세를 보인다. 그에 대한 국내외 평가가 상당히 좋은 것에는 다 나름의 이유가 있지 않나 싶다. 실제로 그는 이로 인해 당 기관지 『런민르바오』에 대서특필되는 이례적인 대접을 받은 적이 있는가 하면 TV 드라마의 주인공 모델이 되기까지 했다. 더구나 이런 성향의 스타일은 정치적으로 크는 데도 상당한 장점으로 작용한다.

처음에 웃은 리커창과는 달리 마지막에 웃게 된 시진핑의 장점으로는 2002년 사망하기 전까지 팔로로 막후 영향력을 상당히 과시한 아버지 시중쉰의 후광 역시 무시해서는 안 된다. 시중쉰은 1928년 15세의 나이로 공산당에 입당해 산시(陝西)성과 간쑤(甘肅)성에 소비에트 정부를 설립한 다음 펑더화이(彭德懷)가 사령관으로 있던 당의 최정예 부대인 제1야전군 정치위원으로 항일 전쟁을 승리로 이끈 혁명 원로로 유명하다. 중국이 건국된 후인 50년대에는 당 중앙선전부 부장, 정무원(지금의 국무원 전신) 비서장, 당 중앙위원, 국무원 부총리 등의 요직을 역임했다.

높은 관직의 아버지를 두고 있다는 것은 사실 일반 서구의 민주주의 국가에서도 도움이 됐으면 됐지 나쁘지 않다. 중국은 더 말할 필요도 없다. 당연히 시진핑 역시 아버지의 도움을 많이 받지 않았다고 하기 힘들다. 실제로도 그는 아버지가 현장 출신으로 어릴 때부터 먹고 살기 힘들어 들판으로 산으로 헤맸다는 리커창과는 출신성분이 너무도 다르다. 한마디로 금 숟가락을 입에 물고 태어났다고 해도 과언이 아니다. 본인이 원하지 않더라도 주위의 도움을 받을 수밖에 없다. 만약 없다고 항변한다면 그건 새빨간 거짓말이 된다.

앞에서 끌어주고 뒤에서 밀어주는 같은 태자당(太子黨) 출신들의 이심전심은 더 말할 나위가 없다. 그에게 천군만마의 힘이 되고 있다. 당정군 및 재계 고위층 인사의 후세들을 일컫는 태자당은 현재 대략 4000여 명에서 1만 명 정도로 추산된다. 한때 정권을 독점했던 상하이방(上海幇)이나 공청단파(약칭해 단團파라고도 부름)와 함께 중국 정계의 3대 계파 중 하나로 꼽힐 수밖에 없다. 당연히 다른 파벌을 견제하기 위해 자신들과 출신성분이 비슷한 시진핑을 지원해야 한다. 더구나 리커창은 공청단파의 핵심 인물로 태자당에게는 별로 반가운 인물이 아니다.

물론 시진핑에게서는 다른 태자당 출신 고위 관리들이 풍기는 오만함이나 교만함 등이 별로 보이지 않는다. 어떻게 보면 출신성분이 다른 리커창보다 더 서민적 풍모나 정서를 가지고 있다고 해도 좋다. 다른 태자당과 비교되는 것도 그다지 좋아하지 않는다. 나아가 태자당의 지원을 받는 것을 부담스러워한다는 소문 역시 없지 않다. 하지만 그에게 태자당이라는 딱지는 떼려고 해도 뗄 수 없는 운명이라고 해야 한다. 싫더라도 받아들이는 흉내는 내야 한다. 따라서 그가 기꺼워하지 않아도 태자당의 조력은 앞으로도 그가 받아들여야 하는 숙명이라고 해도 괜찮다.

2012년 10월 이후부터 중국의 권력 지도는 달라진다. 장쩌민과 그를 축으로 하는 제3세대 지도부가 그랬듯 후진타오를 필두로 하는 제4세대 역시 권력의 무대 뒤편으로 물러나고 1950년대에 출생한 이른바 제5세대가 권력 전면에 나서게 된다. 또 이때 한국과 미국 역시 사실상 정권교체가 이뤄진다. 묘하게도 삼국이 동시에 지도부가 바뀌는 것이다. 미국과도 운명적으로 엮일 수밖에 없는 한국이 시진핑 시대의 중국과 그를 더욱 잘 이해해야 하는 이유는 보다 분명해진다고 할 수 있다.

중국 자체적으로도 향후 10년은 굉장히 중요한 시대가 될 것으로 평가

하고 있다. 중국이 진정한 G2 국가를 넘어 G1 국가, 심지어는 팍스 시니카(Pax Cinica. 중국 중심의 세계를 의미함-저자)가 될 역량을 보유하고 있는지의 유무가 시험대에 오르기 때문이 아닐까 싶다. 이 시험대는 시진핑이 피하고 싶어도 피할 수 있는 것이 아니다. 아니 적극적으로 시험을 통과해 중국을 반석에 올려놓아야 할 책임이 그에게는 있다고 해야 한다. 이제 이런 기본적인 시각을 가지고 시진핑과 그의 시대를 살펴보도록 해야하겠다. 그러면 미래 한중 관계의 모습과 중국의 미래상이 자세하게 그려진다. 더불어 국제 정치에서의 파워 시프트의 역학 구도와 판도 역시 어느 정도 파악하는 것이 가능하지 않을까 싶다.

* 이 책에 나오는 인물들의 나이 표기는 초판 1쇄 출간시점을 기준으로 합니다.

목차

004 프롤로그

1장 밋밋한, 그러나 드라마틱한 젊은 시절

020 1_ 금 숟가락을 물고 태어나다
026 2_ 권력의 심장부 중난하이를 무시로 출입한 어린 시절
031 3_ 금 숟가락을 놓게 만든 아버지의 토사구팽
036 4_ 설상가상의 문화대혁명
040 5_ 리더로 단련되게 만든 하방 생활
048 6_ 베이징 귀환과 중관춘 시절
053 7_ 출세의 사다리를 걷어차고 다시 기층 속으로

2장 교룡, 잠행을 계속하다

062 1_ 개혁, 개방에 더욱 눈 뜨다
066 2_ 조용한, 그러나 강렬한 인상을 남긴 닝더 지구의 평민 서기 시절
071 3_ 푸젠성 심장부 푸저우에 입성하다
075 4_ 빛을 발한 7년의 은인자중과 조용한 용틀임

3장 구만리장천을 날아오른 용

084 1_ 도광양회에서 출격강호로
090 2_ 날개를 달아준 상하이의 권력 이전투구
096 3_ 극적인 뒤집기로 리커창을 더욱 완벽하게 누르다
104 4_ 거칠 것 없는 승승장구
108 5_ 영도자 수업의 길

4장　　　권력의 뒤안길

116　1 _ 튀면 연기처럼 사라진다는 사실을 깨닫다
120　2 _ 한때 4대 천왕의 수장 리커창의 동상이몽
127　3 _ 그래도 꿈을 버리지 않는 또 다른 4대 천왕
　　　　보시라이와 리위안차오
134　4 _ 프레스 프렌들리의 진리를 깨닫다
140　5 _ 위기의 순간들
147　6 _ 철옹성 태자당의 닥치고 후원
153　7 _ 정치적 따꺼 쩡칭훙의 후원
158　8 _ 후진타오, 후원자가 될 것인가 물귀신이 될 것인가
163　9 _ 흘러가는 물이냐 제2의 후진타오냐

5장　　　마르지 않는 권력의 샘 인맥, 시진핑의 남자와 여자들

170　1 _ 태자당 사람들
172　2 _ 물 반 고기 반의 푸젠성 라인
179　3 _ 썩어도 준치 저장성 인맥
184　4 _ 전공 분야와 체감 무게가 다른 상하이 라인
188　5 _ 중앙당교와 사회과학원 등 싱크탱크 인맥
193　6 _ 종잇장을 들 힘으로라도 도울 당정 원로 그룹 인맥
197　7 _ 당정의 실무 인맥
201　8 _ "우리가 남이가!"를 외치는 대륙 밖 중화권 인맥의 면면
208　9 _ 한국과 북한 인맥도 있다
214　10 _ 어메이징 미국 인맥

6장　빛과 그림자 가족

- 222　1_ 옆에 있기만 해도 도움이 되는 국민 가수 아내 펑리위안
- 228　2_ 그럼에도 훤하게 보이는 옥에 티
- 234　3_ 두고두고 혹 덩어리인 동생 시위안핑의 의혹
- 240　4_ 동생과 오십보백보인 누나들이 던져주는 그림자

7장　시진핑 그가 포석할 대 한반도 관계

- 250　1_ 남북한에서 줄타기하는 양다리 정책 더욱 확실하게 추진할 듯
- 255　2_ 한중 경제 협력의 르네상스 시대 개막
- 262　3_ 친구도 적도 아닌 애매한 한중 정치 관계
- 268　4_ 한반도 통일에 대해서는 긍정도 부정도 아닌 NCND 스타일을 지향할 듯
- 274　5_ 죽 이어질 험한 감정과 동북공정

8장　간단치 않은 시진핑의 숙제

- 282　1_ 말기 암보다 더 무서운 부정부패
- 288　2_ 무소불위의 태자당 견제
- 295　3_ 시한폭탄처럼 째깍째깍 돌아가는 빈부의 양극화
- 302　4_ 미국의 꼼수 통할 소수 민족과 대만 문제는 중국 미래를 삼킬 블랙홀
- 312　5_ 민주화와 정치 발전 요구로 일당 독재 포기할 수도
- 322　6_ 중국을 명실상부한 G1으로 이끄는 길에는 가시밭길도 많아

9장	포스트 후진타오 시대
332	1_ 특별한 돌발 변수가 없는 한 시진핑의 시대는 10년
336	2_ 떠오르는 차차세대의 별들
351	3_ 자신의 사람 후계자로 하는 것은 쉽지 않을 듯
355	4_ 과연 태상황이 될 것인가?

358   에필로그

chapter 1 · 1장

밋밋한, 그러나 드라마틱한 젊은 시절

시진핑은 풍기는 인상에서부터 상당히 후덕하고 유순하다는 느낌을 준다. 도저히 숨기지 못할 카리스마가 넘치는 보시라이나 리커창의 강렬한 인상이 별로 보이지 않는다. 원만구족의 인상이라고 해도 좋다. 그래서 밋밋하다는 느낌마저 준다. 그의 인생 역시 얼핏만 보면 그렇다고 해도 그다지 틀리지 않는다. 강렬했다는 느낌을 별로 주지 않는다. 하지만 잘 보면 별로 그렇지도 않다. 유소년과 청년 시절에는 그 나이 또래가 겪어야 했을 그 이상의 드라마틱한 인생을 살았다. 이 장에서는 얼핏 보면 밋밋한 것 같지만 드라마틱한 그의 젊은 시절의 생애를 집중 조명해보도록 한다.

1 _
금 숟가락을 물고 태어나다

"사람 위에 사람 없고 사람 밑에 사람 없다."는 말이 있다. 사람은 모두 평등하다는 말이다. 그러나 이 말을 믿는 사람은 현대에도 드물다. 개천에서 용 난다는 말이 한때는 있었으나 현대도 엄연한 계급사회라고 해야 한다. 그 기준이 지금은 경제력에 기초한다는 사실이 과거와는 다르기는 하겠지만 말이다. 지구촌에 존재하는 만인이 모두 평등하다는 사실을 금과옥조로 내세우고 있는 사회주의 국가라고 해도 예외는 아니다. 노예제 사회가 공식적으로 오랫동안 존재했던 중국은 더 말할 것이 없다. 고려 시대 최충헌의 가노(家奴) 만적(萬積)이 표절한 진승(陳勝)의 "어찌 왕후장상의 씨가 따로 있겠는가?"는 말이 전해져오는 사회주의 종주국이기는 하나 인간의 계급은 엄존한다. 심지어 아예 처음부터 신분상승의 사다리를 탈 기회를 원천적으로 박탈당하고 있는 농민공(농촌 출신 도시의 육체노동자)이나 극빈자 농민들은 자신들의 나라를 왕조형 사회주의 국가라고 자조적으로 말하기도 한다. 오랜 왕조의 전통이 사회주의 국가 시스템에도 그대로 적용돼 그 명맥이 유지돼오고 있다는 주장이다. 한국에서는 거친 표현으로 똥돼지로도 불리는 재벌 2세, 권력자 2세들인 푸얼다이(富二代), 관얼다이(官二代)의 존재는 바로 이런 현실을 그대로 보여주지 않나 보인다. 더구나 이들은 중국 사회의 자본주의화 심화에 따라 갈수록 알게 모르게 특권을 향유하면서 일반인들의 불만을 사고 있다. 중국이 은연중에 사람 아래 사람 있고 사람 밑에 사람 있는 극단적인 사회로 회귀해가고 있는 것이다.

이 관점에서 보면 곧 13억 중국의 최고 지도자로 올라설 시진핑은 중

베이징 바바오(八寶山)에 있는 시중쉰의 묘.

국의 그 누구보다도 혜택을 많이 입은 사람이라고 해야 한다. 출생부터가 남다른 것이다. 금 숟가락을 물고 태어났다고 단언해도 좋다. 앞서 이미 밝혔듯 그의 아버지가 지금의 중국을 있게 만든 초기 공산당의 원로 지도자였으니까 말이다.

원적이 산시(陝西)성 푸핑(富平)인 시는 1953년 6월 당시 중앙선전부 부장 겸 정무원 문화교육위원회 부주임인 시중쉰과 그의 둘째 부인 치신(齊心)의 장남으로 한때 베이핑(北平)으로 불리던 베이징 근교에서 태어났다. 바로 이 때문에 이름도 진핑으로 정해졌다. 두 살 아래의 동생의 이름은 그래서 자연스럽게 위안핑(遠平)이 됐다. 그는 하지만 공식적으로는 시중쉰의 장남이 아니다. 아버지가 첫 번째 부인과의 사이에 배다른 형 푸핑(富平)을 두고 있었기 때문이다. 그의 이복형은 뒤에 이름을 정닝(正寧)으로 고친 다음 하이난(海南)성 사법청장을 지내는 등 나름대로 아버지의 후광을 등에 업고 승승장구했으나 98년 젊은 나이에 요절했다. 시진핑에게는 또 누나들도 여럿 있다. 이복인 허핑(和平), 첸핑(乾平. 70), 동복인 치차오차오(齊橋橋. 63), 치안안(齊安安. 61) 등이다. 이중 큰 누나 허핑은 이미 세상을 떠났다. 친 누나 둘이 어머니의 성을 물려받은 것이 특이하다.

그렇다면 이쯤에서 그가 진짜 금 숟가락을 물고 태어났는지를 알아봐야 할 것 같다. 그러기 위해서는 그의 아버지 시중쉰의 내력을 조금 살펴봐야 한다. 시중쉰은 1913년 고향인 푸핑에서 부농인 시중창(習宗長)의 장남으로 출생했다. 동생 중카이(仲凱)는 1980년대 초반 고향인 산시성 위원회의 조직부장을 지낸 바 있다. 시진핑의 삼촌 역시 당 최고위직은 아니나 나름 명함을 내밀만한 자리에까지는 올라갔다고 볼 수 있는 것이다.

시중쉰은 조숙했다. 앞에서 약간 살펴본 대로 고작 13세 때 공산 혁명에 투신했다. 이어 15세 때에는 학생 운동에 가담해 국민당 당국으로부터 구금을 당하기도 했다. 이때 공산당에도 입당을 한 것으로 알려져 있다. 출옥 후 그는 자신의 멘토였던 황푸(黃埔)군관학교 출신의 혁명가 류즈단(劉志丹)을 따라 농민 폭동을 주도했다. 이때의 혁혁한 활약으로 21세 때인 1934년에는 산간(陝甘. 산시성과 간쑤성)변구 소비에트 정부 주석의 자리에 오를 수 있었다. 이를테면 소년 장군이 됐다고 해도 좋았다. 공산당 시베이(西北)지구에서의 서열도 류즈단과 훗날 국가 부주석 겸 국가계획위원회 주석으로까지 승진한 가오강(高崗) 다음이었다.

그가 소년 장군이었다는 사실은 당시 산간변구의 규모를 한 번 살펴보면 크게 어렵지 않게 알 수 있다. 우선 22개의 현을 통제 하에 뒀다. 또 병력은 결코 적지 않은 5000명이었다. 마오쩌둥 휘하의 중앙 홍군 대후

방이라는 말이 있었던 것은 절대 과언이 아니었다고 해도 좋았다. 당시 홍군은 국민당의 포위 토벌 작전에 휘말려 2만 5000리에 이르는 대장정(大長征)에 나서고 있었다. 당연히 산간변구의 역할은 지대했다고 할 수 있었다. 실제로 당시 마오쩌둥은 홍군 제1 방면군을 이끌고 산베이(陝北. 산시성 북부)에 도착했을 때 이 사실을 인정했다고 한다.

"동지의 산베이 군대가 우리 중앙 홍군을 구했소. 만약 최후의 근거지인 이 산베이에 동지의 군대가 없었다면 우리는 아마도 궤멸했을 것이오. 정말 훌륭하오."

마오쩌둥은 이때 예상보다 전력이 잘 갖춰진 시중쉰의 군대의 규모에만 놀란 것이 아니었다. 그가 젊다는 사실에도 적지 않은 충격을 받았다. 이 사실은 마오가 그를 처음 보자마자 내지른 외마디 비명 같은 말에서도 잘 드러난다.

"이런 세상에, 이렇게 젊을 수가 있나! 완전히 어린 아이군."

마오쩌둥에게 이처럼 강렬한 인상을 남긴 시중쉰은 대장정 직후에는 더욱 욱일승천의 기세로 승승장구했다. 국공 내전 기간 중에는 당 중앙 시베이국 서기, 시베이 야전군 부정치위원 등의 요직을 역임했다. 전장터에서도 그의 활약은 대단했다. 펑더화이와 허룽(賀龍)을 도와 시베이 전장에서 국민당 대군에 대승한 것이 대표적인 그의 공적이었다. 이때 그의 멘토였던 류즈단은 이미 국민당 군에 의해 희생된 상태였다. 또 막역한 동지 가오강은 둥베이(東北)로 활동 무대를 옮겼다. 때문에 그는 이후 명실상부한 시베이왕(西北王)이라는 별명으로 불리게 됐다.

1949년 공산당이 국민당을 완전히 대륙에서 축출시킨 다음 공산 정권을 수립했을 때 시중쉰은 36세의 젊은 나이였다. 그러나 그는 청년 혁명 원로로서의 공로를 인정받았다. 당 중앙 시베이국 제2 서기, 시베이

군정위원회 주석 대리, 제1 야전군 및 시베이 군구 정치위원의 자리 등도 그에게 돌아왔다. 제1 서기 펑더화이가 한국전쟁에 인민해방군 총사령관으로 곧 출정했으므로 사실상 시베이 당정군의 모든 업무를 관할하는 자리에 서게 된 것이다.

시베이국의 정무를 관할하는 기간에도 그는 많은 업적을 쌓았다. 특히 토지 개혁과 반혁명 운동을 추진 및 진압하는 과정에서 공과 사를 확실히 했다. 이로 인해 시베이에서는 무고하게 희생되는 사람이 드물었다. 그는 이외에 주로 진(秦)나라 시대에 조성된 시안(西安)의 옛 성벽이 헐리지 않도록 문화재 보호에도 눈을 돌리는 세심함을 보여줬다. 이제 그에게는 시베이왕이 아니라 시베이의 황제가 될 운명이 기다리고 있는 것처럼 보였다.

그는 그러나 바로 이 순간 갑자기 베이징으로 불려가는 또 다른 운명을 받아들여야 했다. 마오쩌둥이 변방 실력자들의 중앙 흡수를 통해 자신의 권력을 공고히 할 뿐 아니라 저우언라이와 류사오치(劉少奇)를 견제하기 위해 당시 5명이던 중앙국의 각 지역 분국 서기들을 베이징으로 부른 것이다. 이때 그 역시 베이징으로 불려와 당 중앙선전부 부장 겸 정무원 문화교육위원회 부주임에 취임했다. 1952년의 일이었다.

시진핑은 이런 아버지에게는 아마도 복을 불러오는 파랑새가 아니었나 싶다. 그가 태어난 지 3개월 만에 아버지가 한 직급 더 높은 정무원 비서장으로 승진하면서 저우언라이 총리의 비서실장 격인 대 집사가 됐으므로 이렇게 말해도 무방할 것 같다. 그의 아버지는 이후 무려 10년 동안이나 저우 총리의 대 집사를 하면서 미래 원로로서의 확고한 입지를 다지게 됐다.

그는 아버지가 승승장구한 탓에 모두가 평균적으로 가난했던 당시에도 외견적으로는 상당히 부유하게 살았다. 우선 집이 당정 최고 지도부의 집무실과 저택이 있는 중난하이(中南海)는 아니었으나 그래도 넓디넓은 쓰허위안(四合院. 전통적인 베이징의 주택 양식. 마당을 가운데 두고 4개의 건물이 동서남북에 위치함-저자)이었다. 지금의 허우위안언스(後圓恩寺)와 난뤄구샹(南鑼鼓巷)에 있던 이 집에는 당의 최고위급 간부의 집답게 경비원을 비롯해 요리사, 가정부 등이 상주하고 있었다.

생활도 호화롭지는 않았으나 여유로웠다. 이는 그가 6세 때 마오쩌둥에 의해 발동된 만 2년 동안의 대약진(大躍進)운동으로 인한 대기근 때의 당시 상황을 보면 잘 알 수 있다. 전국적으로 아사한 사람이 최소 2000만 명이 됐음에도 그는 적어도 먹고 입는 것은 걱정하지 않았던 것이다. 또 그는 리커창을 비롯한 또래들이 굶주림과 영양실조에 시달렸을 때도 매년 여름이면 가족들과 함께 허베이성 베이다이허(北戴河)의 당 최고 간부들의 별장에서 피서를 즐기고는 했다. 아버지가 저우언라이의 대 집사가 아니었다면 절대로 경험하지 못할 일이었다.

하지만 그의 생활은 금 숟가락을 물고 나온 이들이 대체로 향유하는 사치와는 근본적으로 거리가 멀었다. 진흙 바람 휘날리는 시베이의 황토 고원에서 혁명을 한 아버지가 사치를 극도로 경계한 탓에 분에 넘치는 생활이 기본적으로 원천 봉쇄됐던 것이다. 더구나 당시에는 끼니를 굶지 않는 것도 나름 사치라고 하면 사치라고 할 수 있었다. 또 아버지를 따라 무시로 중난하이를 출입한 그의 어릴 때의 생활도 평범한 집안의 아이였다면 절대로 하지 못할 경험이었다. 그는 어쨌거나 일반인과는 너무나 다른 선택받은 극소수의 인물이었다. 이제 이런 그의 그 어린 시절을 살펴보는 것이 그를 이해하기 위해서라면 반드시 거쳐야 할 다음 순서일 것 같다.

2 _
권력의 심장부 중난하이를 무시로 출입한 어린 시절

말로는 만민이 평등하다는 사회주의 종주국 중국에는 일반인들이 절대로 들여다보려고 해서는 안 되는 금지 구역이 있다. 바로 원(元), 명(明), 청(淸) 3대 왕조의 황실 정원이었던 중난하이다. 왕조 시대에는 정식 명칭이 구궁(故宮)인 쯔진청(紫禁城)이 그랬다면 지금은 중난하이가 그렇다. 이유는 단 한가지라고 해야 한다. 국무원 판공청과 당 중앙서기처 등 당정 주요 기관 및 최고 지도부의 거주지와 집무실이 이곳에 있기 때문이다. 지금도 전, 현 총서기 겸 국가 주석인 장쩌민과 후진타오 등을 비롯한 당정 주요 요인들이 살고 있다. 마오쩌둥 역시 이곳 펑쩌위안(豊澤園)에 기거하면서 중국을 쥐락펴락하다 세상을 떠났다. 이 점에서는 저우언라이와 그의 부인 덩잉차오 역시 크게 다르지 않았다. 시화팅(西花廳)이 이들이 세상을 떠날 때까지의 거주지 겸 집무실이었다.

시진핑은 조어(造語)의 원칙을 따른다면 중난진하이(中南禁海)가 돼야 할 이곳의 시화팅을 어린 시절 무시로 드나들었다. 아버지가 무려 10년 동안을 저우언라이의 대 집사로 일한 덕택이었다. 그는 또 아버지에 대한 신임이 두터웠던 저우언라이 부부를 할아버지, 할머니라고 격의 없이 부르는 특혜도 부여받았다. 많은 사랑을 받은 것은 말할 것도 없었다. 이뿐만이 아니었다. 그는 어린 나이에도 불구하고 중난하이에서 경극(京劇)을 비롯한 각종 중국 전통 연극을 관람하는 혜택도 누릴 수 있었다. 특히 원적지인 산시성 일대의 전통 연극인 친창(秦腔) 관람은 거의 일상생활이 됐을 정도로 많이 접했다. 역시 연극에 누구보다도 많은 관심을 가진 아버지 탓이었다.

시화팅, 시진핑이 어린 시절 출입했던 중난하이의 주우언라이 집무실.

시진핑의 아버지 시중쉰은 연극에 조예도 깊었다. 당대의 명배우였던 메이란팡(梅蘭芳), 창샹위(常香玉), 쉰후이성(荀慧生) 등과 긴밀하게 교류한 것만 봐도 이 사실은 바로 알 수 있다. 이 점에서는 어떻게 보면 어머니 치신이 한 술 더 떴다고 해도 좋다. 단순하게 광적으로 경극을 좋아한 청나라 말의 서태후(西太后)와는 달리 무대에도 오르는 아마추어 배우로도 종종 활약했으니까 말이다. 함께 활동한 유명 동호인으로는 덩샤오핑의 부인 쥐린(卓琳), 전인대 상무위원장을 지낸 완리(萬里)의 부인 볜타오(邊濤), 중앙군사위원회 상무위원을 지낸 양융(楊勇)의 부인 린빈(林彬) 등이 있었다. 이들은 이렇게 함께 어울린 탓에 리위안(梨園. 중국 전통 연극의 통칭)을 후원해준 중난하이의 쓰다제(四大姐), 즉 4명의 큰 언니로 불리고는 했다. 시진핑이 경극 등에 관심을 가지지 않았다면 오히려 이상할 일이었다.

시진핑은 그러나 어린 나이에 리위안에만 빠져 있을 수는 없었다. 시화팅 앞의 넓은 호수인 중하이(中海)와 난하이(南海) 등 눈에 익은 풍경을 잠시 뒤로 한 채 취학을 해야 했던 것이다. 당연히 그는 초등학교 진학도 중난하이를 무시로 출입한 아이답게 하지 않으면 안 됐다. 그래서 입학한 곳이 바로 81학교였다. 이 학교는 원래 홍군 사령관 중 한명인 녜룽전(聶榮臻)이 허베이성 푸핑(埠平)현에 세운 초등 교육 기관으로 당정 고위급 간부 자녀들을 육영할 목적을 가지고 있었다. 때문에 지금은 베이징의 서쪽 지역인 하이뎬(海淀)구 중관춘(中關村)에서 81중학으로 개명돼 운영되고 있는 이 학교에는 당시 내로라하는 간부들의 자녀들이 거쳐 갔거나 다니고 있었다. 대표적인 인물이 덩샤오핑의 장남 덩푸팡(鄧樸方), 덩샤오핑과 가장 가까웠다는 류보청(劉伯承) 중앙군사위 부주석의 아들 류타이항(劉太行), 위치웨이(兪啓威) 제1 기계공업부 부장의 아들 위정성(兪正聲) 상하이 시당 서기, 허룽의 아들 허펑페이(賀鵬飛) 전 해군 부사령원 등이었다. 이중 시진핑과 위정성은 지금도 81중학의 팸플릿이나 홈페이지 등에 자랑스러운 동문으로 소개되고 있다.

81학교는 당정 고위급 간부들의 자녀들이 다닌 학교답게 일반인 학교와는 많이 달랐다. 무엇보다 학생 전원이 입학과 동시에 기숙사 생활을 했다. 대체로 중국에서는 각 급 학교 학생들이 기숙사에서 생활하는 것이 그리 이상한 일은 아니다. 그러나 초등학교 입학과 동시에 집을 떠나는 경우는 드물다. 이런 사실에 비춰보면 입학과 동시에 이뤄진 그의 기숙사 생활은 정말 이례적이라고 할 수 있었다. 81학교는 시설 역시 남달랐다. 20만 평방미터의 부지에 조성된 건축면적 3만 5000평방미터의 건물들에 목욕탕, 수영장, 보건소, 화원, 과수원, 동물원 등 당시의 다른 초등학교에서는 구경조차 하지 못한 시설들이 구비돼 있었다. 학생들이 잘 먹었던 것은 너무나 당연한 일일 수밖에 없었다. 당시로는 꽤 현대식인 식당에서 주식으로 쌀과 밀가루, 부식으로 닭과 오리, 생선, 고기 등이 제공됐다. 당시의 많은 농촌 아이들이 먹을 것을 얻기 위해 들판으로 산으로 헤매고 다니던 것을 상기하면 완전히 다른 세상의 식단이었다.

하지만 시진핑은 주말이나 방학 때 집에 머물게 될 때에는 학교에서 누리던 호사를 누리지 못했다. 앞에서도 언급했듯 아버지 시중쉰이 고위 간부치고는 결벽증이 있다고 해도 좋을 만큼 청렴한 탓이었다. 어느 정도였는지는 훗날 어머니 치신이 회고한 아래의 일화를 보면 잘 알 수 있다.

때는 그녀가 중앙당교에서 일하고 있던 50년 대 말이었다. 그녀는 당 고위층의 부인들이 정기적으로 만나는 한 저녁 모임에 참석했다. 남편이 저우언라이의 대 집사에다 이때는 이미 부총리로 승진한 상태였으므로 그녀의 차림새는 주위의 주목을 끌었다. 하지만 그녀의 차림은 누구나 예상하던 모습이 아니었다. 누군가가 그녀의 뒤에서 말했다.

"아니 당당한 중국의 부총리 부인이 아닌가? 어떻게 저렇게 촌스럽게 옷을 입고 왔을까. 기가 막히는군."

그녀는 기분이 좋지 않았다. 하지만 아무 내색도 하지 않은 채 행사를 끝냈다. 그렇다고 집에 돌아온 남편에게도 한마디 말을 하지 않기에는 기분이 너무 그랬다.

"오늘 정말 기분이 좋지 않았어요. 내가 촌뜨기 같다나요."

시중쉰은 역시 그다웠다. 전혀 개의치 않는다는 표정으로 웃으면서 부인에게 말했다.

"우리나라의 사정에 사치를 한다는 것이 오히려 이상한 것이 아니겠소. 더구나 나는 촌스러운 것이 우리에게 맞지 않는 서양 차림보다는 낫다고 생각하오."

부모가 이랬으니 시진핑이 학교에서 집에 돌아와도 이전의 근검절약하던 생활에서 벗어나는 것은 불가능할 수밖에 없었다. 계속 누나들이 입었던 옷이나 헝겊 꽃신을 신지 않으면 안 됐다. 이에 그가 한번은 떼를 부렸다. 학교 친구들이 놀린다는 이유 때문에 꽃신을 신지 않으려 한 것이다. 그러자 그의 아버지는 예의 아무렇지 않은 어조로 말했다.

"물 들여서 신으면 신발은 다 똑 같은 거야."

시중쉰은 진짜 자신의 말대로 시진핑에게 신발을 먹물로 물들여서 신도록 시켰다. 어린 그로서는 그 또한 불만이었으나 아버지의 말을 거역할 수는 없었다.

물론 시진핑의 가족도 사치를 하려면 못할 것도 없었다. 군 원로 왕전(王震)을 비롯해 부총리와 외교부장을 지낸 천이(陳毅), 정치국 후보위원을 역임한 쑹런충(宋任窮), 보이보 등 시중쉰과 비슷한 위치의 고위 간부들의 가족은 당시의 다소 과도한 호사스런 생활로 지금도 입방아에 오르내리고 있으니까 말이다. 대표적으로 한때는 시진핑보다 훨씬 승승장구한 보시라이를 배출한 보이보의 가족이 그랬다. 아들들인 시융(熙永. 광다光大그룹 사장), 시라이, 시청(熙成. 류허싱六合興과학무역회사 이사장), 시닝(熙寧), 딸들인 시잉(熙瑩. 전 대사 정야오원鄭耀文 부인), 샤오잉(小瑩. 베이징대 교수), 제잉(潔瑩. 의학 박사) 등이 하나같이 시중쉰의 집안 아이들은 누려보지 못한 생활을 향유했다. 우선 기본적으로 손목시계, 반도체 라디오, 자전거 등은 모두 가지고 있었다. 또 각자의 방도 따로 있었다. 침실, 화장실은 말할 것도 없었다. 보시라이가 60세가 넘은 지금까지 비교적 귀족적인 스타일로 비춰지거나 행동 역시 비슷한 것은 다 이유가 있다고 해야 하겠다. 스스로 옷을 빨아 입기도 했던 시진핑과는 정말 달라도 너무 달랐다.

그럼에도 시중쉰은 아랑곳하지 않았다. 시간이 날 때면 언제나 근검절약과 혁명 정신을 끝없이 강조했을 뿐이었다. 시진핑은 이런 아버지가 야속하기도 하고 잔소리 같은 말이 듣기 싫기도 했으나 어쩔 도리가 없었다. 나중에는 자연스럽게 감화되는 지경에까지 이르게 됐다. 그가 젊은 시절 100번도 넘게 직접 기운 담요를 버리기가 아까워 상당히 오랜 기간 동안 늘 침대에 깔고 잔 것은 대표적인 예이다. 훗날의 그의 인격 형성에도 결정적인 영향을 미친 것은 너무나 당연할 수밖에 없었다.

3 _
금 숟가락을 놓게 만든 아버지의 토사구팽

노블레스 오블리주를 실천하고자 한 아버지에 의해 강요된 근검절약에도 행복했던 시진핑의 유년 시절은 그렇게 길게 이어지지 못했다. 이유는 아버지의 정치적 실각과 관계가 있었다. 때는 시진핑이 고작 아홉 살에 불과하던 1962년의 초가을이었다.

시중쉰이 몰락하는 계기가 된 사건은 아무리 생각해도 참으로 단순하기 이를 데 없었다. 62년 여름, 부총리로 있던 그는 시베이에서 혁명에 나섰을 때의 멘토인 류즈단의 제수인 유명 작가 리젠퉁(李建彤. 류즈단의 동생인 류징판劉景範 당시 지질부 부장의 부인)으로부터 소설 원고 하나를 전달받았다. 원고를 받자마자 그는 13년째 자신의 비서로 일하고 있던 장즈궁(張志功)에게 물었다.

"이게 뭔가?"

"류즈단 혁명 열사의 제수이자 류징판 지질부 부장의 부인 되는 작가

류즈단, 시중쉰의 실각의 원인을 제공한 혁명 열사.

리젠퉁이라는 분이 보내신 겁니다. 시아주버님을 모델로 그린 소설이라고 합니다. 시서기(비서 장즈공은 시중쉰을 보좌하던 20여 년 동안 늘 시 서기라고 불렀다고 함-저자)께서도 등장하십니다."

"그래? 보통 소설이 아니구먼."

시중쉰은 대수롭게 생각하지 않은 원고를 펼쳤다. 과연 원고에는 류즈단과 자신, 반당 혁명 사건에 휘말려 1954년 자살한 막역한 혁명 동지 가오강이 산간변구의 혁명 근거지를 구축할 때 고생하던 내용이 생생하게 묘사돼 있었다. 그는 당시의 기억이 뇌리에서 파노라마처럼 흘러가고 있는 것을 느꼈다. 입에서는 물기 머금은 어조의 말이 흘러나왔다.

"이제야 이 분에 대한 책이 소설로나마 출판되는가? 자네가 이 책이 출판되도록 힘을 좀 써보게."

장즈궁은 이때만 해도 이 소설에 대해 별다르게 생각하지 않았다. 그러나 그게 아니었다. 소설이 인쇄됐다는 소식은 곧 시중쉰과 평소 사이가 좋지 않던 옌훙옌(閻紅彦) 당시 윈난(雲南) 성 당 제1 서기의 귀에 들어갔다. 그는 이 사실을 즉각 당시 정보기관의 최고 책임자 겸 정치국 후보위원인 캉성(康生)에게 밀고했다. 특무 기관의 대왕, 숙청왕 등의 무시무시한 별명으로 불리던 마오쩌둥의 심복 캉성은 쾌재를 불렀다. 잘하면 당시 대약진운동의 실패로 사실상 실각 상태에 있던 주군 마오쩌둥을 다시 정권의 최고봉에 올려놓는 실마리를 잡을 수 있다는 생각을 한 것이다. 그는 즉각 마오에게 편지를 썼다. "시중쉰이 류즈단을 이용해 가까운 동지였던 반당 분자 가오강의 명예 회복을 노립니다. 또 자신을 선전하려 하고 있습니다. 소설을 반당 행위에 이용하는 것은 정말 기가 막힌 아이디어입니다."는 내용이었다.

마오쩌둥은 전혀 예상치 않게 굴러 들어온 떡을 마다하지 않았다. 더구나 그로서는 어떻게 하든 류사오치(劉少奇)에게 밀리고 있던 자신의 권위를 회복하고 다시 권력을 차지해야만 했다. 그는 시중쉰을 타도해야 할 대상이자 희생양으로 물고 늘어져야 하겠다는 결심을 굳혔다. 이어 1962년 9월 24일에 열린 제8기 10중전회에서 시중쉰에 대한 혹독한 비판을 가했다.

"시중쉰은 정권 전복을 노리고 여론을 우선적으로 호도했다. 그는 지도부 타도를 준비한 반혁명 분자이다."

마오쩌둥의 발언은 즉각 반응을 불러왔다. 우선 캉성이 책임자인 시중쉰 반당 사건 조사위원회가 구성됐다. 이어 바로 비서 장즈궁에 대한 격리 조사가 이뤄졌다. 사실상 시중쉰에 대한 심리적 압박용 연금이었다. 장즈궁은 압송된 공안부의 3층 건물에서 철저하게 감시를 받았다. 만일에 있을지 모를 그의 투신자살을 막기 위해 8명의 경찰이 번갈아가면서 보초를 섰을 정도였다. 그는 주로 시중쉰의 반당 언행에 대해 실토할 것을 강요받았다. 당연히 그는 아무 말도 하지 않았다. 사실 시중쉰이 단 한 번도 반당 행위를 하겠다고 한 적이 없었으므로 할 말이 있을 턱이 없었다. 그는 이후 2년 동안의 연금 생활을 감내하지 않으면 안 됐다.

그러나 그의 이런 충정에도 불구하고 시중쉰은 횡액을 피하지 못했다. 절차를 거지치도 않은 채 부총리에서 해임된 다음 바로 베이징 근교의 중앙당교에 격리돼 혹독한 취조를 당했다. 이후 언제 자유의 몸이 될지 알 수 없는 고난의 시간을 이어가야 했다.

아버지와 집안 대소사까지 다 챙긴 집사 같은 비서 장즈궁의 부재는 시진핑의 집안에 바로 어두운 그림자를 짙게 드리우도록 만들었다. 졸지에 주위의 선망의 대상이던 그의 집안도 손가락질을 받는 처지로 전락하였다. 고작 아홉 살의 장남이던 그가 받은 마음의 상처 역시 컸다. 그의 말과 각종 자료를 통해 보면 그가 겪었던 온갖 어려움은 그다지 어렵지 않게 파악할 수 있다. 그는 우선 학교 친구들한테 왕따를 당했다. 다들 한다하는 집안의 자녀들이었던 탓에 친구들은 부총리가 쫓겨났다는 사실을 그 누구보다도 잘 알고 있었다. 교사들도 크게 다를 것이 없었다. 노골적으로 학대만 하지 않았지 시선이 차갑기 이를 데 없었다. 더욱 기가 막히는 것은 숙식을 같이 하던 가정부, 운전기사, 경비원들의 표변이었다. 누구 하나 따뜻한 시선으로 그와 가족을 바라보는 사람은 없었다. 문턱이 닳도록 집안을 찾아오던 방문객들도 어느 날부터인가는 싹 끊겼다. 그야말로 파리 날린다는 말이 어색하지 않을 만큼 집안은 적막감에 휩싸였다. 키우던 개가 아닌 본인이 세상을 떠난 재상의 집이 그럴까 싶었다.

그러나 그는 반당 분자 아버지를 뒀음에도 학교에서 쫓겨나지는 않았다. 당시에는 그래도 문화대혁명 때와는 달리 연좌제라는 악습이 별로 적용되지 않은 탓이었다. 가오강의 아들 가오쉬안(高軒)이 아버지가 자살한 이후에도 역시 간부 자녀 학교인 101학교에서 계속 공부해 고등학교를 졸업했듯이 말이다. 하지만 이미 금 숟가락을 내려놓아야 하는 처지에서 그는 과거처럼 귀공자의 풍모를 유지할 수 없었다. 안 그래도 튀지 않는 조용한 스타일인데도 언행이 갈수록 더 위축돼 간 것이다. 그럴 때마다 그의 동생 위안핑은 그의 속을 뒤집어놓고는 했다.

"형! 도대체 아버지는 어디 가신 거야. 주위에서 우리를 대하는 태도가 뭐 이래. 뭐 잘못한 거 있는 거야?"

시진핑은 철없는 동생이 한심하기는 했으나 대답을 하지 않을 수 없었다. 어릴 때부터 사람에 대한 예의가 남달랐던 그가 동생도 전후사정을 알아야 할 권리는 있다고 생각한 것이다.

"잘못한 것은 없어. 그러나 뭔가 잘못 되기는 했어. 아버지가 박해를 당하고 계신 거야. 우리는 천당에서 지옥으로 떨어졌다고. 지금 우리는 옛날의 우리가 아니야. 앞으로는 너도 조심해. 우리 주변 사람들을 더 이상 옛날처럼 생각하지 마."

"그러면 우리는 이제 중난하이는 가지 못하는 거야?"

"그래. 중난하이에 가는 게 뭐 그리 중요하니. 어머니는 지금 아버지 생각에 밤낮으로 울고 계시는데."

시진핑도 아버지가 보고 싶지 않은 것은 아니었다. 또 어디에 있는지도 알고 싶었다. 하지만 어린 시진핑은 세상이 달면 삼키고 쓰면 뱉는 염량세태라는 사실을 너무나 잘 알고 있었다. 도와줄 사람이 있을 턱이 없었다. 조용히 때가 오기를 기다려야 한다는 사실 역시 모르지 않았다. 그로서는 그저 눈과 입을 모두 봉한 채 아버지가 무사하기를 빌 수밖에 없었다. 아버지의 수난은 어린 나이의 그를 너무나도 빨리 성숙하게 만들었다.

다행히 시중쉰에게는 그가 10년 동안이나 모신 저우언라이가 있었다. 저우언라이는 우선 중앙당교에 연금돼 있던 그에게 절대로 절망하지 말라는 용기를 불어넣었다. 이어 그가 마오쩌둥에게 편지를 써서 지방으로 내려가게 해달라고 했던 1963년 겨울에는 허난성 뤄양(洛陽)의 광산기계 공장으로 갈 수 있도록 힘을 썼다. 마오쩌둥 역시 저우언라이의 건의를 흔쾌히 받아들였다. 이뿐만이 아니었다. 저우언라이는 차일피일 미루지면서 약 2년 후인 1965년 11월에 그가 드디어 원하던 현장으로 내려가게 됐을 때에는 직접 나서서 시중쉰이 가족들을 만나도록 주선하기도 했다. 이때 시진핑은 무려 3년 만에 아버지를 만날 수 있었다. 아버지는 부쩍 커버린 그를 첫눈에 알아보지는 못했으나 평소 강조하던 예의 혁명이라든가 단결이라는 말을 잊지 않았다. 이어 가족을 잘 돌보라는 말을 남긴 채 뤄양으로 발길을 돌렸다. 이후 두 부자는 무려 8년 동안이나 생이별을 해야 했다.

3년 만의 부자상봉 그리고 약 6개월 후인 1966년 5월, 중국 대륙을 천하대란의 혼란 속으로 몰아넣는 문화대혁명이 일어났다. 살아 있는 것만 해도 감사해야 하는 기막힌 현실이 그들을 덮친 것이다.

4 _
설상가상의 문화대혁명

엎친 데 덮친다는 말이 있다. 설상가상이라고도 한다. 사람이 이 정도 상황에 봉착하면 진짜 살기가 피곤해진다. 그것도 어린 나이에 그렇게 된다면 더 이상 말이 필요하지 않게 된다. 시진핑은 고작 13세의 나이에 이런 일을 겪었다. 아버지가 반당 분자로 고생을 하고 있는 와중에 문화대혁명이라는 엄청난 정치적 격랑을 맞이하게 된 것이다.

문화대혁명은 이름만 얼핏 들어보면 대단하다. 진짜 무슨 대단한 혁명 같아 보인다. 그러나 진실은 상당히 다르다. 당 내부의 지저분한 권력 투쟁의 산물이었다고 단언해도 괜찮다. 당시 중국은 8년여 전에 마오쩌둥이 추진한 중공업 정책인 이른바 대약진운동의 좌초로 국민경제가 궤멸 상태에서 허덕이고 있었다. 마오쩌둥으로서는 실패의 책임을 지고 권력 일선에서 한 걸음 뒤로 물러나 있을 수밖에 없었다. 이때 대타로 등장한 인물이 바로 류사오치와 덩샤오핑이었다. 두 사람은 권력의 전면에 나서자마자 민생경제의 회복을 위해 자본주의 정책의 일부를 채용하는 과감한 행보를 보였다. 놀랍게도 일부 실효도 거뒀다. 갑자기 두 사람의 인기가 치솟았다. 권력은 점점 마오쩌둥에게서 멀어지는 것처럼 보였다. 그는 위기를 느꼈다. 급기야 부르주아 세력의 타파와 자본주의 타도라는 구호가 그의 입에서 터져 나왔다. 동시에 이를 위해 청소년이 나서야 한다는 선동 역시 전 대륙의 하늘에 울려 퍼졌다. 곧 전국에 청소년으로 이뤄진 홍위병(紅衛兵)이 조직됐다. 마오의 예상대로 이들의 기세는 무서웠다. 펄 벅의 소설『대지』에 나오는 메뚜기 떼가 그럴까 싶었다. 전국은 완전히 카오스로 변해버렸다.

전혀 예상 못한 문화대혁명이라는 쓰나미의 내습으로 설상가상의 어려움에 봉착하게 된 시진핑의 가족은 우선 살 집을 당에 반납해야 했다. 이어 어머니가 일하고 있던 중앙당교의 허름한 관사로 거처를 옮기지 않으면 안 됐다. 홍오류(紅五類. 출신성분이 노동자, 빈농 및 하층 농민, 혁명 간부, 혁명 군인, 혁명 지식인을 일컬음)의 자제가 아니라 처우라오주(臭老九. 지주, 부농, 반혁명 분자, 불량분자, 우파 분자, 간첩, 반역자, 주자파에 뒤이은 지식인 계급-저자)보다 그다지 나을 것이 없었으므로 그게 당연할 수밖에 없었다. 13세의 시진핑이 홍위병이 되지 못했던 것은 그래서 절대 이상한 일이 아니었다. 헤이방(黑幫. 악당이라는 의미)의 몹쓸 자식이라는 꼬리표도 그에게서 떠나지 않았다. 어린 학생이었음에도 박해는 곳곳에서 그야말로 전방위적으로 가해졌다. 심지어 중앙당교에서 살았을 때는 캉성의 두 번째 부인인 차오이어우(曹軼歐)에게서 끔찍한 얘기를 듣기도 했다.

하루는 차오가 그에게 물었다.

시진핑의 모교인 베이징 81중학 전경.

"너는 네 죄가 얼마나 큰지 아니?"

그러자 시진핑이 기죽지 않은 어조로 당돌하게 되물었다.

"주임(차오이어우는 중앙당교의 각급 소조에서 주임을 역임했음-저자)께서 한 번 평가해 주세요. 총살을 당할 만큼 큽니까?"

"그래. 너의 집안 사람들은 총살을 100번 당하고도 남을 만큼 죄가 커. 너도 마찬가지야. 어리다고 죄가 용서되지는 않아."

시진핑은 더 이상 대꾸를 하지 않았다. 다만 속으로는 "한번 총살을 당하나 100번 총살을 당하나 무슨 차이가 있어? 나는 100번 총살을 당한다 해도 무섭지 않아."라고 생각하면서 절대로 극좌파에게 굴복하지 않겠다는 의지를 다졌다고 한다.

그나마 다행인 것은 그가 학교에서 쫓겨나지 않았다는 사실이었다. 또 그는 차오이어우에게 밉보여 소년 형무소 수감 대상도 됐으나 영어의 몸은 되지 않았다. 다른 수많은 반당분자들의 자제들이 이미 너무 많이 수용돼 있었던 탓이었다. 심지어 한 달을 기다려도 그가 비집고 들어갈 틈은 없었다. 하지만 이 행운도 오래가지는 않았다. 귀족학교라는 비판을 줄곧 받았던 81학교가 드디어 해산의 운명을 받아들이지 않으면 안 된 것이다. 그는 곧바로 친구인 류전(劉震) 전 인민해방군 공군 부사령관의 아들 류웨이핑(劉衛平)과 함께 베이징 25중학으로 전학을 갔다. 동생인 위안핑 역시 초등학교는 겨우 졸업했으나 중학교 진학 허락은 받지 못했다.

전화위복이라는 말이 있다. 그는 아마도 25중학에서 이런 기분을 느끼지 않았을까 싶다. 평생의 친구인 중국 바둑계의 대부 녜웨이핑(聶衛平)을 만나게 됐으니까 말이다. 그는 곧 류웨이핑, 녜웨이핑 등과 함께 의기투합했다. 그림자가 따로 없었다. 하기야 오죽했으면 세 사람 이름의 끝 자를 따 친구들이 그들을 싼핑(三平)으로 불렀을까. 이에 대해서는 역시 아버지가 국가과학기술위원회 정보국장을 지낸 헤이방의 자제 녜웨이핑이 일찍이 회고한 바 있다.

"우리는 반에서 가장 반동적이었다고 해도 좋았다. 주위의 친구들이나 선생들이 모두 우리를 업신여겼기 때문에 더욱 그랬는지도 모른다. 우리 역시 그들을 업신여겼다. 하루는 38중학에서 지주, 부농, 반혁명 분자 등이 모여 궐기대회를 연다는 소식이 들렸다. 당시 진핑과 나, 웨이핑은 이 대회를 방해하려고 현장으로 갔다. 우리는 출신성분으로 보면 홍위병은 아니었어도, 되고 싶은 생각은 있던 아이들이었으니까. 그러나 현장에는 그런 사람들은 하나도 없었다. 오로지 초기 홍위병들인 노홍위병들이 있었을 뿐이었다. 이들은 대체로 극좌 투쟁은 인정했으나 당과 원로 간부들을 보위해야 한다는 주장을 한 이들이었다. 그래서 1년여 후에 등장한 이른바 조반파(造反派) 홍위병들의 타도 대상이 됐다. 한마디로 홍위병 중에서도 반동이었다. 반동을 때려잡으려고 갔던 우리는 이날 반대로 조반파 홍위병들에게 무차별 공격을 받았다. 나와 진평은 몸이 재빨라 도망을 쳤으나 웨이핑은 조반파 홍위병들에게 붙들려 무지막지하게 얻어맞았다. 죽지 않은 것이 다행이었다. 초기 노홍위병들로부터도 경원시된 우리들은 조반파 홍위병들이 볼 때는 진짜 반동 중의 반동이었다. 당시 우리가 숨을 쉴만한 곳은 그 어디에도 없었다."

10대 초반의 어린 나이에 천이 부총리 겸 외교부장과 바둑을 둘 정도로 잘 나갔던 녜웨이핑의 회고에서 보듯 시진핑에게 당시 생존 공간은 거의 없었다고 해도 좋았다. 하기야 그가 아버지 대신 의지해야 했던 어머니마저 이때에는 부총리의 부인에서 반당 부패분자의 아내 신분으로 허난성의 간부 재교육 기관인 57 간부학교로 추방돼 노동을 통한 사상 개조를 강요받아야 했으니 더 구구한 설명은 필요 없을 듯하다. 이로써 그의 가족은 뿔뿔이 흩어지게 됐다. 동생 위안핑은 고작 13세의 나이에 공장 선반공으로 일을 해야 했다. 그로서는 탈출구를 찾지 않으면 안 되는 상황이었다. 다행히 탈출구는 있었다. 그것은 바로 스스로 특권 계층에서 내려와 농촌의 농민들과 함께 하는 삶, 다시 말해 하방(下放)을 선택하는 것이었다.

5 _
리더로 단련되게 만든 하방 생활

베이징의 겨울은 만만치 않게 춥다. 1969년 1월 9일 아침의 베이징역 역시 그랬다. 문화대혁명의 칼바람보다 더 매서운 추위가 기승을 부렸다. 그러나 이 추위는 역 구내에 집결한 5000여 명의 하방 청소년들과 이들을 전송하려는 가족, 친지들의 뜨거운 눈물에 의해 완전히 녹아내리고 있었다. 게다가 역 곳곳에서는 왁자지껄한 환송연도 열리고 있었다. 당시 16세의 시진핑 역시 지방으로 내려가는 이들 지식 청소년 중의 한 명이었다. 그는 그러나 다른 청소년들처럼 뜨거운 눈물을 흘리지 않았다. 아니 오히려 만면에 웃음을 띠고 있었다. 배웅 나온 부모도 없었기 때문이기도 했겠으나 그보다는 베이징 생활보다 산시(陝西)성 옌안(延安)에서의 하방 생활이 훨씬 나을 것이라는 생각이 그의 뇌리를 채우고 있었기 때문이 아니었을까 싶다. 그가 일반적인 청소년들과는 너무나도 다른 모습을 보이자 친척이 물었다.

"너는 뭐가 그렇게 좋아서 웃고 있냐?"

시진핑은 마치 질문을 기다렸다는 듯 즉각 대답했다.

"만약 제가 여기에 있으면 목숨을 부지할 수 있을지도 장담하지 못해요. 그러니 시골로 가는 것이 좋은 것 아닙니까? 당연히 웃어야지요."

열차는 전송하러 나온 청소년들의 가족, 친지들의 아쉬움을 뒤로 하고 목적지인 산시(陝西)성 시안을 향해 출발했다. 열차가 시안에 도착한 다음에는 다시 갈아탈 완행열차가 기다리고 있었다. 하지만 그게 끝이 아니었다. 시진핑은 퉁촨(銅川)이라는 오지에 도착하자마자 다시 버스로 갈아탔다. 차창 밖의 경치는 갈수록 황토고원 특유의 황량함만 보여주고 있었다.

혁명 성지인 옌안에 도착한 시진핑은 곧 12명의 학교 친구들과 함께 옌촨(延川)현 원안이(文安驛) 공사(公社)의 량자허(梁家河)촌이라는 작은 마을에 배치됐다. 지도에도 나오지 않는 지독히도 외진 촌락이었다. 시진핑은 량자허로 올 때까지도 줄곧 얼굴에서 웃음을 잃지 않고 있

옌안의 량자허 마을 주민들의 생활 모습. 시진핑 역시 이런 곳에서 살았다.

었다. 그러나 본격적으로 하방 생활을 시작하면서 그의 얼굴에서는 웃음이 점차 사라지기 시작했다. 농촌 생활이 너무 힘들었던 것이다.

무엇보다 주거지가 비참하기 이를 데 없었다. 지금도 그렇지 않은 것은 아니나 당시의 옌안 일대는 사람이 살기에 적당한 땅이 아니었다. 강우량이 적은 데다 토지가 황폐해 나무도 거의 없었다. 건축 재료가 아예 없었던 것이다. 때문에 주민들은 요동(窯洞)이라고 불리는 동굴 생활을 해야만 했다. 시진핑 역시 상황이 다르지 않았다. 두 명의 친구들과 함께 산중에 마련된 동굴에서 생활을 해야 했다.

그렇다고 먹을 것이 풍부한 것도 아니었다. 척박한 땅에서 나는 것이라고는 수수의 일종인 고량(高粱)을 비롯한 몇몇 잡곡 외에는 없었다. 따라서 쌀밥을 먹겠다는 것은 대단히 사치한 생각이라고 해도 좋았다. 그는 이런 현실을 량자허에 도착하자마자 뼈저리게 느껴야 했다.

오랫동안 완행열차와 터덜거리는 버스에 시달리다 숙소인 요동에 도착한 시진핑은 피곤을 느낄 사이도 없이 짐부터 정리했다. 그의 눈에 완전히 찌그러지고 으깨져 먹기가 뭣한 빵조각이 들어왔다. 동시에 동굴 앞에서 못 먹은 탓인지 너무나 삐쩍 마른 강아지 한 마리가 지나갔다. 그는 버리느니 보시라도 한다는 생각으로 빵을 강아지에게 던졌다. 강아지는 이게 웬 떡이냐는 표정으로 빵을 정신없이 허겁지겁 먹어치웠다.

마침 그 광경을 현지의 한 농민이 목격했다. 그가 고개를 갸웃거리면서 시진핑에게 물었다.

"동지, 저 강아지가 먹고 있는 것이 뭐요?"

시진핑이 아무 생각 없이 대답했다.

"빵인데요. 오래되고 으깨져서 먹기가 조금 그래서 강아지가 먹으라고 줬습니다."

농민은 기가 막혔다. 그로서는 평소 구경도 못한 빵을 강아지가 먹고 있으니 그럴 수밖에 없었다. 곧 그에 의해 소문이 퍼져나갔다. "지식청년이 강아지에게 빵을 줬다. 그 사람은 다름 아닌 반당 부패 분자 시중쉰의 아들이다."는 내용이었다. 시진핑으로서는 자신의 의지와는 전혀 관계없는 행동으로 인해 량자허에 도착하는 첫날부터 미운 털이 박히게 되었다. 하지만 그는 곧 자신의 행동이 진짜 철부지 같은 짓이었다는 사실을 뼈저리게 느꼈다. 먹고 살 것이 없는 탓에 마을의 일상이 구걸이라는 사실을 눈으로 직접 확인한 것이다. 심지어 그는 마을의 당 간부가 주민들을 인솔해 현 정부로 가서 구걸하는 광경도 적지 않게 목격했다. 그에게도 배고픔은 거의 일상이 되어갔다. 물론 그는 구걸에 나서는 최악의 상황에까지 내몰리지는 않았다.

중노동과 하나도 다를 바 없는 농사 일 역시 그에게는 배고픔만큼이나 큰 고통이었다. 더구나 그는 그때까지 농사라고는 지어본 적이 없었다. 배를 곯아가면서도 힘든 일도 가뿐하게 척척 해내는 시골 아낙네들보다 농사 기술이 뒤떨어졌던 것은 너무나 당연했다. 당연히 힘이 더 들 수밖에 없었다.

베이징에서는 접해본 적이 없는 이와 벼룩도 그에게는 극심한 고통을 안겨줬다. 원래 극한 지역의 해충들은 생존 본능이 더 강하다. 살기 위해 유일하게 기댈 곳인 인간의 몸에 바짝 달라붙어 더욱 열심히 피를 빨아 댄다. 량자허의 이와 벼룩 역시 그랬다. 그는 해충에게 물릴 때면 가려운 것을 참지 못하고 마구 긁어댔다. 그럴 때마다 그의 피부는 어김없이 부풀어 올랐다. 심할 경우는 수포도 생겼다. 피를 보는 것은 거의 일상사였다.

그는 당초 생각과는 너무나 다른 하방 생활을 더 이상 견디지 못했다. 량자허에 도착한 지 정확하게 3개월이 지난 때였다. 어느 날 그는 동료들과 마을 사람들에게 알리지도 않은 채 조용히 마을을 탈출했다. 기차를 타고 무작정 엑소더스에 나선 것이다. 말할 것도 없이 목적지는 태어나고 자란 베이징이었다.

당시 베이징에는 지금과 마찬가지로 호구(戶口. 주민등록에 해당하는 신분 증명. 허가제임-저자) 제도가 있었다. 외지에서 들어오면 신고를 해야 했다. 그는 즉각 신고를 했다. 베이징 당국의 조치는 신속했다. 그를 바로 관리, 통제의 대상으로 선정해 학습반에 구금시킨 다음, 육체노동을 하도록 명령을 내렸다. 이후 그는 하이뎬구 일대의 하수관 매설 작업에 동원됐다. 량자허에서 했던 것과 다를 바 없는 고된 노동이었다.

다행히 시진핑은 베이징에서의 구금 생활과 육체노동은 잘 견뎠다. 그래서 5개월여 후에는 학습반 구금에서 풀려날 수 있었다. 그는 구금에

젊은 시절의 꿈이 서린 옌안의 량자허를 찾아 현지 주민을 위로하는 시진핑.

서 풀려난 다음 다시 심각한 고민에 빠졌다. 다시 하방 생활을 견뎌야 할 것 같다는 생각이 든 것이다. 이때에는 그의 이모와 이모부도 다시 량자허로 돌아갈 것을 강력하게 권유했다. 그는 초심으로 돌아가겠다는 용단을 내리고 다시 량자허로 향했다.

량자허에서 그는 완전히 새 사람이 되기로 작정했다. 두 번 실패를 해서는 안 된다는 생각을 한 것이다. 실제로도 그는 많이 달라지기 위해 노력을 기울였다. 우선 옌안 사투리를 열심히 배웠다. 얼마 후 그는 옌안 사투리를 능숙하게는 못해도 현지 농민들과 어느 정도 듣고 말하는 수준에는 오르게 됐다. 이를테면 기층의 민중이 되기 위한 소통이 가능해진 것이다. 또 그는 자신을 베이징으로 도망가게 만든 다섯 개의 관문도 통과하려는 의지를 불태웠다. 이 관문은 다른 것이 아니었다. 이와 벼룩, 투박한 음식, 자율적인 생활, 노동, 자신이 특별한 사람이 아니라는 생각

등에 익숙해지는 것이었다. 한 번 결심을 굳히자 그는 급격히 다른 사람이 돼 갔다. 빵을 강아지에게 먹이고 베이징으로 탈출한 청년이라는 나쁜 기억만 가지고 있던 마을 사람들 역시 그를 새롭게 보기 시작했다. 그의 요동은 매일 밤 그와 대화를 나누고 싶어 하는 마을 사람들로 넘쳐나게 됐다. 나중에는 마을의 당 간부들도 들락거리기 시작했다. 서서히 마을의 리더로 떠오르는 전기를 스스로 마련한 것이다.

이렇게 완전히 오지의 생활에 익숙해질 무렵 시진핑은 다시 한 번 자신의 인생에서 꽤나 중요한 결정을 내린다. 보다 적극적인 활동을 위해 공청단에 가입하겠다는 생각을 한 것이다. 하지만 반동 부패 분자의 아들이 성분 좋은 청소년들도 까다로운 심사를 거쳐야 하는 공청단에 가입하는 것은 쉽지 않았다. 그는 2년 동안 무려 7번이나 퇴짜를 맞는 불운을 감내해야 했다. 하지만 그의 특유의 뚝심은 마침내 결실을 맺게 됐다. 8번째 입단 신청은 그가 량자허에서 다시 생활한 지 채 3년이 되지 않은 때인 1972년 7월에 받아들여졌다.

공청단 입단은 그에게 확실히 날개를 달아줬다. 그는 입단 1개월여 후인 72년 8월 펑자펑(馮家坪)공사의 자오자허(趙家河)촌 대대(大隊)로 옮겨가 사회주의 사상 교육을 담당하게 됐다. 이때에는 능력 발휘도 마음껏 할 수 있었다. 얼마 지나지 않아 자오자허촌 촌민들의 마음을 완전히 사로잡았다. 대부분의 촌민들이 그가 계속 남아 일하기를 원했다. 그러자 묘하게 량자허에서도 그가 돌아와 일할 것을 요청했다. 그는 한참을 고민하다 처음 하방된 곳에서 승부를 봐야 한다는 생각에 량자허를 선택하기로 했다. 다행히 옌촨현 현위에서도 그가 량자허로 돌아가는 것에 동의를 해줬다. 이 직전에 그에게는 생각지도 않은 선물도 하나 하늘에서 떨어졌다. 무려 10번이나 신청을 했어도 허가가 나지 않은 공산당 입당이 결정된 것이다. 이렇게 해서 74년, 22세가 된 그는 당원의 신분으로 기분 좋게 공산당의 량자허 대대 지부의 서기로 취임할 수 있었다.

하방된 지 6년 만에 최말단 조직의 당 간부가 된 시진핑은 처음과 비교하면 완전히 180도 다른 사람으로 변해 있었다. 당시 말로 하면 훌륭한 사회주의 전사가 돼 있었다고 해도 좋았다. 서기로서 공 역시 많이 세웠다. 소형 댐을 건설해 농업용수를 확보한 것이나 우물을 파서 음용수를 촌민들에게 제공한 것이 무엇보다 돋보이는 실적이었다. 이뿐만이 아니었다. 그는 황토 고원인 탓에 거의 구하지 못했던 량자허의 연료 문제 역시 상당 부분 해결했다. 방법은 촌민들의 배설물을 활용해 메탄가스를 만들어 내는 것이었다. 이로 인해 그는 종종 오물을 온 몸에 뒤집어쓰는 횡액을 당하기도 했다. 그러나 그의 이런 노력은 옌안뿐 아니라 산시(陝西)성, 나아가 전 중국 농촌에 엄청나게 긍정적인 영향을 미쳤다. 지금도 일부 농촌에서는 그가 창안한 공법으로 메탄가스를 추출, 연료로 사용한다고 한다.

이런 노력은 드디어 그에게 천재일우의 기회를 제공하는 전기로 작용하게 된다. 문화대혁명 초기 중국의 대학은 사실상 폐쇄됐다. 그러다 70년에 노동자와 농민, 병사 등 노동에 참가한 사회주의 전사들을 위해 일부 개방이 됐다. 중학교를 온전하게 졸업하지 못한 그는 대학에서 공부를 더 하고 싶었다. 일이 되려고 그랬는지 75년 여름 베이징의 칭화대학으로부터 옌안 지구의 학생 2명을 청강생으로 받아들이겠다는 연락이 왔다. 그는 이 정보를 입수하기 무섭게 바로 신청을 했다. 옌촨현의 담당자 역시 평소 그의 품행을 좋게 본 터라 칭화대학에 적극적으로 추천했다. 이렇게 해서 그는 무려 7년 만에 소년에서 헌헌장부가 돼 베이징으로 금의환향할 수 있게 됐다. 문화대혁명이 완전히 끝나기 1년 전이 었다.

6 _
베이징 귀환과 중관춘 시절

1975년 10월 어느 날이었다. 베이징 같으면 상쾌하고도 선선한 바람이 불 그런 계절이었다. 그러나 황토고원의 가을 아침은 그렇지 않았다. 체감 온도는 이미 겨울이었다. 시진핑은 이 추위를 뚫고 자신이 정확하게 6년 9개월여 전에 왔던 길을 되돌아가고 있었다. 그러나 이때 그는 혼자가 아니었다. 그동안 함께 했던 마을의 간부, 원로들에게 일일이 인사를 했음에도 작별이 아쉬워 그를 배웅하기 위해 따라온 젊은이들이 주위에 10여 명이나 있었던 것이다. 그동안 그와 함께 생활하면서 미운 정 고운 정 다 든 마을의 청년들이었다.

이때 시진핑은 버스 정류장이 있는 현 번화가까지 30km를 걸어서 갔다. 현에 다 와서도 그를 따라온 젊은이들은 돌아갈 줄을 몰랐다. 그는 할 수 없이 숙박비가 저렴한 초대소에 들어가 그들과 미처 못 다한 정을 나눴다. 이어 다음 날 현의 한 사진관에서 기념사진을 찍은 후에야 그들을 돌려보낼 수 있었다. 그가 량자허의 대대 서기로 일

칭화대학 입학을 위해 량자허를 떠날 당시의 시진핑의 모습이 기념 사진에 그대로 남아 있다.

하는 동안 인심을 어느 정도 샀는지를 단적으로 말해주는 후일담이다.

23세에 늦깎이 대학생이 된 시진핑은 화공과에 적을 두게 됐다. 세부 전공은 기초유기합성 분야였다. 이때 과 입학 동기 중에는 그와 동갑인 천시(陳希)가 있었다. 천은 학교 졸업 후에도 대학원에 진학, 당 간부로 남은 인물로 지금은 중국과학협회 서기의 자리에 있다. 또 선배로는 2012년 10월 시진핑이 집권한 이후에 어떤 식으로도 중용될 것이 확실한 8세 연상의 류옌둥(劉延東) 당 정치국 위원, 조반파의 맹장으로 유명한 콰이다푸(蒯大富), 리쯔빈(李子彬) 전 선전시장 등이 있었다.

시진핑은 몽매에도 그리던 칭화대학 학생이 됐으나 학교생활에는 그다지 잘 적응하지 못했다. 이유는 단 하나였다. 기초 실력이 너무 형편없었던 것이다. 하기야 그럴 수밖에 없었다. 중학교도 제대로 졸업하지 못한 상황에서 어려운 수학, 물리, 화학 등의 풍부한 기초학력이 필요한 전공과목을 배웠으니 잘 적응했다면 그것이 오히려 이상할 일이었다. 더구나 당시 칭화대학은 문을 열기는 했으나 여전히 문화대혁명의 혼란에서 헤어나지 못하고 있었다. 급기야는 그의 칭화대학 입학을 적극적으로 도와준 당위원회 관계자들까지 박해를 받는 상황이 벌어졌다. 그는 몸을 보존하기 위해 보다 더 납작 엎드리지 않으면 안 됐다.

다행히 이 와중에도 중국을 10년 동안이나 비인간적인 천하대란으로 몰아넣은 문화대혁명은 끝날 조짐을 보이고 있었다. 발단은 1976년 1월 8일로 기록되고 있는 저우언라이의 타계였다. 저우는 평생을 권력 2인자로 보낸 인물이었다. 단 한 번도 최고 지도자가 돼 중국인들 앞에 나서본 적이 없었다. 그는 그러나 그 누구보다도 존경을 받았다. 때문에 그의 죽음은 좌, 우파 모두에게 큰 슬픔을 안겨줬다. 특히 4인방(문화대혁명을 주도한 장칭江靑당 정치국 위원을 비롯해 왕훙원王洪文 당 부주석,

장춘차오張春橋 부총리, 야오원위안姚文元 정치국 위원을 일컬음.-저자)을 비롯한 극좌파들로부터 우파분자로 낙인 찍혀 엄청난 고생을 한 피해자들은 더욱 더 그랬다. 그래도 저우언라이는 광기가 판을 치는 문화대혁명의 와중에서 무고한 이들의 피해를 최소화하려는 노력을 기울인 이성적인 지도자였던 탓이었다. 이들의 가슴에 맺힌 한과 슬픔, 극좌파들에 대한 원한은 급기야 4월 5일 청명절을 기점으로 폭발했다. 이들이 저우를 추모하기 위해 톈안먼에 모였다 성난 시위대로 돌변한 것이다. 그러나 4인방을 비롯한 극좌파들의 명령을 받은 진압군은 이들에게 무차별 총격을 가하는 대 학살극을 자행했다. 89년의 6·4 톈안먼 사태와 여러모로 성격이 비슷한 이른바 5·4 톈안먼 사태는 바로 이렇게 해서 발발했다. 그래서 이 사태는 1차 톈안먼 사태로 불리기도 한다. 시진핑 역시 이때 저우 추모 행사를 벌인 세력에 동정하는 입장을 가지고 있었으나 적극적으로 행동에 나서지는 않았다.

이후 정국은 극좌파들에게 더욱 불리하게 돌아갔다. 9월 9일에는 문화대혁명을 발동한 주인공인 마오쩌둥 역시 사망했다. 저우 사망 직후 마오에 의해 총리 겸 당 제1 부주석에 임명돼 사실상 후계자로 지명된 화궈펑(華國鋒)은 이 절호의 기회를 놓치지 않았다. 당시 당과 국가의 모든 권력을 탈취하려는 음모를 꾸미던 4인방을 군 원로 예젠잉(葉劍英), 리셴넨(李先念) 등의 도움을 얻어 체포한 것이다. 이로써 중국 전역을 무참하게 휩쓴 10년 대란은 완전히 대단원의 막을 내렸다.

어려운 학교 공부, 시시각각 조여오던 극좌파의 위협으로 납작 엎드려야 했던 시진핑에게도 문화대혁명의 종식은 복음이었다고 할 수 있었다. 무엇보다 아버지가 오랜 세월 자신에게 들씌워진 반당 부패 분자의 명에를 벗을 수 있는 계기를 잡게 됐다. 이를 위해 그를 비롯한 온 가족이 하

칭화대학 시절의 시진핑과 아버지 시중쉰.

나같이 발 벗고 나섰다. 그도 학생의 신분이었으나 이 과정에서 어머니 치신과 함께 예젠잉, 훗날 총서기가 되는 후야오방(胡耀邦), 원로 왕전을 직접 만나 아버지의 무고함을 호소했다. 세상이 변해 그가 다시 혁명 원로 시중쉰의 아들로 대우받을 수 있기 때문에 가능한 일이었다.

그와 가족이 노력한 덕분에 시중쉰은 1978년 3월 베이징에서 열린 인민정치협상회의(정협)에서 상무위원으로 선출되는 기회를 잡았다. 사실상 16년 만에 복권된 것이다. 그가 복권되자 그의 집은 다시 북적거리기 시작했다. 이에 대해 그는 일찍이 2000년 8월 『런민르바오』 계열 잡지인 『스다이차오(時代潮)』와 가진 인터뷰에서 다음과 같이 피력한 바 있다.

"권력과 접촉이 적거나 매우 멀리 떨어져 있는 사람은 항상 이것을 매우 신비하고 신선하게 생각한다. 그러나 내가 본 것은 겉으로 보이는 것만이 아니었다. 나는 권력과 꽃, 영광의 박수 소리만 본 것이 아니었다. 그 속에서 수용소도 봤다. 인간 세상의 염량세태 역시 목격했다. 정치라는 것이 한층 더 준엄하고 모진 것이라는 인식을 가지게 됐다."

그가 느낀 인간 세상의 염량세태는 얼마 후 더욱 크게 다가오게 된다. 아버지가 단순하게 복권이 된 것이 아니라 세상에 다시 나온 지 1개월 만에 이전 직급에 버금가는 자리로 이동하게 된 것이다. 그 새로운 자리는 바로 광둥성 제2 서기였다. 광둥성에서는 거의 황제 대접을 받고 있던 예젠잉의 적극적인 추천이 주효한 탓이었다. 시중쉰은 1978년 말에는 웨이

귀칭(韋國淸)의 뒤를 이어 제1 서기로 승진, 광둥성의 대권을 한손에 거머쥐는 명실상부한 1인자가 됐다. 이로써 시중쉰은 완전히 명예회복을 하게 됐다. 또 시진핑의 가족들 역시 이전의 위상을 되찾을 수 있게 됐다.

시중쉰은 광둥성으로 내려갈 때부터 덩샤오핑이 마음속으로 그리고 있던 미래 중국의 청사진을 잘 알고 있었다. 그래서 제1 서기로 승진한 이후부터는 덩의 의중을 받들기 위해 본격적인 개혁, 개방의 기치를 높이 들었다. 자신이 관할하는 선전(深圳)과 주하이(珠海), 산터우(汕頭) 등이 푸젠(福建)성 샤먼(廈門)과 함께 78년 8월에 경제특구로 지정되자 인근 홍콩의 자본을 유치하기 위해 불철주야 뛰어다닌 것은 바로 이런 노력의 일환이라고 할 수 있었다. 그의 노력은 많은 결실을 거두기도 했다. 홍콩뿐 아니라 미국과 일본의 자본이 물밀듯 밀려들어오기 시작한 것이다. 그가 지금도 '개혁의 선구자' 등의 이름으로 불리는 것은 다 까닭이 있는 것이다.

시진핑은 아버지가 광둥성에 부임한 이후 자주 부모를 찾아가 못 다한 부모자식 간의 정을 나눴다. 그때마다 상전벽해처럼 변해가는 광둥성의 개혁 현장도 눈으로 봤을 뿐 아니라 생생하게 피부로 느끼기도 했다. 말할 것도 없이 이때의 경험은 그로 하여금 향후 어떤 식으로 살아야 하는지에 대한 그림을 뇌리에 그리도록 만들었다. 또 언제나 민중을 위한 당 일꾼이 되겠다는 생각 역시 확고하게 굳히게 했다. 그는 이때 그럴 만한 나이인 20대 후반기에 이미 접어들고 있었다.

79년 여름, 그는 대학을 평범한 성적으로 마치고 4년 동안의 중관춘 시절을 마감하게 된다. 하방과 대학 생활의 힘겨운 워밍업을 마치고 드디어 사회에 본격적으로 발을 디디게 되었다.

7 _
출세의 사다리를 걷어차고 다시 기층 속으로

시진핑은 졸업과 동시에 당시 부총리 겸 중앙군사위원회 비서장인 경뱌오의 비서로 발탁됐다. 이는 그가 아무리 똑똑한 인재였다고 해도 상당히 파격적이라고 할 수 있었다. 더구나 그는 칭화대학을 청강으로 졸업했다. 성적 역시 그다지 우수하지 않았다. 솔직히 아버지의 후광이 작용하지 않았다고 하기 어려웠다. 더불어 아버지가 무려 16년 동안이나 박해를 당한 것에 대한 보상 차원의 배려도 어느 정도 작용했다고 할 수 있었다.

이 사실은 당시 내로라하는 권력자 비서들의 면목을 봐도 대충 파악이 가능하다. 우선 내무부 부장을 지낸 쩡산(曾山)의 아들 쩡칭훙(曾慶紅) 전 국가 부주석을 들어야 할 것 같다. 아버지의 후광으로 40세가 다 된 나이에 위추리(余秋里) 부총리 겸 국가계획위원회 주임의 비서로 활동하고 있었다. 또 위생부 부부장을 지낸 우윈푸(伍雲甫)의 아들 우사오쭈(伍紹祖) 전 중국올림픽위원회 주석 역시 부총리를 지낸 왕전 중앙군사위원회 상무위원의 비서로 일하고 있었다.

시진핑이 아버지의 후광을 입었다는 사실은 경뱌오의 출신성분을 보면 어김없는 사실이 된다. 경은 원래 군인 출신으로 예젠잉의 직계였다. 그래서 예가 4인방을 체포하는 궁정 쿠데타를 일으키려 했을 때 병력을 동원할 수 있었다. 그는 이후 이 공로로 승승장구, 부총리에까지 오르게 됐다. 당연히 기회만 되면 자신을 팍팍 밀어준 예의 신세를 갚고자 했다. 일이 되려고 했는지 이때 예는 자신과 뜻이 통하는 시중쉰의 아들 시진핑을 눈여겨봤다. 시진핑이 경뱌오의 비서가 된 것은 어떻게 보면 너무나 자연스러운 일이 아니었나 싶다.

 시진핑은 아버지와 모시는 어른인 겅뱌오의 막강한 후광을 등에 업을 경우 출세가도를 달릴 수 있었다. 게다가 공부에 헤매던 대학 시절과는 달리 그는 비서 생활을 한 3년 남짓한 기간 동안 일을 아주 잘 한다는 평판을 주위로부터 듣고 있었다. 본인만 원하면 비서를 끝낸 다음 더 좋고 높은 자리로 가는 것은 일도 아니었다. 그는 하지만 늘 청년 시절 경험한 7년 동안에 걸친 기층의 생활을 잊지 못하고 있었다. 또 아버지가 근무하던 광둥성에서 본 광경들이 아른거리기도 했다. 그는 자신의 이런 생각을 당시 국방부 부장의 자리까지 겸임하게 된 겅뱌오에게 피력했다.

 "부총리 동지, 저는 이제 충분히 제 할 일을 다 했다고 생각합니다. 다른 일을 한 번 해보고 싶습니다."

 겅뱌오가 의외라는 듯 시진핑을 쳐다보면서 물었다.

 "왜 내 밑에서 일하는 것이 싫은가?"

 "그렇지는 않습니다만 이제는 군복을 벗고 보다 아래로 내려가 경험을 더 쌓고 싶습니다."

 "그렇다면 군복을 그대로 입은 채 군대 생활을 본격적으로 해보도록 하게. 내가 좋은 곳으로 보내주겠네. 야전 부대의 지휘관도 괜찮을 것 같구먼."

 "아닙니다. 저는 농촌으로 가고 싶습니다. 어릴 때 경험을 하지 않은 것은 아니나 더 하고 싶습니다. 제 체질에도 맞습니다."

 "자네와 같은 생각을 가진 젊은 동지들이 많이 있는가?"

 "예, 있습니다. 류사오치 동지의 아들 류위안(劉源)이 있습니다. 비슷한 시기에 하방 경험을 같이 했는데 저와 같은 생각이더군요."

정치적으로 형 동생 관계인 시진핑과 쩡칭훙. 실력자의 비서 생활을 한 경험을 공유한다.

"그래? 기특한 생각들이기는 하군. 좋아, 가서 잘 해보게."

시진핑의 요구는 받아들여졌다. 그는 우선 허베이성의 성도(省都)인 스자좡(石家莊)에 파견됐다. 이어 인근 정딩현 부서기로 정식 임명됐다. 한국으로 치면 부군수 정도에 해당하는 당직이었다. 1982년 3월의 일이었다.

그에 대한 정딩현의 시각은 하방 시절 초창기와 크게 다르지 않았다. 농촌에 대해 아무 것도 모르는 중앙의 당 원로 자제라는 시각이 대부분이었다. 게다가 그의 아버지 시중쉰은 문화대혁명 때와는 달리 완전 복권돼 다시 승승장구하고 있었다. 처지도 달라졌으니 목에 더욱 힘을 줘도 뭐라고 할 사람도 없었던 것이다. 하지만 그는 량자허 대대 서기로 있을 때보다 더욱 겸허해져 있었다. 심지어 근무할 때는 아예 군복을 입는 소박함까지 보여줬다. 식사 역시 일반 농민들과 크게 다르지 않게 했다. 장소를 가리지 않은 채 늘 소박한 음식을 주변 사람들과 같이 먹었다. 어쩔 때는 일반 주민들의 집에서 소찬을 함께 들기도 했다. 그를 잘 모르는 농민들이 30세의 당당한 부서기를 자신들과 같은 촌뜨기로 착각한 것은 때문에 별로 이상할 일이 아니었다. 그는 더 나아가 관용차도 현의 원로 간부들에게 양보하고 거의 사용을 하지 않았다. 정 급할 때는 지프를 타는 경우가 있기는 했으나 자전거를 타고 다니는 것이 기본이었다. 얼마나 많이 탔는지는 그가 나중에 "자전거를 타면 좋은 점이 많다. 우선 몸에 좋다. 일반 민중과 가까워질 수 있어 좋다. 휘발유를 절약하는 것도 나름의 장점이다."면서 자전거 예찬론자까지 됐다는 사실이 무엇보다 잘 보여준다.

그렇다고 그가 모든 행동을 쇼처럼 의도적으로 너무 조심한 것도 아니었다. 또 일부러 금욕주의자처럼 행동했다고 하기도 어렵다. 필요할 때는 호방하게 행동하기도 했으니까 말이다. 이 사실은 그가 당시 현의 문화국장으로 있던 10여 세 연상의 유명 작가 자다산(賈大山)과 호형호제했다는 사실에서 잘 알 수 있다. 허베이성 출신의 작가로 지금 중국 작가협회 톄닝(鐵凝) 주석만큼이나 유명한 자다산은 문인답게 거칠 것이 없었다. 죽이 맞지 않으면 아무리 지위가 높다 해도 우습게 알고 교유하기를 원치 않는 호쾌하고 시원시원한 성격이었다. 그러나 이런 그도 시진핑과는 마음을 시원스럽게 터놓고 교유했다. 특히 둘은 틈이 날 때마다 술을 즐겨 했다. 시진핑이 결정적인 순간에는 화끈하고 시원시원한 스타일이라는 사실을 말해 주는 증거가 아닌가 싶다.

젊은 그는 마을의 원로 간부들을 끔찍하게도 챙겼다. 무엇보다 어려운 경제 사정에도 원로들이 생활에 불편함이 없도록 했다. 또 중요한 문제가 있을 때는 반드시 이들을 찾아가 의견을 들었다. 어떻게 보면 의도적인 쇼일 수도 있는 그의 이런 행보는 당연히 높은 평가를 받았다. 그가 부서기로 있던 1984년과 이듬해에 중앙 및 성, 스자좡 시위가 발행하는 당보에서 경쟁적으로 이런 행보를 대서특필했을 정도였다.

그의 진정성은 얼마 지나지 않아 인정을 받았다. 그동안의 공로로 부서기로 일한지 1년 8개월만인 1983년 11월에 서기로 승진하게 된 것이다. 그는 승진하자마자 평소 생각을 행동으로 옮겼다. 그건 바로 아버지의 임지인 광둥성에 가서 본 과거 전례 없던 시장경제의 현장을 정딩현에서도 재현하겠다는 굳센 의지였다. 하지만 정딩현의 관리들은 그의 생각을 이해하지 못했다. 개혁, 개방의 기치를 높이 들어 올린 지가 5년이나 지났으나 10년 동안에 걸친 문화대혁명의 극좌 사상 세례를 극복하지 못한 관리들이 적지 않았던 것이다. 그는 할 수 없이 간부들을 불러 모아 자신의 생각을 분명하게 밝혔다.

"시장경제는 경제 발전을 향해 달리게 해주는 고속도로입니다. 농업을 중요하게 생각하지 않으면 안정적이지 못하나 공업을 소홀히 하면 부유하게 될 수가 없습니다. 동지들은 한 걸음씩 더 나아가 사상을 해방시키고 시야를 넓혀야 합니다. 이를 위해서는 시장경제의 모범 도시들을 참관해야 합니다. 이 귀중한 경험과 지식은 다른 사람들에게도 전수해주고 모델을 수립해야 합니다. 시장경제에 대한 신뢰를 견고하게 해야 합니다."

시진핑의 호소는 곧 결실을 보기에 이른다. 정딩현의 당정 간부들이 그의 호소에 적극 호응하면서 시장경제 추진에 적극 나선 것이다. 먼저 우유와 소고기, 닭과 토끼 고기 등의 가공 공장이 세워졌다. 이어 화학 공장과 건자재, 의류 공장 등도 속속 모습을 드러냈다.

그는 시장경제의 지속적인 추진을 위해 인재를 널리 불러 모으는 일에도 신경을 많이 썼다. 이를 위해 파격적인 대우는 물론이고 출신성분 따위는 묻지도 따지지도 않는다는 식의 인사 원칙을 확정해 공포했다. 또 이 내용을 신문, 라디오에 광고하는 파격도 서슴지 않았다. 효과 역시 적지 않았다. 다른 지역 출신 인재들이 적지 않게 정딩현으로 몰려들어 그의 시장경제 추진 노력을 뒷받침해준 것이다. 정딩현은 허베이성은 말할 것도 없고 전국에서도 주목하는 손꼽히는 시장경제의 현장으로 우뚝 설 수 있었다.

이런 노력은 중앙정부의 주목을 확실하게 끌었다. 아버지의 후광 때문이기도 했지만 보다 나은 곳으로 발탁될 것이라는 설 역시 끊이지 않았다. 설은 얼마 안 있어 현실로 나타났다. 정딩현에서 근무한 지 3년 3개월 만에 전혀 연고 없는 푸젠성 샤먼시의 부시장으로 영전하게 된 것이다. 그는 샤먼으로 갈 때도 예의 그다운 행보로 일관했다. 사사로운 전별금과 과도한 환송회를 받지 않은 것은 물론이고 개인 사물 외에는 아무 것도 가져가지 않는 진정한 공복으로서의 모범을 보여줬다. 심지어 늘 옆에 끼고 보던 책『정딩현지』마저도 후임자를 위해 사무실에 그대로 놓고 갔다. 때는 1985년 6월이었다.

chapter 2

교룡,
잠행을 계속하다

시진핑은 중국적인 관점에서 볼 때 벼락출세를 할 가능성이 높은 에이스 카드였다. 이른바 즈성지(直昇機. 헬리콥터라는 뜻으로 빠른 출세를 의미함-저자)를 타려고 하면 누가 뭐라고 할 사람이 없었던 것이다. 아버지의 후광, 청강생이기는 해도 칭화대학 졸업생이라는 사실, 부총리의 비서를 지낸 경력, 기층에서 나름 활약을 한 사실을 보면 이렇게 말해도 무리가 없었다. 하지만 그는 스스로 벼락출세의 길을 선택하지 않았다. 이를테면 때를 기다리면서 수면 하에서 잠행을 계속했다는 얘기가 되겠다. 이런 유형의 사람을 중국인들은 흔히 교룡(蛟龍)이라고 부른다. 재주를 나타내지 않은 채 물을 제대로 만날 때까지 유유자적하는 그런 인재 말이다. 그는 1985년 6월 샤먼시로 전근을 간 이후 정말 상당히 오랫동안 전혀 나대지 않은 채 조용히 자신의 길을 묵묵하게 가기만 했다.

1 _
개혁, 개방에 더욱 눈 뜨다

약관 32세에 중소도시의 부시장으로 영전한 것은 외견상으로 보면 상당한 약진이라고 할지 모른다. 그것도 덩샤오핑이 주목하는 경제특구 샤먼의 부시장이라면 더욱 그렇다고 단언해도 좋다. 그러나 시진핑의 여러 가지 조건을 보면 반드시 그렇지도 않다. 조금 더 괜찮은 자리로 가도 누가 뭐라고 그럴 사람이 있을 턱이 없었기 때문이다. 더구나 이때 두 살이나 어린 라이벌인 리커창은 고작 30세의 나이에 권력 핵심으로 가는 정거장인 공청단의 중앙서기처 후보서기를 거쳐 서기 겸 전국청년연맹 부주석으로 승진해 있었다. 중앙 부처로 따지면 최소한 부장조리(차관보)급의 고관에 올라 있었다. 부시장은 비교가 안 되는 위치였다.

하지만 시진핑은 묵묵하게 자신의 길을 갔다. 다행히 샤먼시의 상부 기관인 푸젠성의 당 서기는 아버지의 혁명 선배 샹위녠(項與年)의 아들인 샹난(項南)이 맡고 있었다. 전혀 생각지도 않은 연고가 있었던 것이다. 특히 샹난은 시중쉰이 전인대 부위원장으로 있던 1982년 10월 정부 대표단 단장으로 북한을 방문했을 때 수행한 이력이 있었다. 당시 두 사람은 중국의 개혁, 개방을 위한 방안을 논의할 정도로 의기투합했다고 한다. 아니나 다를까, 그보다 무려 35세나 많은 샹난 서기는 그가 샤먼에 부임하기 위해 푸저우에 도착하자 간소하지만 대대적인 환영 연회를 열어줬다. 두 사람은 엄청난 나이 차이에도 불구하고 바로 자신들의 부친들이 그랬던 것처럼 의기투합했다. 특히 개혁, 개방과 관련해서는 거의 찹쌀떡 궁합을 과시했다고 해도 좋았다. 이때

샤먼시 전경. 시진핑이 부시장으로 일했을 때는 조그마한 시에 지나지 않았으나 장족의 발전을 했다.

두 사람이 가장 진지하게 나눈 대화는 샤먼-푸저우 간 고속도로 건설과 관련한 것이었다. 이 구간은 고작 300km에 불과하나 당시 자동차로 무려 8시간이나 걸릴 만큼 도로 사정이 열악했다. 고속도로 건설과 관련한 운은 역시 현지 사정에 정통한 샹난이 먼저 뗐다.

"진핑 동지, 아버지에게 연락을 받았소. 정말 잘 왔소. 나를 도와 푸젠성을 전국에서 가장 모범적인 개혁, 개방의 현장으로 한 번 만들어 봅시다."

시진핑은 아버지보다 고작 다섯 살밖에 어리지 않은 샹난이 남 같지 않았다. 삼촌 같은 포근한 느낌을 어쩌지 못했다. 곧바로 긍정적인 대답이 튀어나왔다.

"저는 많이 부족합니다. 경험도 일천합니다. 많은 지도 편달을 바라겠습니다."

"그렇지가 않다고 상부로부터 보고를 받았소. 기층에서 많은 업적도 쌓았다고 들었소."

"과찬입니다. 언제나 최선을 다한다는 생각으로 일했을 뿐입니다."

"바로 그거요. 그 정신이면 안 될 것이 뭐가 있겠소."

"제가 먼저 서기 동지를 도와 할 일이 뭐가 있겠습니까? 말씀을 좀 해 주십시오."

"좋소. 잘 알겠지만 지금 우리 중국에는 고속도로라는 것이 사실상 하나도 없소. 이래 가지고서야 개혁, 개방이 제대로 이뤄지겠소? 그러니 우선 우리 푸젠성에서라도 고속도로를 놓아야 하겠소. 우선 동지가 일하는 샤먼에서 푸젠성의 성도인 푸저우까지 고속도로를 건설하면 어떻겠소. 가능할 것 같소?"

"개혁, 개방에 도움이 된다면 고속도로를 뚫는 것은 당연한 것 아닙니까? 일이 될 수 있도록 최선을 다해보도록 하겠습니다."

시진핑은 샹난과 작별을 한 다음 부임지인 샤먼으로 향했다. 그는 샤먼으로 향하는 도로에서 샹난이 왜 고속도로 건설을 제의했는지를 알 것 같았다. 말이 도로이지 먼지가 날리고 차를 덜컹거리게 만드는 신작로에 가까웠던 것이다. 그는 고속도로를 건설하겠다는 의지를 샤먼으로 향하는 8시간 동안 다지고 또 다졌다.

그러나 고속도로 건설을 통해 샤먼과 푸젠성의 개혁, 개방을 전국 그 어느 곳보다 더 빨리 추진하려고 했던 그의 야심은 얼마 후 잠시나마 꺾이고 만다. 엉뚱하게도 푸젠성 진장(晋江) 소재의 향진(鄕鎭. 농촌의 기본 행정 단위-저자) 벤처기업에서 만든 감기약이 가짜라는 사실이 판명되면서 보수파에게 미운털이 박혔던 샹난이 엉뚱하게 유탄을 맞고 서기에서 낙마한 것이다. 더구나 후임으로는 골수 보수파로 꼽히는 천광이(陳光毅)가 내정됐다. 이후 그는 무려 7년 동안이나 푸젠의 서기로 재임했다. 자연스럽게 샤먼-푸저우 간 고속도로 건설은 먼 훗날의 사업으로 연기되었다. 바로 지척에 대만을 두고 있었던 탓에 광둥성만큼이나 조건이 좋았던 푸젠성의 개혁, 개방의 불꽃 역시 채 피지도 못한 채 시들어버렸다.

시진핑은 삼촌처럼 믿었던 샹난의 횡액에도 불구하고 좌절하지 않았다. 비록 천광이 서기의 보이지 않는 압력에 부담을 느끼기는 했으나 상무 부시장으로 있으면서 나름의 역할을 충실히 수행했다. 홍콩과 대만, 외국의 기업가들을 자주 접촉하면서 경제 협력 방안을 적극적으로 모색했다. 이때 그와 접촉한 외국 기업가들은 대체로 그에게 좋은 감정을 가졌다고 한다. 특히 그가 일상에 대해서는 솔직하면서도 집안 배경에 대해서는 일언반구도 하지 않은 것에 대해 깊은 인상을 받았다는 것이 언론의 전언이다.

이랬으니 그가 샤먼에서도 능력을 인정받는 것은 당연한 일이었다. 급기야 1987년 12월 깜짝 놀랄 일이 발생하고야 말았다. 시 의회 격에 해당하는 인민대표대회에서 그를 시장 후보로 추천한 것이다.

20여 년 전만 해도 시장이나 성장, 서기를 뽑는 선거에서는 대체로 한 명을 후보자로 내세우는 경우가 대부분이었다. 따라서 그가 시장 후보로 추천된 것은 정말 이례적이었다고 할 수 있었다. 샤먼뿐 아니라 푸젠성에서도 유례가 없었다. 그로서는 영광이기도 했으나 부담 역시 적지 않았다. 그가 극구 후보를 사양한 것도 그래서였다고 할 수 있었다. 그러나 당원들의 당심을 무시하기도 어려운 일이었다. 결국 선거는 치러졌다. 결과는 그보다 22세나 많은 현직 시장인 저우얼쥔(鄒爾均)이 박빙의 표 차이로 당선이 됐다. 그러나 선거는 사실상 그의 승리였다고 해도 과언이 아니었다. 무엇보다도 당시 정부 당국에서 저우 시장의 당선을 위해 적극적으로 개입을 했다는 사실이 이 단언을 증명한다. 더구나 부담을 느낀 시진핑은 전혀 선거운동을 하지 않았다. 만약 자유선거였다면 그가 압도적으로 당선이 되고도 남을 선거였던 것이다.

이후 그는 주위로부터 더욱 주목을 받았다. 전국적으로 주목하는 전국구 스타는 아니었으나 될성부른 나무라는 사실은 어느 정도 인지를 시킨 것이다. 이런 분위기는 그를 자연스럽게 푸젠성에서도 가장 외진 곳이라는 닝더(寧德) 지구의 당 서기로 승진해가도록 작용했다. 그가 갈 경우 닝더가 빠른 발전을 할 것이라는 기대가 푸젠성 고위 당정 간부들의 뇌리에 확실하게 각인되기 시작했던 것이다. 그는 3년 동안의 샤먼 생활을 뒤로 한 채 1988년 5월 닝더 지구로 향했다. 샤먼에서 못 다 이룬 개혁, 개방에 대한 염원을 가슴에 담은 채로였다. 리커창 역시 이때에는 공청단 중앙서기처 서기로서 4년째 맹활약하면서 전국구 스타로 완전히 발돋움하고 있었다.

2 _
조용한, 그러나 강렬한 인상을 남긴 닝더 지구의 평민 서기 시절

지금은 닝더시로 승격된 푸젠성의 닝더 지구는 시진핑이 영전될 때만 해도 샤먼시보다는 훨씬 큰 행정 구역에 속했다. 그러나 치명적인 약점이 있었다. 관할 9개 현 중에서 무려 6개 현이 국가의 관리가 필요한 빈곤한 지역으로 분류되고 있었던 것이다. 한마디로 계륵이라고 불러도 과언이 아닌 곳으로 간 것이었다. 물론 그가 그곳으로 간 이유는

2007년 17차 당 전국대표대회에서 나란히 상무위원으로 선출된 시진핑과 자칭린. 오른쪽에서 두 번째와 세 번째가 시진핑과 자칭린이다.

있었다. 우선 그의 회고를 들어봐야 할 것 같다.

"나는 샤먼에서 부시장으로 일하던 3년 중 마지막 1년은 비즈니스 업무를 맡았다. 개혁, 개방 및 특구 건설 추진 분야에 있어 몇 가지 일을 잘 완수했다. 또 나는 적극적으로 개혁, 개방에 대한 의지도 있었다. 이 사실을 윗선에서는 잘 알고 있었기에 나를 푸젠성에서 가장 가난한 지역으로 보낸 것이다."

당시 시진핑에게 푸젠성 당정 지도부의 생각을 전한 사람은 다름 아닌 자칭린(賈慶林. 72) 정치협상회의 주석 겸 정치국 상무위원이었다. 그는 이때 푸젠성 부서기 겸 조직부장의 자격으로 시진핑에게 상부의 인사 결과를 통보했다.

"진핑 동지, 성 위원회에서는 동지가 더 많은 일을 하도록 조치하려고 하오."

"말씀하십시오. 저는 언제든지 자리를 옮길 준비가 돼 있습니다."

시진핑은 자칭린 부서기의 말에 조용히 대답했다. 3년여 동안 샤먼 시 부시장으로 일했으므로 인사 대상자라는 사실을 모르지 않았던 것이다.

"닝더로 보내려고 하오. 그곳의 서기로 가시오."

"닝더라구요? 샤먼과는 완전히 다른 곳이군요."

"그렇소. 닝더는 우리 푸젠에서도 가장 발전이 더딘 곳이오. 가서 능력을 마음껏 발휘하시오. 샤먼에서의 경험을 바탕으로 닝더 지구를 완전히 상전벽해로 만들어 주시오. 우리는 동지가 그런 능력이 있다고 믿고 있소."

"제가 그런 능력이 있는지는 모르겠습니다. 그러나 최선은 다하겠습니다."

닝더 지구의 주민들 역시 시진핑에 대한 기대가 대단했던 것 같다. 그가 부임했을 때 간부 한 명이 주민들에게 그를 소개한 말을 보면 이 사실은 잘 알 수 있다.

"시 서기께서는 부총리를 지낸 시중쉰 전인대 상무 부위원장의 아들입니다. 앞으로 시 서기가 우리 닝더를 잘 이끌어줄 것이라고 확신합니다. 모르기는 해도 중앙에 가서 몇 가지 큰 사업에 대한 도움을 요청할 수 있을 것입니다."

닝더 지구의 당정 간부들 역시 시진핑에게 많은 것을 기대한 듯하다. 이는 이들이 그에게 늘 닝더의 싼두아오(三都澳) 항구 개발, 인근 저장성 원저우(溫州)까지 통하는 철도의 건설, 닝더의 시 승격 등의 세 가지 프로젝트를 적극 추진할 것을 권유한 사실에서도 어느 정도 파악이 가능하다. 그러나 그는 간부들의 건의에 신중하게 대처했다.

이유는 있었다. 당시 전 중국은 인플레이션과 경제 과열로 인해 경제 전반이 위기에 직면해 있었다. 따라서 떠들썩하게 새로운 사업을 벌인다는 것은 활활 타는 불에 기름을 끼얹는 것과 다름없었다. 그저 관리를 잘하는 것만 해도 대단한 일이라고 할 수 있었다. 그는 바로 이 사실을 잘 알고 있었던 것이다. 그래서 그는 당시 이렇게 말하지 않으면 안 됐다.

"작은 불로 온수를 끓여야 한다. 그럼에도 항상 불이 꺼지지 않도록 해야 한다. 또 때로는 찬물을 부어야 한다. 더구나 우리의 경제적인 기초는 취약하다. 현실과 맞지 않게 높은 이상만 추구해서는 안 된다. 실사구시의 원칙에 따라 일을 처리해야 한다."

시진핑은 진짜 자신의 말대로 부작용을 가져올 것이 빤한 시끌벅적한 프로젝트 대신 당장의 현안을 해결하기로 작정했다. 가장 먼저 한 일은 가난한 사람들을 만나 애로 사항을 해결해주는 일이었다. 그는 이를 위해 대형 버스를 타고 닝더의 구석구석을 돌아다녔다. 심지어 최대 명절인 춘제(春節) 때는 추운 날씨에도 불구하고 화장장을 비롯한 쓰레기 매립장, 빈민가들에 자주 들러 노동자와 주민들을 만나기도 했다. 그를 따라 취재에 나선 수행 기자들이 당황해 했을 정도였다.

1989년 닝더 일대에 큰 수해가 났을 때도 그의 소신은 빛났다. 현장에서 직접 방재를 진두지휘, 지도자로서 모범을 보인 것이다. 이때 그는 현장에서 무려 1주일 이상이나 이재민들과 침식을 같이 하면서 고생도 함께했다. 현지의 주민들이 지금도 그를 진정한 평민 서기로 기억하는 데에는 이처럼 다 이유가 있다.

그는 또 내친 김에 당시 닝더 일대에 만연했던 부정부패 일소의 기치도 높이 들어올렸다. 원래 닝더 지구에는 오래 전부터 내려오는 인생의 세 가지 대사가 있었다. 그게 바로 집을 짓고 성묘를 지내고 장가를 가는 것이었다. 때문에 당시 닝더의 당정 고위 관리들 사이에서는 이 세 가지를 한꺼번에 해결하는 것이 가능한 집짓기가 대유행을 하고 있었다. 문제는 이 집들의 규모나 건축비가 관리들의 수입과 엄청난 괴리가 있다는 사실이었다. 단적으로 말해 부정부패가 개입되지 않고서는 집을 짓지 못한다는 얘기였다. 그는 공식 석상에서부터 너무나도 분명한 이런 부정부패를 바로잡겠다는 의지를 공공연하게 밝혔다. 그러자 토착 관리들로부터 강력한 태클이 들어왔다. 심지어는 공공연하게 그를 비난하는 목소리도 들려왔다.

"당신이 그렇게 하면 우리 당원들과 간부들이 가만히 있겠습니까? 조직적인 저항을 할 것입니다. 그것은 오랜 관례입니다. 지금이라도 생각을 달리 하십시오."

시진핑은 전혀 예상 못한 당정 간부들의 조직적인 대응에 진노하지 않을 수 없었다. 급기야는 당정 간부들을 집합시켜 한바탕 질타를 퍼붓는 강경한 자세를 보였다.

"나는 몇 백 명의 미움을 받는 길을 택할 것입니다. 결코 몇 백만 명의 미움을 받는 길을 택하지 않을 것입니다. 또 나는 법률을 위해서 일하고자 합니다. 관직을 위해 일하지는 않을 겁니다."

그는 이어 자신의 강력한 입장을 밀어붙였다. 평소 조용하면서도 뚝심에 관한 한 일가견이 있는 그의 고집에는 닝더 지구의 토착 당정 관리들도 방법이 없었다. 관례를 운운하는 목소리는 어느새 들리지 않게 됐다. 이후 그가 1990년 푸저우 서기로 이동할 때까지 부정부패를 통해 터무니없는 규모의 집을 짓는 당정 간부들은 나오지 않았다. 그의 이런 행보는 당연히 닝더 지구 주민들의 강력한 지지를 받았다. 나중에는 『런민르바오』에도 보도돼 전국적으로 알려지기도 했다.

그는 주변의 기대나 샤먼시에서의 적극적인 행보와는 달리 닝더 지구에서는 비교적 조용하게 일을 했다. 그러나 그렇다고 그가 부임 초기에 자신에게 걸었던 당정 간부들이나 주민들의 기대를 잊은 것은 아니었다. 실제로 그는 푸젠성 부서기로 있던 1996년 닝더에 대대적인 투자를 진행해 각 마을마다 수도와 전기를 개통해주는 열의를 보였다. 또 음용수의 보급에도 노력해 보급률 95%를 달성하도록 만들었다. 이어 저장성 서기를 맡은 2002년 이후에는 원저우까지의 철도 건설에 대한 닝더 주민들의 열망을 잊지 않고 이에 적극 나서기도 했다. 그가 조용하면서도 약속은 무슨 일이 있어도 지키는 강렬한 인상을 남긴 지도자로 지금도 그들에게 인식되고 있는 것은 너무나 당연하지 않나 싶다.

3 _
푸젠성 심장부 푸저우에 입성하다

1990년 5월 시진핑은 그동안의 공로를 인정받아 닝더 지구를 떠나 푸젠성의 심장부인 성도 푸저우시에 입성하게 된다. 직위는 서기였다. 한 단계 더 직급이 올라간 승진이라고 할 수 있었다. 그러나 37세의 젊은 나이에 푸저우시 서기로 올라선 그에게 승진은 승진 그 이상의 의미가 있었다. 비록 시로 승격하기는 했으나 지금도 외진 곳으로 알려진 닝더 지구의 서기에서 성도의 정무를 총괄하는 자리로 옮겨갔으니 이렇게 말해도 전혀 이상할 게 없다. 닝더 지구에서 경제적으로는 괄목할만한 성과를 올리지는 못했어도 조용히 반부패 투쟁의 성과를 낸 것이 크게 어필하지 않았나 보인다.

그는 푸저우에 부임해서도 예의 성격대로 그다지 눈에 두드러지게 튀지는 않았다. 좋게 말하면 은인자중, 나쁘게 말하면 톈안먼사태 이후 정국의 추이를 살피면서 눈치를 보고 있었다고 할 수 있었다. 그러나 주어진 일에는 조용히 최선을 다했다. 우선 그는 샤먼에서 그랬듯 외자 기업들의 투자 유치를 위해 전력을 다했다. 당시 푸저우에는 대만 기업을 비롯한 외자 기업들이 속속 진출하기는 했으나 규모는 그다지 크지 않았다. 따라서 그는 이런 분위기를 반전시키기 위해 인접한 대만의 기업들을 부단히 접촉, 투자의 규모를 늘리는 노력을 기울였다. 이를 위해 우선 대만 기업에 대한 서비스의 질을 대대적으로 제고시켰다. 시당 위원회의 앞마당에 '마상주판(馬上就辦. 즉각 처리한다는 의미)'이라는 글자를 크게 새겨 넣기까지 했다. 결과는 좋았다. 대만 기업들이 그와 푸저우시의 진정성을 인정하고 적극적으로 투자에 나선 것이다. 이 결과 곧 국가 급의 대만 기업 투자 지구, 대만 공업 단지, 룽차오(隆僑)경제기술개발구, 마웨이(馬尾)개발구 등이 설립될 수 있었다. 이어 대만 자본인 둥난(東南)자동차, 푸야오(福耀)유리, 관제(冠捷)전자, 중화(中華)브라운관, 밍다(明達)공업, 난팡(南方)알루미늄 등의 대기업이 푸저우에 또아리를 틀게 됐다. 이들 기업은 나중 푸젠성의 기계 제조, IT 산업을 일으킨 대들보와 같은 선도 기업이 됐다. 경제에 관한 한 푸젠성이 광둥과 저장성에 이은 중국의 세 번째 막강한 성으로 발돋움한 것은 바로 이때 시진핑이 이끈 푸저우시의 외자 유치 노력의 결과였다고 해도 과언이 아니다.

시진핑은 푸저우의 지속적인 발전을 위해서는 보다 적극적인 개혁, 개방이 필요하다는 사실을 모르지 않았다. 더구나 그는 이때 덩샤오핑이 92년 봄의 남방 순시를 통해 발표한 이른바 남순강화(南巡講話)를

덩샤오핑의 남순강화는 시진핑의 개혁, 개방에 대한 열망에 불을 지폈다. 덩샤오핑이 남순강화에 나섰을 때의 모습.

깊이 마음에 새기고 있었다. 남순강화의 핵심은 다른 게 아니었다. 바로 "중국은 우(右)를 경계해야 하나 좌(左)를 방지하는 것이 더 중요하다. 누구라도 개혁을 하지 않으면 물러나야 한다."는 것이 핵심이었다. 그로서는 덩의 이 입장에 입각, 보수적이던 푸저우의 정치적 분위기를 일신하기 위해 자연스럽게 적극 나설 수 있게 됐다. 이로써 좌보다는 우 클릭 성향이라고 해야 하는 개혁, 개방의 중단 없는 추진은 곧 푸저우 당정의 최고 정치 슬로건이 되지 않으면 안 됐다.

그는 주민들의 생활의 질 향상에도 눈을 돌렸다. 당시 푸저우시가 관할하던 현 중에서 가장 가난한 곳은 바로 푸칭(福淸)현이었다. 성 전체 64개 현 중에서 58번째로 가난했다. 그러나 푸칭현은 현실적으로 가난한 것과는 달리 부호들은 많이 배출한 것으로 유명했다. 특히 동남아 화교 갑부의 상당수는 푸칭이 본적이었다. 그는 이 사실에 주

시진핑과 린원징. 둘은 나이를 떠나 푸젠성의 경제 발전에 대한 열망으로 의기상통했다.

목했다. 푸칭이 본적인 화교 기업가들의 자본을 본격적으로 이용하자는 생각을 한 것이다.

　1991년 여름, 그는 불원천리하고 인도네시아로 달려갔다. 그곳에는 미리 연락을 받은 푸칭 출신의 인도네시아 최고 거상 린원징(林文鏡. 현재 84세. 당시 63세)이 그를 기다리고 있었다. 당시에도 세계 최대 시멘트 공장과 밀가루 공장을 운영하고 있던 린원징에게 그가 단도직입적으로 말했다.

　"이제는 고향을 위해서 뭔가를 하셔야 하지 않겠습니까?"

　린원징은 첫눈에 진중한 스타일의 젊은 시진핑이 마음에 들었다. 게다가 이 젊은 서기의 아버지가 당 원로 시중쉰이라는 정보를 이미 수집해놓은 차였다. 그가 짐짓 거만한 어조로 대답했다.

　"글쎄요. 지금 중국은 개혁, 개방을 한다고 말로는 그러고 있습니다. 그러나 많은 제약이 있는 것 같습니다. 인도네시아를 비롯한 동남아의 화교들이 선뜻 중국 투자를 결행하지 못하는 것을 이해해야 할 겁니다. 장사꾼들은 돈이 되는 곳에는 경쟁적으로 몰리나 그렇지 않으면 아무리 감언이설로 불러도 가지 않습니다."

　"아무 문제가 없도록 하겠습니다. 지금 우리는 덩샤오핑 동지의 뜻을 받들어 외자를 많이 유치하고 있습니다. 특혜를 주면 줬지 불이익을 강요하지는 않을 겁니다. 과실송금도 다 보장하겠습니다."

"시 서기께서 그걸 보증하겠소."

"제 명예를 걸고 보증하겠습니다. 또 문서로도 확인해 드리겠습니다."

"좋소. 내 투자를 하겠소."

두 사람은 몇 마디 나누지 않고도 바로 의기투합했다. 이후는 일사천리였다. 푸칭현이 가난에서 벗어날 수 있도록 린원징이 적극적으로 돕는 대신 투자 시의 모든 편리를 제공한다는 MOU가 곧 체결됐다. 놀랍게도 린원징의 푸칭 지원 사업은 예상 외로 폭발적인 반응을 보였다. 푸칭 출신 동남아 기업인들이 너도 나도 경쟁적으로 고향 돕기에 나선 것이다. 이렇게 해서 모인 자선기금은 얼마 후 당시 돈으로 10억 위안(元. 현재 시세로 1800억 원)에 달하게 됐다. 이 자금은 이후 전액 다리와 도로, 병원과 학교의 건축에 사용됐다. 투자에 필요한 인프라스트럭처가 자연스럽게 갖춰진 것이다. 그러자 자선기금을 출연한 화교 자본들이 뒤이어 진출하는 것도 별로 어렵지 않게 됐다. 이로 인해 한때 거지꼴을 면치 못하던 가난한 현인 푸칭은 지금 푸젠성 내에서 두 번째로 부유한 현으로 완전히 탈바꿈했다. 상전벽해가 따로 없다고 해도 과언이 아니다. 모두가 시진핑의 공이라고는 하기 어려우나 그가 나름 결정적인 역할을 했다고 해도 틀리지 않을 듯하다.

4 _
빛을 발한 7년의 은인자중과 조용한 용틀임

시진핑은 1996년까지 푸저우시 서기의 자리에 무려 7년 동안이나 재임했다. 1993년에 라이벌 리커창이 중앙 정부의 웬만한 부장(장관) 자리도 우습게 보일 공청단 중앙서기처 제1 서기 겸 중국청년정치학원 원장 자리로 이동한 것을 감안하면 정치적 입지는 정체를 면치 못했다고 해도 좋았다. 물론 1995년에 그는 리커창과 함께 당에 의해 차세대 리더로 선정되면서 될성부른 나무로 당정 원로들로부터 일찌감치 주목을 받기는 했다. 그러나 당시 리커창은 알아도 그를 아는 일반인은 드물었다. 언론 역시 마찬가지였다. 리커창과 랴오닝성 다롄(大連)시 시장을 거쳐 승승장구하고 있던 보시라이만 주목했지 그에게는 눈길 한 번 주지 않았다. 하기야 그럴 수밖에 없었다. 중앙 부처의 부부장(차관) 내지 부장조리(차관보) 자리가 중국 전역에 최소 몇 만 개인 상황에서 항상 화제를 몰고 다니는 리커창이나 보시라이와는 달리 늘 조용히 맡은 일만 성실히 수행한 그가 두드러질 까닭이 전혀 없었던 것이다. 더구나 그는 기본적으로 리커창이나 보시라이와는 달리 천성적인 야심가도 아니었다.

그러나 7년 동안이나 푸저우에서 서기로 재임하는 동안 남긴 업적은 그를 서서히 리커창에 필적할만한 전국구 스타로 만들어가고 있었다. 1995년 푸젠성 부서기 직을 겸임하면서 이듬해 완전히 부서기로 전임된 것은 그 출발점이었다고 할 수 있었다. 원래 중국에서 부(副)자가 달린 자리는 상당한 의미가 있다. 보통은 은퇴 수순을 밟기 전의 퇴물 간부들이 가는 자리이나 종종 떠오르는 스타들이 다음 자리를 노리고 잠시 머무는 경우도 없지 않다. 말하자면 다음 자리로 올라가는 정거장 정도로 보면 크게 틀리지 않는다. 그러나 역시 부(副)자가 들어가면 할 일이 그다지 많지 않다. 시진핑 역시 그랬던 것 같다. 97년 10월 제15차 전국대표대회에서 당 중앙위원회 후보위원으로 선출된 것을 제외하면 이렇다 할 활동이나 활약이 기록으로 남아 있지 않다. 이런 생활은 그가 99년 8월 전임인 허궈창(賀國强. 현재 당 정치국

시진핑과 허궈창. 둘은 푸젠성장 자리를 주고받은 사이이다.

상무위원 겸 중앙기율위원회 서기)의 뒤를 이어 대리성장으로 취임할 때까지 죽 이어진다.

그러나 그는 2000년 1월 27일 폐막된 제9기 푸젠성 인민대표대회 제3차 회의에서 압도적인 득표율로 성장에 당선되면서부터는 다시 조용하기는 해도 자신의 목소리를 본격적으로 내기 시작했다. 취임 일성부터가 그랬다.

"법을 위반하고 기율을 위반하는 사건의 조사 및 처리에 대해서는 단호하게 전력을 다해야 합니다. 특히 큰 사건과 중요 사건에 있어 전혀 사정을 봐주지 말고 부패분자들을 제거해야 합니다. 어떤 부류의 사람이 연루됐든지 간에 철저하게 파헤치고 엄격하게 처리해야 합니다."

그는 부패에 대해서는 용납하지 않겠다는 단호한 의지만 표명하지 않았다. 예의 당을 살리는 물고기라고 항상 언급해온 인민을 강조하기도 했다. 그는 이런 원칙을 성장에 취임한 지 얼마 안 돼 당정 간부들을 집합시킨 자리에서 역설한 바 있다.

"인민 정부의 권력은 인민으로부터 나옵니다. 따라서 반드시 인민의 이익을 대표해야 합니다. 또 반드시 인민을 위해 복리를 도모해야 함을 명심해야 합니다. 정부 앞에 붙어 있는 인민이라는 두 글자를 절대로 잊지 말아야 합니다."

그의 이런 태도는 언론과의 인터뷰에서도 시종 일관 강조됐다. 홍콩의 『원후이바오(文匯報)』를 비롯한 내외신과 기자 회견을 할 때도 늘 언급했다. 그는 말로만 그치지도 않았다. 자신이 푸저우 서기와 푸젠성 성장 재직 시절에 발생한 중국 역사상 최대인 샤먼의 위안화(遠華) 그룹 밀수 사건(1997년에 사건의 전모가 본격적으로 밝혀지기 시작하자 주범 라이창싱賴昌星이 99년 캐나다로 도주. 라이는 2011년 송환돼 재판을 기다리고 있는 중임-저자)을 끈질기게 파헤치려는 노력을 기울인 것은 그의 이런 언행일치의 행보를 잘 보여줬다고 해도 좋다.

그러나 그는 자신의 의지를 관철하기 위해 지나치게 권한을 넘어서는 행동을 하지는 않았다. 자신의 상부이자 선배인 공청단 출신의 서기 쑹더푸(宋德福)의 의견을 줄곧 경청하면서 필요할 때만 입장을 적극적으로 개진했다. 실제로 당시의 『푸젠르바오(福建日報)』를 보더라도 그는 늘 쑹 서기를 수행하면서 외빈을 접견하는가 하면 기층 방문도 함께 하고는 했다. 두 사람의 환상의 콤비 같은 행보는 적지 않은 에피소드들도 낳았다. 이중 하나를 보면 두 사람이 어느 정도로 죽이 잘 맞았는지를 알 수 있다. 때는 푸젠성의 인민대표대회와 정치협상회의가 열린 2001년 3월이었다. 당시 시진핑은 쑹더푸와 함께 홍콩 지구의 정치협상회의 대표들을 접대했다. 묘하게도 이때 두 사람은 기호에서 극단적인 차이를 보여줬다. 시 성장은 술, 쑹 서기는 담배만 즐기고 있었던 것이다. 홍콩 대표들은 의아하게 생각하지 않을 수 없었다. 그러자 쑹 서기가 호탕하게 웃으면서 말했다.

"나는 줄담배입니다. 그래서 담배를 책임지고 있습니다. 술은 못합니다. 그러나 시 성장은 담배는 안 하는 대신 술은 호주가입니다. 때문에 술을 책임지고 있습니다. 그러니 여러분들은 우리들과 함께 모두 다 할 수 있습니다. 어떻습니까? 우리의 역할 분담이 기가 막히지 않습니까?"

두 사람이 나이 차이가 적지 않았음에도 이처럼 소통이 잘 된 데에는 나름의 이유가 있었다. 시진핑이 존경한다는 말을 종종 했을 정도로 청렴하고 원칙에 충실한 쑹더푸를 선배로 믿고 깍듯이 따랐기 때문이었다. 죽이 맞지 않았으면 아마 그게 이상할 일일 터였다.

시진핑 역시 청렴한 것에 대해서는 쑹더푸 이상이었다. 푸젠성의 고위 간부들이 이런저런 이유로 거의 모두 연루된 위안화 사건에 유일하게 크게 이름이 오르내리지 않은 것만 봐도 이 점은 잘 알 수 있다. 이뿐만이 아니었다. 그는 "곰발바닥과 생선은 함께 얻을 수 없다. 그 누구라도 두 마리 토끼를 잡지는 못하는 것이다. 따라서 정치를 하려면 돈을 벌 생각은 하지 말아야 한다. 만약 돈을 벌고 싶으면 정치를 그만 두고 합법적으로 벌어야 한다."고 늘 자신의 철학에 대해 언급하면서 청렴은 정치인의 선택이 아닌 필수 조건이라고 강조하기도 했다. 그의 청렴에 대해서는 홍콩의 『다궁바오(大公報)』도 일찍이 "시진핑은 자기 자신을 철저하게 단속한다. 각종 유혹에 견딜 수 있었던 것도 이런 자세와 관계가 있다."면서 높이 평가한 바 있다.

그렇다고 그가 성장 시절 청렴을 강조한 채 고상한 척 폼만 잡은 것은 아니었다. 2001년 9월 같은 경우는 샤먼에서 열린 제5기 투자무역 협상회의에 참석, 대만과 홍콩 자본 유치를 위해 동분서주하기도 했다. 물론 그는 위안화 사건의 여파로 인해 푸젠성 전체가 21세기를 전후한 시기에 경제적으로 침체된 탓에 큰 실적을 올리지는 못했다. 그럼에도 그가 위안화 사건 처리를 위해 노력하고 자본 유치를 위해 동분서주라도 하지 않았다면 푸젠성의 경제는 아마도 더욱 침체 국면에서 헤맸을 가능성이 높지 않았을까 싶다. 사실 당시 중앙 정부에서는 이 점을 대단히 높이 평가하기도 했다. 그는 잠행만 계속하는 교룡에서 벗어나 승천을 준비하는 용으로 드디어 서서히 변해가고 있었다.

교룡, 잠행을 계속하다

chapter 3

구만리장천을 날아오른 용

고전 『장자(莊子)』의 첫 장인 「소요유(逍遙遊)」편에 보면 북명(北冥. 북쪽 바다)에 사는 곤(鯤)이라는 물고기가 나온다. 이 곤은 잘 움직이지도 않고 크기가 몇 천리가 되는지 누구도 알지 못한다. 그러나 나중에 새로 변해 하늘을 날아오르는 붕(鵬)이 되면 날개가 하늘을 뒤덮는 구름과 같이 된다. 푸젠성에서만 무려 17년을 조용하게 교룡처럼 잠행을 계속해온 시진핑은 이 붕 같은 인물이 아니었을까. 다소 과장일지는 몰라도 그럴 수도 있겠다. 마치 17년 동안 은인자중한 것을 보상받기라도 하겠다는 듯 2002년 이후 용틀임을 토하면서 승승장구를 거듭했으니까 말이다. 푸젠성 성장 이후부터 그가 거친 보직을 보면 정말 그렇다는 생각을 하지 않을 수 없다. 저장 성장, 당 정치국 위원, 상하이 당 서기, 정치국 상무위원 등의 자리를 개구리 점프하듯 가볍게 거쳐간 것이다. 한마디로 그는 수면 위로 튀어나오자마자 그야말로 순식간에 라이벌 리커창이 깜짝 놀랄 정도로 그저 가능성 많은 교룡에서 구만리 장천을 시원스럽게 훨훨 나는 용으로 변신하는 데 완전히 성공했다.

1 _
도광양회에서 출격강호로

2002년은 인간 시진핑에게 평생 동안 기억해야 할 한 해일 것이다. 이 해 5월에 그는 우선 자신의 정치 생애에 알게 모르게 지대한 영향을 미친 아버지 시중쉰을 잃었다. 또 청강생 출신으로 석사 학위 없이 칭화대학 인문사회과학원에서 법학 박사 학위를 취득했다. 이어 10월에는 17년 동안 일해 온 푸젠성을 떠나 저장성의 부서기 겸 대리성장으로 이동했다. 이후에는 더욱 숨 막히는 인사가 그를 기다리고 있었다. 제16차 전국대표대회에서 대망의 중앙위원회 위원으로 선출되는 개가를 올리는가 싶더니 5일 후에는 저장성 서기로까지 승진한 것이다. 저장성 부서기 겸 대리성장, 정치국 위원, 저장성 서기의 자리가 60일 사이에 정신도 차릴 사이도 없이 그에게 마구 쏟아졌다고 할 수 있었다. 아버지의 죽음만 빼고는 모두 좋은 일이었다. 그러나 아버지 역시 89세의 장수를 했으니 반드시 나쁜 일이었다고 하기는 어려웠다. 본인이 원했든 원하지 않았든 어쨌거나 그는 이로써 자신이 교룡에서 구만리장천을 날아갈 수 있는 분명한 실체의 용이라는 사실을 확실하게 증명했다. 이때 라이벌이던 리커창 역시 허난성 성장으로 승진, 후진타오의 후광을 등에 업은 채 미래의 총서기에 바짝 다가서고 있었다. 실제로도 최고 권력의 절울추는 그에게로 거의 기운 것 같아 보이기도 했다. 시진핑에게는 보시라이와의 경쟁에서 이길 경우 총리 자리가 돌아올 것이라는 소리 역시 나오고 있었다. 은인자중 끝에 구만리장천을 날 숨은 인재라는 사실은 증명했으나 잘해야 2인자가 될 것이라는 얘기였다.

저장성 서기 시절의 시진핑. 항저우의 한 주택가를 돌아보는 민생 탐방을 하고 있다.

그러나 시진핑은 주변의 입방아에는 그다지 신경을 쓰지 않았다. 대신 그동안의 조용한 스타일을 지양, 자신의 능력을 본격적으로 발휘하고자 하는 생각은 더욱 굳혔다. 이를테면 도광양회(韜光養晦. 가능하면 남이 모르도록 실력을 숨김) 전략을 버리고 대국굴기(大國崛起. 대국으로 우뚝 섬) 전략으로 나서려는 요즘 중국의 행보와 크게 다를 것이 없었다. 다른 것이 있다면 그가 국가가 아닌 개인이라는 사실이었다. 따라서 대국굴기를 출격강호(出擊江湖. 세상 속으로 적극적으로 나아간다는 의미-저자) 정도로 표현하면 딱 맞지 않을까 싶다.

저장성은 그가 능력을 발휘하기에도 조건이 좋았다. 무엇보다 경제력이 전국에서도 내로라할 정도로 뛰어났다. 광둥과 장쑤(江蘇)성에 이은 전국 3위였다. 심지어 각종 경제지표는 광둥을 넘어 베이징, 상하이, 톈진을 이은 4위를 기록하고 있었다. 게다가 성의 전반적인 분위기도 푸젠성보다 더 개혁, 개방에 적극적이었다. 그로서는 그야말로 넓디넓은 물을 만난 셈이었다.

그는 아무 연고도 없는 저장에서 일단 밑바닥부터 다지기로 결심을 했다. 결심은 곧 행동으로 옮겨졌다. 90개에 이르는 현과 저장성 전체 시의 70%에 달하는 69개의 시를 부임한 지 9개월 만에 돌아다닌 것은 그래서 가능할 수 있었다. 시찰의 결과는 기대 이상이었다. 생각보다 저장성의 경제적인 기초가 괜찮았던 것이다. 특히 저장 주민들이 일궈 놓은 민영 경제는 그의 찬탄을 불러일으키기에 부족함이 없었다. 문제는 이런 저장성의 저력을 응집시켜 더욱 발전을 이끌어내는 것이었다. 달리 말하면 낙수 효과를 최대화하는 것이라고 해도 좋았다. 그는 고민했다. 곧 결론은 나왔다. 당시 후진타오 총서기 겸 국가 주석이 구호로 내걸었던 이른바 허셰(和諧. 조화) 사회 건설에 답이 있었다. 그는 취임한 지 4개월이 되는 2003년 2월, 저장성 당정 간부 회의를 소집했다. 그가 먼저 인사말을 꺼냈다.

"덩샤오핑 동지의 말대로 발전은 중요합니다. 그러나 발전은 전면적이어야 합니다. 반드시 조화롭게 이뤄져야 합니다. 또 사람을 근본으로 삼아야 합니다. 민생도 중시해야 합니다. 그러려면 방법은 다른 게 없습니다. 다시 말하건대 조화 사회가 답입니다. 나는 조화로운 저장이라는 구호를 내놓고 싶습니다."

"좋은 생각입니다. 전적으로 지지하겠습니다."

회의에 참석한 당정 간부들은 너 나 할 것 없이 시진핑의 말에 공감을 표했다. 심지어는 상당수의 당 위원회와 성 정부 간부들이 이구동성으로 후속 조치에 대한 아이디어를 내놓았다. 이에 따라 '푸른 저장', '안정적인 저장', '디지털 저장', '문화 저장'이라는 구호도 채택됐다. 자신감을 얻은 그는 곧 후속 조치에도 착수했다. 대표적인 것이 어려운 생활을 하는 주민들을 위한 실제적인 일을 하는 이른바 10대 중점 실천 분야를 확정하는 일이었다. 구체적인 내용은 취업과 재취업 보장, 사회보장 확충, 의료 및 위생 개선, 인프라스트럭처 구축, 도시와 농촌의 주택 개선, 생태 환경 개선, 빈민층 지원을 위한 개발 사업 확대, 과학적인 문화 창달, 인민의 권익 보장, 사회 안정 등이었다.

그는 즉각 자신의 생각을 실행에도 옮겼다. 40도를 오르내리는 2003년의 여름 어느 날, 그는 항저우(杭州)의 명물인 시후(西湖) 시찰에 나섰다. 그의 눈에 시후의 사방 공사에 동원된 노무자들의 모습이 들어왔다. 첫눈에 봐도 고생이 이만저만이 아닌 모습이었다. 그는 안쓰러운 마음에 노무자들을 위로한 다음 근처에 임시로 마련된 식당으로 향했다. 어느 정도로 노무자들이 잘 먹는지를 보겠다는 생각이 든 것이다. 그는 그러나 식당에서 경악을 금치 못했다. 질보다 양을 지향한 음식이 너무나 위생이 불량했던 것이다. 주변이 지저분한 것은 더 말할 것이 없었다. 그는 즉시 해당 분야의 수행 간부에게 따져 물었다.

"동지라면 여기에서 식사를 할 수 있겠소?"

수행 간부는 얼굴이 하얗게 된 채 말을 얼버무렸다.

"아무래도 노동 현장이라……."

"그게 말이 되오? 그럴수록 더 위생에 신경을 써야 할 것 아니오. 게다가 주변은 이게 뭐요?"

"죄송하게 됐습니다."

"사람이 모든 것에 우선되어야 하오. 배불리 잘 먹는 것도 중요하오. 그러나 위생을 신경 쓰지 않으면 그게 어디 사람이 먹는 음식이 될 수 있겠소. 즉시 개선하도록 하시오. 노동자들을 이렇게 관리하는 기업은 내가 절대로 용납하지 않겠소."

"알겠습니다."

시진핑은 이처럼 자신이 부임 초기에 다진 초심을 잃지 않았다. 가능하면 낮은 곳으로 내려가 조화로운 사회의 건설을 위해 전력을 다한 것이다. 그렇다고 그가 전국적으로 유명한 저장 자본가들을 억압하거나 사사건건 발목을 잡은 것은 아니었다. 오히려 낙수 효과를 제대로 거두기 위해서는 민영 기업의 쾌속 발전이 무엇보다 중요하다는 인식 하에 가능한 한 모든 지원을 아끼지 않았다. 진짜 그런지는 지금도 회자되는 두 가지 사례만 봐도 확연해진다. 첫 번째는 저장 자본가들 특유의 해외 진출 DNA를 자극하는 것이었다. 원래 저장, 특히 원저우(溫州)와 닝보(寧波) 출신의 상인들은 진취적 기상이 예로부터 대단했다. 지금도 이들 상인을 일컫는 말인 원저우방(溫州幇)이나 닝보방(寧波幇)이 전 세계적으로 유명한 것은 이런 현실을 감안하면 크게 이상할 것도 없다. 그는 이 사실에 주목했다. 외국 자본을 들여오는 것도 중요하나 가능하면 저장 자본가들을 해외로 진출하게 만들 생각을 한 것이다. 그는 곧 자신의 생각을 행동으로 옮겼다. 기업인들을 만날 때마다 해외 진출을 부추겼다. 이로 인해 얼마 후에는 해외 투자와 수출에 나서지 않는 저장의 대기업이 없을 정도가 됐다. 그의 생각은 그대로 들어맞았다. 2012년 현재까지 약 10여 년 동안 저장성이 해외에서 벌어들인 돈이 무려 7000억 위안(126조 원)에 이르는 것은 상당 부분 그의 공이라고 해도 크게 틀리지 않는다.

이뿐만이 아니었다. 그는 저장성의 경제가 바로 인근의 부유한 상하이 및 장쑤성과 합쳐질 경우 상당한 시너지 효과가 있을 것이라는 사실을 진즉에 간파하고 이 지역들과 전략적 제휴 관계에 적극적으로 나섰다. 2003년 3월 21일 100여 명 이상에 이르는 저장성의 각 시, 지구 등의 서기와 청장, 국장들을 인솔해 상하이와 장쑤성을 방문해 대대적인 경제협력 사업에 대해 논의한 것은 이런 노력의 결과였다. 이후 이 세 지역은 느슨한 형태의 전략적 협력 관계를 맺을 수 있게 됐다. 이 관계는 지금까지 이어져 이른바 장삼각(長三角)경제권이 태동하는 전기로 작용했다.

그는 역내 기업들에 대한 격려 역시 아끼지 않았다. 1년에 수차례나 지리(吉利), 페이웨(飛躍), 정타이(正泰) 그룹을 비롯한 일련의 민영 기업과 외자 기업을 방문, CEO들과 격의 없이 저장성의 경제 발전을 화제로 대화를 나누곤 한 것도 다 이런 행보와 관련이 있었다. 그의 노력은 시간이 지나면서 서서히 꽃을 피웠다. 이는 그가 서기로 재임한 지 5년째인 2006년 말에 이르러 저장성의 전체 사영 기업 수가 부임 초기보다 대략 두 배 가까이 늘어난 40만 개에 이른 것만 봐도 잘 알 수 있다. 중국 전체 사영 기업의 매출액 기준 500대 기업 중 저장성 기업이 200개 가까이에 이른 것 역시 크게 다르지 않다. 경제 발전에 바친 그의 뚝심이 크게 기여했다고 봐도 과언이 아니다.

시진핑은 저장성 서기로 만 4년 반 정도를 근무했다. 푸저우 시장으로 근무한 7년을 제외하고는 가장 오랜 기간 일한 셈이다. 그는 그러나 앞에서 살펴본 대로 푸저우에서 일한 7년보다 저장성 서기로 일한 4년 반 동안 더 혁혁한 공로를 세웠다고 할 수 있었다. 타고난 능력을 굳이 감추지 않고 번득이는 칼을 과감하게 칼집에서 끄집어낸 결과가 실적으로 나타난 것이다. 수면 아래에서 완전히 떠오른 그에게 이제 남은 것은 구만리장천을 훨훨 날아가는 것, 바로 그것뿐이었다.

2 _
날개를 달아준 상하이의 권력 이전투구

시진핑이 자신의 진면목을 과시하면서 날아오르는 용틀임을 본격적으로 하고 있을 2006년, 여름이 지나고 가을이 올 무렵이었다. 경제 수도로 불리는 상하이에서는 그야말로 깜짝 놀랄 일이 벌어지고 있었다. 홍콩 언론의 설명을 빌리면 광풍과 폭우가 쏟아지고 있었다고 해도 좋았다.

이 사실은 9월 25일 관영 『신화(新華)통신』이 처음으로 확인해줬다. 속보를 통해 당시 당 정치국원이자 상하이의 1인자인 천량위(陳良宇) 서기가 낙마했다는 사실을 보도한 것이다. 천 서기의 공식적인 낙마 원인은 며칠 후 다시 『신화통신』에 의해 보다 명확하게 밝혀졌다. 간단하게 정리해도 한두 가지가 아니었다. 우선 그는 무려 32억 위안(현재 시세로 5조 7600억 원)에 이르는 상하이의 사회보장기금이 불법적으로 사용되는 것을 애써 외면했다. 또 이를 유용한 민영 기업인인 장룽쿤(張榮坤) 푸시(福禧)투자지주유한공사 사장의 부정도 비호했다. 게다가 이 과정에서 직무상의 편리를 이용한 친족들의 정당하지 못한 축재 비리 역시 적극적으로 옹호했다. 명백한 직무유기이자 결코 간단치 않은 부정부패 사건의 주모자라고 해도 과언이 아니었다.

이 사건은 분명 실체가 있었다. 낙마하게 된 천량위로서도 입이 열 개라도 할 말이 있을 까닭이 없었다. 그러나 최고위급 권력자들이 저지르는 웬만한 비리는 대체로 눈감아준다는 중국 당정의 관례에 비춰보면 뭔가 막후의 비하인드 스토리가 존재하고 있을 가능성이 농후했다. 홍콩을 비롯한 외신의 분석에 의하면 진짜 그랬다. 이 분석을 이해하려면 장쩌민 전 총서기 겸 국가 주석이 권력을 확고하게 잡는 계기가 됐던 1995년의 비슷한 사건 하나를 먼저 들어야 할 것 같다. 당시 집권 6년차를 맞이했던 상하이방의 수장 장쩌민 총서기 겸 국가 주석은 사실 완전히 확고하게 권력을 장악했다고 말하기 어려웠다. 6년 전 톈안먼사태 직후 그와 함께 총서기 후보로 유력하게 거론된 이른바 베이징방(北京幇)의 리더 천시퉁(陳希同) 베이징 서기가 여전히 건재하고 있었던 탓이다. 언제인지는 모르나 권력 투쟁으로 인해 권좌에서 밀려 내려올 가능성이 전혀 없지 않았다. 그로서는 불안할 수밖에 없었다. 결국 그는 자신과 상하이방의 권력을 확고하게 다지기 위해 천 서기의 일거수일투족을 감시한 다음 비수를 들이댔다. 아들 천샤오퉁(陳小同)을 비롯한 측근의 비리를 이유로 자리에서 끌어내린 다음 16년 형을 선고한 것이다. 이후 장 전 총서기 겸 국가 주석은 자신의 권력을 확고히 다질 수 있었다. 천량위 서기의 낙마 역시 이의 데자뷰라고 할 수 있었다. 다시 말해 후진타오 총서기 겸 국가 주석이 장쩌민 전 총서기 겸 국가 주석을 등에 업은 이후 너무나 커진 상하이방의 권력을 제어하고 자신과 공청단파의 권력 공고화를 위해 천 서기에게 칼을 들이댔다는 얘기가 되겠다. 전임자에게 한 수 배운 일종의 벤치마킹이었다고 해도 좋았다.

이때 저장에서 열심히 스펙을 쌓아가고 있던 시진핑은 상하이에서 벌어지고 있는 사건의 성격을 모르지 않았다. 베이징방과 이런저런 연이 닿아 있는 공청단파와 상하이파 간 이전투구 스타일의 권력 투쟁 산물이라는 사실을 분명히 알고 있었다. 그는 그러나 공석이 된 이 자리가 자신에게 돌아오리라고는 꿈에도 생각하지 않았다. 이유는 적지 않았다. 우선 후진타오 총서기 겸 국가 주석이 사건을 처리하기 무섭게 당시 시장이었던 한정(韓正)에게 서기 대리를 맡긴 것이 이유였다.

상하이 시장 한정. 유력한 서기 후보였으나 시진핑에게 밀렸다.

한정 시장은 별다른 문제가 없는 것으로 알려진 인물이었으므로 자연스럽게 서기 자리를 계승할 가능성이 농후했던 것이다. 게다가 후 총서기 겸 국가주석은 은연중에 자신의 심복인 '리틀 후진타오' 리커창 당시 랴오닝성 서기를 후임으로도 은근하게 염두에 두고 있었다.

여기에 불과 얼마 전까지만 해도 시진핑보다 앞서 나갔던 보시라이 상무부장, 리위안차오(李源朝. 62) 장쑤성 서기, 왕양(汪洋. 57) 충칭(重慶)시 서기, 류옌둥 중앙통전부장 등도 강력한 후보자로 부상하고 있었다. 특히 보시라이 상무부장과 류 부장은 아예 이름까지 구체적으로 거명되고 있었다. 아무래도 시진핑이 욕심을 부리기에는 상황이 좋지 않았다. 그러나 그에게는 중난하이에서 보낸 어린 시절부터 큰 형님으로 모신 14세 연상의 쩡칭훙(曾慶紅) 전 국가 부주석이 있었다. 아버지끼리도 상당히 친한 사이였던 만큼 쩡칭훙의 존재는 진짜 그에게는 천군만마라고 해도 좋았다. 실제로도 쩡 전 국가 부주석은 그를 위해 열심히 뛰었다. 상하이 서기 자리가 후진타오 총서기 겸 국가 주석의 의도대로 리커창이나 보시라이에게 돌아갈 경우 시진핑이 영원한 2인자가 될 것이라고 판단한 때문이었다. 그는 우선 여전히 막후 최고 권력자로 행세하던 장쩌민 전 총서기 겸 국가 주석의 거처인 중난하이로 달려갔다.

"총서기 동지, 상하이 서기 자리에 누구를 임명했으면 좋겠습니까?"

장쩌민은 이때 이미 80세를 넘긴 고령이었으나 심신은 멀쩡했다. 아니 자신의 직계인 천량위가 낙마한 것에 대해 앙앙불락할 정도로 괄괄한 성격을 그대로 유지하고 있었다. 후진타오 총서기 겸 국가 주석에 대한 불만의 소리가 터져 나오지 않을 수 없었다.

"나는 아직 천 서기 사건에 대해 기분이 그다지 좋지 않소. 감정이 정리가 되지 않았다는 말이오. 이런 상태에서 누구를 상하이 서기에 임명하는 것에 대해 내가 생각을 해 봤겠소. 더구나 지금 한정 시장이 대리 임무를 잘 수행하고 있지 않소."

"천 서기 사건은 잊어야 합니다. 그 사람이 실수를 했습니다. 빌미를 준 것이 잘못입니다. 후 총서기가 눈을 시퍼렇게 뜨고 있는 상황에서 어떻게 그런 실수를 합니까? 이제 후속 조치에 신경을 써야 합니다. 후임에 후 총서기 사람을 앉히면 곤란합니다. 한정 동지 역시 나쁜 카드는 아니나 최선은 아닙니다. 게다가 후 총서기와 가까운 공청단에서 오래 일한 경험도 있습니다."

"그렇다면 좋소. 누구를 그 자리에 앉혀야 하겠소? 동지가 생각해둔 사람이 있소?"

"리커창, 리위안차오, 류옌둥 등 후 총서기 쪽 사람들을 일단 제외할 경우는 지금 저장에서 일을 보고 있는 시진핑 동지가 최적의 인물이 될 것 같습니다. 보시라이 그 친구는 능력은 있으나 너무 성격이 직선적이어서 유연한 성격을 필요로 하는 상하이에는 맞지 않습니다."

"보시라이보다는 시진핑이라고……. 나도 그 동지는 너무나 잘 알고 있소. 그렇다면 시 동지를 잘 아는 자칭린 동지와 협력을 해서 적극적으로 밀어보시오. 그러나 후 총서기가 과연 승인을 하겠소? 리커창 동지를 비롯한 공청단 출신들에게 눈길을 더 많이 줄 텐데."

"제가 어떻게 해서든 관철해 보겠습니다. 자칭린 동지의 지원도 큰 힘이 될 것입니다."

이후 쩡칭훙은 백방으로 시진핑을 위해 더 뛰어다녔다. 자칭린 역시 시진핑 카드를 받아들이는 순간에도 과연 적절한 인사인지에 대해 확신을 하지 못하던 장쩌민에게 최고의 선택을 했다면서 지원 사격을 해줬다. 그러나 후진타오 총서기 겸 국가 주석은 장쩌민 전 총서기 겸 국가 주석의 예상대로 처음에는 완강했다. 시진핑에게 상하이 서기 자리를 주는 것은 죽 쒀서 누구에게 주는 것이라고 판단한 때문이었다. 하지만 마지막에는 덩샤오핑에 못지않은 암장군 쩡칭훙의 고집을 당해낼 수 없었다. 더구나 쩡의 시나리오는 막후 최고 권력 실세의 재가를 받은 구도였다. 후 총서기 겸 국가 주석으로서는 한 발 물러나는 것 외에는 달리 방법이 크게 없었다. 그나마 시진핑이 그동안 장쩌민과 다소 사이가 틀어져 자신과 외견상으로는 가까워진 쩡칭훙이 미는 인물이라는 사실이 위안이라면 위안이었다.

2007년 3월 23일은 한정 상하이시장이 천량위의 서기 자리까지 겸직한 지 대략 6개월 정도가 지난 시점이었다. 이 정도 되면 서기 자리는 그의 차지가 될 듯 보일 수밖에 없었다. 그러나 이날 상하이의 주요 당정 관리들은 시 당 위원회로부터 긴급 호출을 받았다. 내용은 간단했다. 다음 날인 24일 긴급회의가 개최된다는 것이었다. 눈치 빠른 간부들은 이미 어떤 상황이 벌어질지를 예상하고 있었다. 다만 이들도 이때까지는 한정을 제치고 상하이의 대권을 장악할 인물이 전혀 의외의 인물이 될 것인지는 꿈에도 생각하지 못했다.

3월 24일 오후 시 중심인 옌안시루(延安西路)의 상하이 전람센터 3층에는 일반 상하이 시민들도 얼굴을 알만한 당정 간부들이 속속 모여

들었다. 당정 간부대회가 드디어 열린 것이다. 가장 먼저 베이징의 당 중앙에서 내려온 중앙조직부의 허궈창(賀國强)이 얼굴을 드러냈다. 이어 그 옆에 한정과 큰 키에 약간 뚱뚱한 다소 생뚱맞은 인물이 서 있었다. 시진핑이었다. 당정 간부들의 저마다의 입에서는 작은 소리의 신음이 터져 나왔다. 리커창이나 류옌둥 등 예측 가능한 인물이 아닌 것에 대한 충격이 적지 않은 모양이었다.

"여러 동지들에게 당 중앙의 결정을 전달하겠습니다. 당 중앙은 시진핑 동지를 상하이 시 서기에 임명하기로 했습니다. 시 동지는 정치적으로 당무와 경제 업무를 잘 알고 있습니다. 정책 결정 능력도 뛰어납니다. 최선의 선택을 한 당 중앙의 결정에 경의의 박수를 보냅시다."

시진핑이 예상을 뒤엎고 상하이 서기에 임명됐다는 소식은 외신에게도 충격을 주기에 충분했다. 일부 언론이 "장쩌민과 후진타오 전, 현직 총서기 겸 국가 주석의 격렬한 이전투구에서 태자당의 어부가 어부지리를 차지했다."고 보도한 것은 때문에 크게 이상할 것도 없었다. 그럼에도 언론은 7개월여 앞으로 다가온 당 전당 대회인 제17차 전국대표대회에서 리커창이 시진핑보다 앞선 권력 순위의 정치국 상무위원이 될 것이라는 사실을 믿어 의심치 않았다. 시진핑이 리커창에 처음 앞서 나가는 것처럼 보이게 만든 인사를 그저 어부지리의 해프닝 정도로만 본 것이다. 하지만 7개월 후 이들의 예상은 다시 한 번 여지없이 깨지고 말았다.

3 _
극적인 뒤집기로 리커창을 더욱 완벽하게 누르다

시진핑은 솔직히 말해 쩡칭훙의 적극적인 지원과 장쩌민의 암묵적인 후원 하에 상하이에 떨어진 낙하산이라고 해도 좋았다. 더구나 그는 상하이에 그 어떤 연고도 가지고 있지 않았다. 아무리 최고의 자리에 있다 해도 우군보다는 적이 더 많을 수밖에 없었다. 이뿐만이 아니었다. 상하이 서기는 일반적으로 유혹이 많은 자리인 탓에 그가 아차 잘못 하면 나락으로 떨어질 수도 있었다. 어떻게 보면 엉뚱하게 복이 화가 될 가능성도 없지 않았다. 그가 처음에는 이 자리가 부담스러워 오지 않으려 했던 것도 다 이런 현실과 무관하지 않았다.

아니나 다를까, 상하이 서기로 오자마자 그에게는 각종 유혹이 다 가왔다. 첫 번째 유혹은 서기의 관저였다. 이 관저는 그때까지만 해도 시 중심인 샹양난루(襄陽南路)에 있었다. 한국 평수로 무려 250평이나 되는 3층짜리 화려한 양옥이었다. 그러나 이 양옥은 당의 규정을 완벽하게 위반한 것이었다. 규정에 따르면 성장이나 서기, 중앙 부처의 부장이 거주 가능한 주택 공간은 75평 이내였다. 25명에 불과한 최고위 당직인 정치국원도 90평을 넘어서는 안 되는 것이 당의 규정이다. 당연히 그는 이 사실을 잘 알고 있었다. 모르는 척하고 입주했다가는 나중에 두고두고 말이 될 터였다. 그는 양옥을 둘러본 다음 즉각 수행 비서에게 퉁명스럽게 말했다.

"이 관저는 규정을 위반해도 한참을 위반했군. 이 사람들이 이런 관저를 마련해놓고 나를 통째로 구워먹을 속셈인가? 나는 이곳에 입주할 수가 없네. 이곳은 당정 원로들의 양로원 같은 것으로 쓰라고 하고,

다른 관저를 구해보도록 하게. 빠르면 빠를수록 좋네."

비서는 그의 말에 순순히 따랐다. 곧 시내 중심가의 조촐한 원룸이 구해졌다. 그는 진짜 이 원룸에서 7개월여 동안 아무 불평 없이 생활했다. 유명한 국민 가수인 부인 펑리위안(彭麗媛. 50)과 고명딸 시밍쩌(習明澤. 19)가 이때 항상 함께 생활하지는 않은 탓에 가능한 일이기도 했다.

다른 유혹 역시 관저의 유혹 만큼이나 빠른 속도로 다가왔다. 그것은 벤츠 S400 전용차였다. 이 역시 당 규정에 따르면 위반이었다. 아무리 지위가 높아도 국가급 당정 간부들은 훙치(紅旗)를 비롯한 국산 자동차를 타도록 돼 있었으니까. 그는 이 벤츠 역시 당연히 물리쳤다.

그는 이외에 자신을 나락으로 떨어뜨릴 가능성이 있는 온갖 유혹들도 다 일도양단의 자세로 뿌리쳤다. 이를테면 국가 원로급만 둘 수 있는 전속 요리사와 주치의, 전용 열차 이용 등을 모두 시원스럽게 마다했다. 실제로 그는 상하이 서기 취임 이후에 자신의 후임인 자오훙주(趙洪祝) 저장성 서기의 취임식에 전임자의 자격으로 참석하게 됐을 때 마련된 전용 열차를 평소의 그답지 않게 화를 내면서 마다했다. 비서를 비롯한 의전 담당자들은 부랴부랴 7인승 봉고차를 수배하지 않으면 안 됐다.

대신 그는 자신에게 주어진 일에 대해서는 물불을 가리지 않았다. 취임 1주일 후부터 공산당 제1차 및 제2차 전국대표대회 유적지를 참관한 것을 필두로 거의 매일 공식 활동을 진행했을 정도였다. 그는 이 기간 미 국무장관을 지낸 헨리 키신저를 만나 양국 현안에 대해 논의하기도 했다. 그의 행보는 그저 정치적인 단순한 것만은 아니었다. 중국식으로 말하면 이른바 실사구시 형이었다. 대표적인 행보를 꼽을 수도 있다. 그가 저장 서기 시절에 주목한 바 있는 장삼각 경제권의 활성화를 위한 노력이 그렇다고 해야 할 것 같다. 2007년 7월에는 이를 위해 상하이 당정 대표단을 이끌고 저장과 장쑤 두 성을 방문하기도 했다. 저장 서기 시절 휘하의 당정 간부들을 거느리고 상하이와 장쑤성을 찾았던 행보의 연장선상이라고 할 수 있었다. 구체적인 성과도 많이 나타났다. 가장 주목할 만한 것으로는 상하이를 중심으로 하는 주변 교통 네트워크를 사통팔달로 만든 업적이었다. 이에 따라 이후 상하이에서 장쑤성 난징까지는 과거 5시간이 걸리던 것이 3시간 만에 주파가 가능하게 됐다. 또 항저우는 2시간 거리로 가볍게 단축시킬 수 있었다. 쑤저우(蘇州)에서 훙차오(虹橋) 공항까지 고작 1시간 30분이 소요되는 것 역시 당시 그가 교통 네트워크를 잘 다져놓은 탓에 가능한 일이다.

시진핑은 자신의 트레이드마크인 이른바 부정부패 척결 전도사로서의 이미지 구축에도 게을리 하지 않았다. 첫 번째 타깃은 상하이를 가볍게 넘어서서 중국 최고의 호화 주택 단지로 불리던 탕천이핀(湯臣一品. 영어 명으로는 톰슨 리비에라)의 의혹과 관련한 고위 비리 당정 간부들이었다. 상하이는 경제 수도답게 베이징과 더불어 집값이 비싸기로 지금도 유명하다. 2012년 시세로만 따져도 평균 1평당 5만 위안(900만 원) 전후에 이른다. 부동산 가격이 피크를 이루던 2007년을 전후한 때는 더 말할 것이 없었다. 6-7만 위안은 기본이었다. 그러나 탕천이핀의 가격은 너무 심했다. 아무리 상하이의 젖줄인 황푸(黃浦)강이 내려다보이는 조망권을 보유하고 초호화 자재들을 사용했다고 해도 평당 30만 위안(5400만 원)은 경악을 금치 못할 가격이었던 것이다. 실제로도 이 단지는 문제가 있었다. 그가 부임한 지 2주일 정도 지나서는 관영『신화통신』등에 의해 천량위를 비롯한 당정 고위 관리들의 비호가 없었다면 아예 존재 자체가 불가능했을 단지였다는 사실 역시 곧 밝혀졌다.

시진핑은 곧 시 사정 당국에 은밀하게 탕천이펀 단지와 도저히 상식적으로 납득이 되지 않는 기타 호화 아파트 건축과 관련한 내사를 지시했다. 놀라운 사실이 밝혀지는 데는 그다지 오랜 시간이 걸리지 않았다. 역시 그의 짐작대로였다. 우선 상하이 부동산 정책을 책임지는 부동산국의 인궈위안(殷國元) 부국장의 재산 상태가 영 수상했다. 무려 1억 위안(180억 원) 이상의 재산의 보유하고 있었다. 한화로 수십억 원에 해당하는 수천만 위안을 보유하는 것도 기가 막힌 상황이라는 사실에 비춰보면 그야말로 엄청난 재산이었다. 더구나 그는 한 채에 300만 위안 이상인 주택 30여 채도 보유하고 있었다. 변명이 필요 없는 상황이었다. 그는 바로 당 사정 당국으로부터 쌍규(雙規. 일정 시간 일정 장소에 연금시키고 조사하는 것-저자) 처분을 받았다. 이후 열린 재판에서 그는 집행 유예 2년의 사형 선고를 받았다. 어물전 고양이는 인 부국장만이 아니었다. 주원진(朱文錦) 토지관리국 처장, 푸둥 신구 캉후이쥔(康慧軍) 부구장 등 역시 토지 임대 및 재개발 사업과 관련한 인허가 과정에서 거액의 뇌물을 받은 혐의로 줄줄이 사법 처리되었다. 나중에 언론에 의해 밝혀진 바에 따르면 이들이 1인당 수뢰한 뇌물 액수는 평균 3000만 위안(54억 원) 전후였다고 한다. 시진핑이 이때의 쾌도난마로 언론과 상하이 시민들로부터 극찬을 받은 것은 당연할 수밖에 없었다.

시진핑은 내친 김에 당 중앙의 의도에 따라 천량위 비리 사건과 관련한 또 다른 조사에도 착수하는 기민함을 보였다. 그러자 한때 상하이의 황태자로 불리다 2007년 6월 세상을 떠난 정치국 상무위원 황쥐(黃菊)의 비서 왕웨이궁(王維工)이 수사망에 걸려들었다. 내용은 간단했다. 그가 황태자의 대 집사라는 신분을 이용해 장룽쿤과 천량위를 연결시킨 장본인이었다는 사실이 밝혀진 것이다. 또 이 과정에서 놀라운 비리 두 가지가 포착됐다. 하나는 황쥐의 동생 황시(黃昔)가 30억 위안 대의 부당한 부동산 개발 사업에 관여했다는 사실이었다. 다른 하나는 『런민르바오』의 기자로 일하다 왕웨이궁과 내연의 관계를 맺은 탓에 고속 출세를 한 상하이 엔터테인먼트 업계의 대모 캉옌(康燕) 상하이 문광(文廣)그룹 부총재의 각종 이권 개입 비리였다. 이로 인해 황과 캉은 동시에 낙마, 법적으로는 크게 처벌을 받지 않았으나 인생이 최고의 절정에서 완전히 나락으로 떨어졌다.

이뿐만이 아니었다. 시진핑은 한때 상하이 최고의 재벌로 행세하다 비리 사건으로 3년 형을 복역한 후 2006년 5월 출소한 저우정이(周正毅. 52) 사건에 대해서도 재조사에 들어가는 끈질긴 의지를 보였다. 당 중앙의 지시도 지시였으나 베이징이 저리 가라고 할 정도로 비리의 온상인 상하이의 분위기를 근본적으로 뜯어고치겠다는 그의 의지가 작용했다고 할 수 있었다.

일사부재리의 원칙에도 불구하고 다시 시진핑에게 호되게 걸린 저우는 원래 가난한 집안 출신으로 초등학교만 겨우 졸업하고 17세 때부터 만두 장사를 시작해 작은 성공을 거뒀다. 이후 만두로 번 돈을 종자돈으로 삼아 부인 마오위펑(毛玉萍)과 함께 작은 백화점을 운영했다. 이때부터는 목돈을 만지기 시작했다. 그러나 그가 성공을 거둔 것은 대머리들을 위한 발모제인 이른바 101의 일본 밀수를 통해서였다는 것이 정설이다. 밀수를 통해 상당한 부를 쌓은 그는 더욱 공격적으로 사업에 나섰다. 급기야 부동산, 무역 및 농업, 금융 분야 사업 등에 투신해 더욱 큰돈을 벌었다. 이 과정에서 그의 회사는 눙카이(農凱) 그룹으로 커졌다. 문제는 그의 사업이 정상적인 루트를 통한 것이 아니라 대부분 주가 조작 및 분식 회계, 회사 공금 횡령 등을 통해 커졌다는 사실이었다. 당연히 비호 세력이 있었다. 2004년 그가 구속될 때도 이런 소문은 파다했다. 시진핑은 이 사실에 주목했다. 역시 소문은 하나 보탬이 없는 사실이었다. 저우정이가 천량위의 동생인 천량쥔(陳良軍)과 형님, 동생 하는 사이였던 것이다. 결국 2007년 6월, 집요하게 물고 늘어진 시진핑에 의해 저우정이의 모든 죄상이 밝혀졌다. 이후 그는 재개된 재판에서 무려 16년 형을 선고받았다.

시진핑은 겨우 3개월 동안의 짧은 기간 동안 상하이의 부정부패 사건들을 파헤치면서 적지 않은 충격을 받았다. 상하이가 완전히 복마전이라는 생각도 하게 됐다. 푸젠성이나 저장성과는 부패의 규모가 너무나 달랐던 것이다. 그는 더 이상 상황을 두고 봐서는 안 된다는 결심을 했다. 상하이의 분위기를 획기적으로 바꾸고 부패와의 더욱 효율적인 전쟁을 위해 당정 간부들에 대한 교육의 필요성을 실감한 것이다. 이렇게 해서 기획된 것이 바로「탐욕의 해악」이라는 비디오 제작과「인민을 위해 청렴에 노력하다」라는 이른바 판푸창롄(反腐倡廉. 부패를 반대하고 청렴을 고취하다는 의미) 사진전의 개최였다.

그의 이런 노력들은 곧 긍정적인 반응을 불러왔다.『런민르바오』를 비롯한 전국 각지의 언론이 상하이에서 그가 벌인 노력을 높이 평가하기 시작한 것이다. 베이징의 당 중앙에서도 그의 역량을 높이 평가한 것은 당연할 수밖에 없었다. 그에게는 더욱 탄탄대로의 앞날이 보장된 듯해 보였다. 주변에서는 혹시 그가 리커창을 완전히 제치고 미래의

리커창. 평생 시진핑을 앞서가다 순간적으로 허를 찔려 추월을 당했다.

총서기가 되지 않을까 하는 전망도 아주 조심스럽게 조금씩 하기 시작했다. 물론 그럼에도 거의 대부분의 외신들은 리커창에 더욱 주목하고 있기는 했지만 말이다.

결과적으로 외신의 전망은 빗나갔다. 역시 누구보다 그를 잘 아는 주변의 기대가 맞아 떨어진 것이다. 때는 그가 상하이 서기에 취임한 지 7개월여가 지난 2007년 10월 22일 아침이었다. 이날은 매 5년마다 열리는 공산당의 17차 전국대표대회의 1주일 회기가 끝난 바로 다음 날 아침이기도 했다. 관례대로 이날 아침 전날 중앙위원회에 이름을 올린 230여 명의 위원들은 17기 중앙위원회 1차 전체 회의(17기 1중전회)에서 2008년 3월의 11기 전인대 1차 회의를 통해 국가 지도자들이 될 9명 정원의 정치국 상무위원회 위원들을 선출했다. 이날 이렇게 선출된 상무위원들은 인민대회당 1층 동쪽 홀에 모인 내외신 기자들에게 한 명씩 모습을 드러냈다. 줄지어 들어오는 순서가 바로 권력 서열이 될 터였으므로 내외신기자들은 잔뜩 긴장할 수밖에 없었다. 일부 방송 기자들은 현장을 더 가까이에서 찍기 위해 서로 몸싸움을 하고 있었다. 그 순간 홀에서는 동시에 합창하듯 "아!" 하는 볼펜 기자들의 탄성이 저절로 터져 나왔다. 일반의 예상을 뒤엎고 만면에 웃음을 흘리는 시진핑이 여섯 번째로 입장을 한 것이다. 반면 평소에는 자신감 넘치는 미소를 얼굴에 띠던 리커창은 무거운 표정을 한 채 일곱 번째로 들어오고 있었다. 아마도 시진핑에게 추월당한 것이 내심 무척 불만이었던 모양이었다. 이로써 2008년 3월 11기 전인대 1차 회의에서 시진핑이 국가 부주석, 리커창이 상무 부총리가 되는 구도는 확고하게 굳어졌다. 시진핑으로서는 7개월여 전에만 해도 속마음으로는 몰라도 외견상으로는 언감생심이었던 총서기에 한 발 더 바짝 다가서게 된 것이다. 그가 늘 앞서가던 리커창에게 완벽한 뒤집기를 통해 승리를 거두면서 마지막에 웃게 됐다고 할 수 있었다. 그에게도 리커창에게도 운명은 참으로 얄궂었다.

4 _
거칠 것 없는 승승장구

시진핑이 중국의 경제 수도 수장으로 일한 기간은 7개월하고도 4일에 불과했다. 하지만 그로서는 그게 애써 기쁨을 감춘 채 속으로 웃을 일이었다. 17기 1중전회 이후 상하이 서기 자리와는 상당한 차이가 나는 당 정치국 상무위원과 중앙서기처의 서기로 동시에 곧바로 영전하게 됐으니 말이다. 이 사실은 러커창에게 뒤집기를 통해 앞서가기 시작한 후부터의 그의 행보를 봐도 바로 증명이 된다. 언론에 노출되는 회수나 시간이 리커창보다 월등하게 많아지기 시작한 것이다.

이뿐만이 아니다. 그는 정치국 상무위원회에 진입한 지 채 1개월도 안 된 시점에서 당 중앙의 홍콩마카오 업무조정소조와 당 건설지도자소조 조장, 치안 문제를 책임지는 이른바 6521판공실 책임자까지 겸임하는 기염을 토했다. 이어 12월에는 후진타오 총서기 겸 국가 주석

시진핑을 정치국 상무위원으로 선출한 당 17차 전국대표대회의 모습.

이 부주석으로 있을 때 맡았던 중앙당교의 교장 자리에도 올랐다. 묘하게도 자신이 잠깐동안 기거하고 어머니가 한때 근무하기도 했던 직장의 수장이 된 것이다. 이제 그에게 총서기 자리에 앉기 위해 필요한 자리는 2008년 3월에 회기가 시작되는 11기 전인대에서 자연스럽게 돌아올 국가 부주석 말고는 중앙군사위원회 부주석 자리밖에 남지 않게 됐다.

이처럼 2007년 들어 갑자기 승승장구하자 그에 대한 평가는 갈수록 높아갔다. 특히 외국 정치인들의 눈에는 은인자중하다 일거에 상황을 반전시킨 이 새로운 미래의 지도자가 참신하게 비칠 수밖에 없었다. 싱가포르의 내각 고문장관인 리광야오(李光耀)가 그를 특별하게 주목한 대표적인 인물이었다. 외국 정상으로는 최초로 그를 면담한 후 싱가포르의 중국어 유력지인 『렌허자오바오(聯合早報)』와의 인터뷰를 통해 "나는 그가 생각이 깊은 사람이라는 사실을 느꼈다. 굳이 비교한다면 남아공의 만델라 같은 인물이라고 해도 좋다. 그는 강한 감정적 자제력을 가진 사람이었다. 개인의 불행과 고난 때문에 자신의 판단이 영향을 받는 사람이 아니었다."고 극찬했다.

일본에서는 다니가키 사다카즈(谷垣禎一) 자민당 정조회장이 그를 주목한 인물에 속한다. 리광야오에 뒤이어 외국 정치인으로는 두 번째로 그와 면담한 다음 "그는 과거 중국의 대가의 풍모를 떠올리게 하는 매력이 있다. 사람을 대하는 자세가 대단히 진지했다."면서 높은 평가를 내렸다.

미국 대통령을 지낸 지미 카터 역시 시진핑에게 좋은 인상을 받았던 것 같다. 2007년 12월 초 자신과 만난 시진핑이 "중국과 미국 관계는 수교 이후 28년 동안 장족의 발전을 했다. 공동의 이익 역시 부단히 증가하고 있다. 그러나 미국이 신경을 쓰는 대만 문제는 중국의 영토와 주권에 대한 사항이다. 천수이볜(陳水扁) 대만 총통이 추진하는 유엔 가입 움직임을 반대하고 제지하기를 희망한다."고 요청하자 "미국은 대만이 중국의 일부라는 사실을 1979년 수교 때 이미 인정했다. 지금까지도 하나의 중국 정책을 인정하고 있다."고 화답을 했다. 시진핑의 말에 논리적으로 모순이 없다는 느낌을 받았다고 볼 수 있다. 카터는 자신의 이런 느낌을 당시의 조지 W 부시 정부에 전달했을 가능성이 높았을 것으로 보인다. 만약 그렇지 않았다면 콘돌리자 라이스 미 국무장관이 대만의 유엔 가입에 대해 강력한 반대를 표명하지 않을 가능성이 높았을지도 모른다. 시진핑의 외교력이 빛나는 대목이 아니었나 싶다.

정치국 상무위원으로서의 그의 적극적 활약은 홍콩과 마카오로부터도 나름 평가를 받았다고 할 수 있다. 당초 그가 홍콩마카오 업무조정소조의 조장을 맡는다고 했을 때 상당수의 일반 홍콩과 마카오 사람들은 이 인사에 대해 의아스럽게 생각했다. 그러나 홍콩과 마카오의 기업인이나 오피니언 리더들은 전혀 다른 생각을 가지고 있었다. 가장 최적의 인물이 자리를 맡았다고 그야말로 환호작약했다. 이들 중 상당수가 시진핑의 비교적 진보적인 경제관을 너무나 잘 알고 있었기 때문이었다. 사실 그럴 수밖에 없었다. 무엇보다 시진핑은 아버지가 대륙의 남대문인 광둥성의 서기로 있던 1970년대 말에 자주 현지에 들른 경험이 있었다. 바로 지척인 홍콩과 마카오 사정을 모르는 것이 이상하다고 할 수 있었다. 더구나 그는 푸젠성과 저장성에서 각각 보낸 17년과 4년 반의 세월 동안 기업인을 비롯해 무수하게 많은 홍콩과 마카오 사람들을 만난 바 있었다. 특히 2005년 1월에는 저장성 서기의 신분으로 투자 유치단을 이끌고 홍콩과 마카오를 방문, 저장 주간 행사를 벌이는 등의 적극적인 행보를 했다. 이때 그의 노력은 상당한 결실을 보기도 했다. 항저우 공항과 홍콩 첵랍콕 공항의 합자 사업을 성공시킨 것이다. 홍콩과 마카오에서 환영을 받지 못했다면 아마 오히려 그게 더 이상할 일이었다.

그는 당연히 홍콩에 막강한 인맥도 구축하고 있었다. 이를테면 아버지 대부터 교류를 해온 홍색 자본가 훠잉둥(霍英東), 홍콩 리조트의 창업자인 차지민(査濟民)의 가족들과 전, 현직 홍콩 특별행정구 행정장관인 둥젠화(董建華), 쩡인취안(曾蔭權) 등이 그와 절친한 인물들이었다.

시진핑은 자신의 지인들을 그저 명함첩의 명함으로만 두지 않았다. 이들을 나름 잘 다독여 자신의 입지를 확고하게 다지는데 적극적으로 활용했다. 예컨대 2008년 가을에 실시된 홍콩의 입법회 선거에서 친중파의 승리를 이끈 것은 바로 이런 노력의 소산이었다. 만약 이때 친중파가 패하고 반중파인 민주파가 승리했다면 그의 위상은 자칫 흔들릴 가능성도 없지 않았다.

2007년 상무위원회에 진입한 이후부터의 그의 행보는 확실히 장쩌민, 쩡칭훙을 비롯한 당 원로들의 주목을 받았다. 심지어 어떻게든 리커창을 밀려고 했던 후진타오 총서기 겸 국가 주석조차 꼬투리를 잡기가 어려웠다. 그래서 2008년 3월 국가 부주석 자리에 오른 다음 2010년 10월 중앙군사위 부주석 자리에 취임한 것은 너무나 당연한 귀결이었다. 후진타오 총서기 겸 국가 주석이 걸은 행보를 거의 그대로 따라갔다고 봐도 좋았다. 이때 리커창도 상무 부총리를 비롯해 국가에너지위원회 부주임과 국무원 식품안전위원회 주임 자리를 꿰차고 있었으나 자리의 비중은 아무래도 차이가 많이 났다. 리커창으로서는 향후의 기적을 바라는 것 외에는 더 이상의 방법이 없었다.

5 _
영도자 수업의 길

라이벌 리커창에게 계속 밀리다 2007년 3월부터 10월까지의 짧은 결정적인 순간에 완벽한 뒤집기에 성공했을 당시 시진핑의 앞에 주어진 일은 딱 하나밖에 없었다. 자신이 확실히 검증되고 준비된 지도자라는 사실을 내외에 각인시키는 일이었다. 그는 이 일을 마다하지 않았다. 평소의 스타일과는 달리 매사에 적극적으로 나서 자신이 결코 간단한 사람이 아니라는 사실을 알리기 시작한 것이다. 우선 그는 2009년 중국의 최대 국가 행사였던 10월 1일의 창당 60주년 행사를 진두지휘하는 임무를 맡아 역량을 확실히 과시했다. CNN을 비롯한 일부 외국 방송에까지 생중계된 이 행사는 말할 것도 없이 대성공이었다. 후진타오 총서기 겸 국가 주석까지 개인적인 섭섭한 감정을 접고 그에게 극찬을 아끼지 않았을 정도였다.

2008년의 베이징 올림픽 준비를 책임지는 임무를 무난히 수행한 것 역시 높은 평가를 받아야 할 것 같다. 더구나 이 대회에서 중국은 스포츠 세계 최강 미국을 완벽하게 제치고 종합 1위를 차지했다. 나름 기대는 했으나 그러지 못해도 어쩔 수 없다는 말까지 나돌았는데도 소기의 성과를 거둔 것이다. 그로서는 마당 쓸고 돈도 줍는 기회를 완벽하게 이용했다고 할 수 있었다. 이에 반해 리커창은 비슷한 기간에 계속 죽을 쒔다. 대표적으로 2008년 발생한 쓰촨(四川) 대지진 당시의 상황을 보면 잘 알 수 있다. 구호 부 총책임자였음에도 크게 어필하지 못했다. 오히려 총책임자인 원자바오 총리의 그늘에 가려 존재감이 미미하다는 사실만 각인시켰을 뿐이었다. 또 자신의 소관 업무인 독(毒) 분유 유통을 비롯한 각종 식품안전 사태가 2008년을 전후해 전국을 들쑤셨는데도 기민하게 대응하지 못해 국민들로부터 호된 질타를 받았다. 안 되는 사람은 자빠져도 코가 깨진다는 속담이 생각날 정도의 상황이었다.

시진핑은 그동안 자의 반 타의 반으로 자제했던 해외 순방에도 적극적으로 나서 자신이 최고 지도자로 손색이 없다는 사실을 과시하기도 했다. 그가 자신의 지도자 이미지 업을 위해 가장 먼저 선택한 곳은 다름 아닌 북한이었다. 국가 부주석이 된지 3개월 후인 2008년 6월 중순 북한, 몽골, 카타르, 사우디아라비아, 예멘을 도는 일정의 첫 순방지로 평양을 선택한 것이다. 실적도 그다지 나쁘지 않았다. 한국의 보수 정권 출현으로 인해 과거보다 한층 더 가까워진 한미 관계에 대응하기

2009년 10월 독일을 방문해 장쩌민의 저서를 메르켈 총리에게 선물하는 시진핑. 최고 지도자로서의 관록이 보인다.

위해 북한에 우호의 손길을 내밀면서 긍정적인 화답을 얻어냈다. 이때 고 김정일 전 북한 국방위원장으로부터 국가 원수급에 준하는 극진한 대접을 받은 것으로도 알려져 있다. 국가 부주석의 신분으로서의 첫 해외 무대 데뷔를 비교적 무난하게 치렀다고 할 수 있었다.

2009년 2월 초순부터 약 15일 동안 이뤄진 멕시코, 자메이카, 콜롬비아, 베네수엘라, 브라질 등 중남미 5개국과 남부 유럽의 몰타를 정식으로 방문한 일 역시 그에 대한 인식을 강렬하게 심어주기에 부족함이 없는 행보였다고 할 수 있었다. 이때 그는 자원 및 경협 외교를 유달리 강조, 방문국 원수들로부터 크게 호응을 얻었다. 특히 브라질 방문을 통해서는 룰라 다 실바 브라질 대통령과 하루 평균 20만 배럴의 석유

도입 계약을 체결하는 개가를 올리기도 했다. 또 브라질을 비롯한 일부 국가에게는 중국이 자체 기술을 가지고 있는 고속철도 수주를 강력하게 요청한 것으로 알려지고 있다. 당연히 막강한 외환보유고를 기반으로 한 상당한 수준의 반대급부도 제시했다. 그의 두 번째 해외 순방은 국가 부주석으로서의 그저 의례적인 외유가 결코 아니었던 것이다.

2009년 10월에 이뤄진 유럽 5개국 순방도 같은 맥락에서 파악이 가능하다. 그는 이때 동년배이자 같은 박사 학위 소지자인 독일의 앙겔라 메르켈 총리를 만나 나름 강렬한 인상을 남겼다. 리커창보다는 자신을 훨씬 더 신뢰하는 장쩌민의 저서 두 권을 그녀에게 선물하면서는 10만 8000리 밖에 떨어진 막후 최고 권력자의 눈도장 역시 은연중에 확실히 찍었다.

그의 해외 순방은 중앙군사위 부주석에 선임된 이후에는 더욱 활발하게 이뤄졌다. 2010년 11월에 이뤄진 싱가포르와 아프리카 방문이 이를테면 그랬다. 특히 싱가포르에서 그는 내각 고문장관 리광야오와 다시 회동, 차기 최고 지도자로서의 자신의 이미지를 더욱 극대화했다. 이때는 싱가포르가 세운 덩샤오핑의 동상 제막식에 참석해 개혁, 개방에 적극적인 진보적 지도자라는 이미지까지 각인시키기도 했다. 또 아프리카에서는 중국이 영원히 패권을 추구하지 않는다는 자신의 목소리를 냄으로써 그가 부동의 차기 최고 지도자라는 사실을 분명하게 했다.

그러나 가장 빛나는 그의 해외 순방은 2011년의 세밑 직전인 12월 20일부터 3일 동안 이뤄진 베트남 방문이다. 동남아 각국들과 영유권 분쟁을 빚고 있는 남중국해 문제 해결을 위해 역내의 종주국을 자처하는 베트남 지도부와 얼굴을 맞대면서 강력한 중국의 목소리를 그 어떤

지도자보다 확실하게 대변한 것으로 보이기 때문이었다. 그는 이때는 이례적으로 인근의 태국 외에는 다른 국가들을 방문 일정에 포함시키지도 않았다. 자신의 강력한 이미지를 부각시키기 위해 아예 작심하고 대 베트남 외교에만 주력했다는 분석이 가능하다.

시진핑은 국내에서도 적지 않은 외국 정상을 비롯한 유명 정치인들을 적극적으로 접견하면서 자신의 위상을 은연중에 제고시키는 것을 잊지 않았다. 대표적인 케이스가 2009년 11월 16일 취임 후 처음으로 중국을 방문한 버락 오바마 미국 대통령을 전격 영접한 일이었다. 혹자는 당내 서열 6위인 국가 부주석이 공항 영접에 나서는 것이 무슨 큰일이냐고 할지 모른다. 그러나 그렇지 않다. 최근 들어서는 대체로 부총리와 부장 사이인 국무위원급이나 당 대외연락부장 정도가 외교부의 예빈사(禮賓司. 의전국) 사장을 대동해 외국 원수를 영접하는 것이 보통이었다. 그만큼 당 중앙이 시진핑의 위상 제고에 상당히 신경을 썼다는 얘기다. 이 정도 되면 그는 본인이 나서지 않아도 국가적 차원에서 이미 띄워줘야 하는 지도자로 완벽하게 부상했다고 해도 과언이 아니었다. 이뿐만이 아니다. 그는 김대중 전 대통령, 손학규 전 민주당 대표, 김정일 전 북한 국방위원장의 방중 때에도 늘 영접에 나서면서 한국에도 상당히 강력한 인상을 남겼다.

폭로 전문 사이트인 위키리크스는 2011년 9월 시진핑에 대한 인물평을 공개한 바 있었다. 주 상하이 미국 총영사관의 외교 전문을 인용한 이 평에 따르면 시진핑은 한마디로 매우 조심스러운 인물이었다. "저장성과 상하이 당 서기 시절의 유일한 업적은 아무 일도 하지 않은 것이었다. 그는 매우 조심스럽고 방 뒤편에 팔짱을 끼고 앉아 있는 스타일의 인물이다. 그래서 실수도 하지 않는다."는 평을 보면 진짜 확실히 그런 것도 같다. 하기야 정치국 상무위원회에 입성하기 이전까지는 라이벌 리커창보다는 훨씬 더 조용하고 돌다리도 두들기고 건너는 사람이 바로 그였으니까 말이다.

하지만 리커창을 추월한 이후의 숨 가쁜 일정을 보면 그의 그동안의 행보에는 아무래도 발톱을 숨기겠다는 다소 자의적인 의도가 숨어 있지 않았나 보인다. 조선 왕조 말기의 대원군이 대권을 차지하기 위해 파락호 행세를 했듯 결정적 순간에 한방을 노렸다는 얘기가 되겠다. 만약 그렇지 않았다면 그가 그렇게 짧은 시간에 영도자 수업을 기가 막히도록 잘 이수할 수는 없지 않았을까 싶다. 이런 관점에서 본다면 그는 중국인들이 최고의 처세술로 치는 후흑(厚黑. 두꺼운 얼굴과 시커먼 마음씨라는 의미. 야심이 있으되 속마음을 전혀 나타내지 않는 최고의 경지를 일컬음-저자)의 대가는 혹시 아닐까. 그렇다고 해도 크게 무리는 없을 것 같다.

구만리 장천을
날아오른 용

chapter 4

권력의 뒤안길

시진핑이 후흑의 처세를 통해 가지고 있는 실력을 최대한 감춘 채 때가 올 때까지 기다린 오랜 동안의 은인자중은 분명 아무나 할 수 있는 것이 아니었다. 위수(渭水) 강가에서 주(周)나라의 문왕(文王)이 나타날 때까지 낚시를 하고 있었던 강태공(姜太公) 정도의 내공이 있어야 가능한 일이 아니었을까. 또 나름의 냉철한 시세 판단과 위기 극복 능력, 주변의 지원 등도 없었다면 대업을 이루기 직전의 위치에 이르기도 어려웠을 것으로 보인다. 한마디로 천시(天時. 하늘이 내리는 운), 지리(地利, 주어진 환경), 인화(人和. 사람들과의 조화) 등이 어우러졌다는 얘기가 되겠다. 그렇다면 그는 어떻게 이런 각종 조건을 잘 어울리게 해서 마지막에 대권에 가장 가까이 다가가는 0순위 인물이 됐을까? 그가 걸어온 권력의 뒤안길을 살펴보지 않으면 이 의문은 절대로 풀리지 않는다.

1 _
튀면 연기처럼 사라진다는 사실을 깨닫다

사람이 너무 천방지축 나대면 아무래도 주변의 눈길을 끌기 쉽다. 이 경우 최고 권력자의 눈에 들면 출세를 그야말로 빛의 속도로 할 수 있다. 그러나 주변의 미움으로 인해 모함을 받을 경우 한 순간에 연기처럼 사라지게도 된다. 대체로 후자가 더 일반적인 경우가 많다. 또 설사 전자의 경우가 됐다 하더라도 나중에 계속 잘 되라는 법도 없다. 결과적으로 너무 튀면 끝이 좋지 않다는 결론을 내려도 크게 틀리지 않을 듯하다. 극단적으로 말해 튀면 죽는다는 얘기다. "머리를 내미는 참새가 먼저 총을 맞는다."는 중국 속담이 이 경우에는 잘 어울린다고 봐도 좋다.

시진핑은 어릴 때부터 이 사실을 너무나 잘 알고 있었다. 아버지가 크게 튀지는 않았으나 주변의 모함으로 인해 무려 16년 동안이나 박해를 받은 것이 뼈에 사무쳤으니 운명적으로 그럴 수밖에 없었다.

이뿐만이 아니었다. 그는 주변에서 이런 케이스를 너무 많이 목격했다. 예를 들어 그의 칭화대학 화공과 동문이자 문화대혁명 당시 조반파의 맹장인 콰이다푸의 비극을 들 수 있다. 시진핑보다 여덟 살이나 많은 콰이는 장쑤성 빈하이(濱海) 사람으로 1963년 역시 시의 선배인 류옌둥보다 1년 먼저 칭화대학에 입학했다. 빈하이가 당시까지 배출한 전무후무한 수재이던 그는 3년 후 문화대혁명이 발발하자 뛰어난 천재성을 이기지 못한 채 본격적으로 튀기 시작했다. 우선 그는 4인방 중 한 명인 장칭의 지지를 등에 업은 채 베이징 일원에 혁명조반 총사령부를 창설해 고작 21세의 나이에 부사령관이 됐다. 급작스럽게 튀었다고 해도 좋았다. 이후의 그의 행보는 더욱 그랬다. 마오쩌둥의 최대 정적인

현재의 콰이다푸.

류사오치와 덩샤오핑 타도를 위해 5000여 명의 휘하 홍위병을 이끌고 칭화대학에서 톈안먼 광장까지 "타도 류사오치! 타도 덩샤오핑"을 외쳤는가 하면 이듬해 초에는 류의 부인인 왕광메이(王光美)까지 납치해 구금했다. 이어 칭화대학 내에 홍위병을 조직해 본격적으로 우파 분자로 낙인 찍힌 당 원로들을 대거 박해하기 시작했다. 이때 칭화대학에 끌려나온 인물로는 류사오치의 부인 왕광메이와 펑전, 루딩이(陸定一), 보이보 등이 있었다. 한마디로 콰이의 눈에는 보이는 게 없었다.

그는 1968년 4월에는 유명한 칭화대학의 100일 투쟁을 이끌면서 급기야 사람까지 해치게 됐다. 13명의 학생과 교직원이 사망하는 끔찍한 투쟁이었다. 이 일로 그는 조반파의 맹장에서 굴러 떨어지는 횡액을 당했다. 그러다 1978년 문화대혁명이 끝난 다음에는 칭화대학 전국 교수, 학생 대회를 통해 콰이의 구속이 결정됐다. 너무나도 유명했던 자신의 선배가 구속되는 현장인 이 대회에 시진핑 역시 참석했다고 한다. 한때의 영웅이 지나치게 설친 덕에 바닥이 어딘지 모를 나락으로 떨어지는 모습을 분명히 목격한 것이다. 실제로 콰이는 훗날 열린 재판에서 반혁명 선전선동죄, 살인죄 및 무고죄 등의 죄명으로 무려 17년 형을 선고받왔다. 지금은 석방돼 선전에서 장사를 하고 있다고 한다. 시진핑에게는 튀면 죽는다는 엄청난 교훈을 준 은인이라고 해도 과언이 아닐 듯하다.

그는 스스로도 경험을 했다. 예컨대 량자허에서 강아지에게 다 부스러진 빵을 먹인 사건이 그렇다고 할 수 있다. 본인이 부지불식간에 한 일이나 어쨌든 주변에서 볼 때는 튀는 행동이었던 것이다. 그는 이후 이 교훈을 가슴에 깊이 새겼다. 실제로 단 한 번도 튀는 사람들의 특징인 호화생활을 한 적이 없었다.

이뿐만이 아니었다. 푸젠에서 일할 때는 아버지의 직계인 샹난이 너무 적극적으로 개혁을 추진하다 실각한 모습 역시 그는 목격했다. 또 저장에서 일할 때는 천량위 상하이 서기가 장쩌민의 배경을 믿고 안하무인으로 행동하다 18년 징역형을 받은 사실 역시 목격했다. 그가 천의 후임으로 결정됐을 때 당 중앙의 결정을 마지막까지 고사했던 것은 이 때문에 괜한 것이 아니었다고 해도 좋을 듯하다. 굳이 튀던 전임자의 자리로 가서 남의 눈에 두드러지게 보일 필요가 없다고 본 것이다.

아버지의 횡액과 나대는 사람들의 말로를 목격한 경험이 은연중에 몸에 익히도록 만든 그의 이런 튀지 않는 스타일은 종종 행동으로 나타나기도 했다. 그의 욱일승천을 내외에 알린 대회였던 당 제17차 전국대표대회가 열리기 직전인 2007년 9월 전후였다. 당시 외신들은 시진핑이 리커창에 뒤이은 상무위원이 될 것이라는 소문이 파다하자 그가 처음 발령받은 곳인 정딩현을 대거 찾았다. 그가 과거 어떻게 일했는지를 파악해 기사화하는 것이 목적이었다. 그러나 이미 정딩현에는 외신과 인터뷰를 해서는 안 된다는 그의 엄명이 내려와 있었다. 공연히 자신을 우상시하는 기사가 나갈 것이라고 우려한 탓이었다. 비슷한 사례는 이보다 4개월 전인 2007년 5월에 또 있었다. 정딩현의 고위 간부 한 명이 과

본인은 부담스러워했으나 그가 뜬 이후 그의 기사가 신문의 특집으로 나오기도 했다.

거의 회의 자료와 연설 원고를 수집, 현지의 유력지 『스자좡르바오(石家莊日報)』에 「정딩에서의 시진핑」이라는 기사를 전면으로 게재하도록 한 것이다. 시진핑은 자신의 허락도 없이 게재된 이 기사를 보고 극도로 흥분했다. 그답지 않게 즉각 과거 부하들에게 전화를 걸어 심한 질책을 하기도 했다.

튀지 않은 이런 스타일은 말할 것도 없이 그에게 적이 없도록 만들었다. 실제로 그는 적이 거의 없다는 것이 외신의 중평이다. 어릴 때 캉성의 부인으로부터 시달림을 받기도 했으나 그것은 어디까지나 그의 책임이라기보다는 권력 투쟁의 산물이었다. 또 량자허에서 강아지에게 빵을 먹였다가 한동안 왕따가 된 것도 세상물정을 모른 탓이지 의도적인 행동 때문이 아니었다. 더구나 그는 이후 성실한 자세로 량자허 촌민들의 마음을 완전히 사로잡았다.

물론 일부 그에 대한 좋지 않은 소문이 전혀 없는 것은 아니다. 예컨대 부부 사이가 좋지 않다거나 일이 잘못 될 경우 돌아올 책임이 두려워 손에 물을 묻히지 않으려 한다는 비난 등이 그랬다. 또 1미터 80cm의 키에 100kg이 넘는 거구로 인해 건강에 이상이 있다는 마타도어 역시 간혹 퍼지기도 했다. 위키리크스가 폭로한 것과 그다지 다르지 않은 내용이다. 그러나 이런 소문들은 장쩌민이나 후진타오 등 전, 현 총서기 겸 국가 주석들도 현직에 있을 때나 취임 직전에 정적들로부터 적지 않게 들은 하나 같이 비슷한 것들이다. 이 사실은 리커창 역시 일부 좋지 않은 소문에 휘말리고 있다는 현실에 비춰보면 어느 정도 이해도 가능하다. 아무리 페어플레이를 한다 해도 최고 권력이 왔다 갔다 하는 상황에서는 극소수 누군가에 의해 나쁜 소문도 나게 될 수밖에 없다는 얘기이다. 말할 것도 없이 소문을 내는 극소수의 누군가는 라이벌들인 경우가 많다. 따라서 소문은 한 귀로 듣고 한 귀로 흘리는 것이 맞을 것 같다. 역시 주위에 적보다는 우호 세력이 훨씬 많다는 결론을 내려도 크게 무방하지 않을 듯하다.

요즘 행보를 보면 그는 과거에는 상상하기 어려울 정도로 과감해졌다. 그러나 어릴 때부터 몸에 배인 습성은 잘 사라지지 않는다. 앞으로도 행동의 과감함 속에서도 여리박빙의 조심스러움은 여전히 보일 것이라는 결론이 나올 수밖에 없는 것이다. 아무래도 그의 본색은 2012년 10월의 제18차 전국대표대회에서 완전히 대권을 거머쥐어야 확실히 드러나지 않을까 싶다.

2 _
한때 4대 천왕의 수장 리커창의 동상이몽

시진핑이 지척에 대권이 보이고 있음에도 100% 완전하게 자신의 목소리를 내지 못하는 이유에는 당연히 성격 탓만이 아니다. 아직 막강한 라이벌들이 눈 시퍼렇게 뜬 채 그가 그랬듯 호시탐탐 뒤집기의 역전 쇼를 노리고 있는 것도 이유로 봐야 한다. 이들은 다름 아닌 리커창, 보이

2011년 8월 홍콩을 방문한 리커창. 희망이 별로 보이지 않으나 뒤집기를 노리고 있다.

보, 리위안차오 등이다. 리커창과 함께 이른바 4대 천왕으로 불리면서 2000년대 이후부터 본격적으로 떠오른 별들이다. 당연히 가장 강력한 라이벌은 2013년 3월에 회기가 시작되는 12기 전인대에서 총리로 선출될 것이 거의 확실한 리커창이라고 해야 한다.

 솔직히 리커창의 입장에서 보면 최근의 상황은 가슴이 쓰릴 정도라고 해야 한다. 자다가 벌떡 일어나도 시원치 않다고 해도 좋다. 마라톤으로 따지면 40km까지 앞서다 골인 라인 지점 가까이에서 추월을 당한 것처럼 시진핑에게 눈 멀쩡히 뜬 채 뒤집기를 당한 탓이다. 이로써 20세기 들어 10여 년 동안이나 사람들의 입에 오르내리던 리시(李習) 체제는 시리(習李) 체제로 순식간에 바뀌고 말았다. 그로서는 "어, 어!" 하다가 손에 다 들어온 물고기를 놓친 셈이었다.

121

지금은 마음의 상처가 어느 정도 가셨을 수도 있는 리 상무 부총리는 시 국가 부주석과는 완전히 반대쪽에 서 있는 인물이라고 하면 딱 맞다. 우선 출신성분이 어쩌면 그렇게 다를까 싶게 차이가 난다. 아버지가 부총리나 성 서기와는 상대도 안 되는 안후이(安徽)성의 현장을 지낸 지방 관리 출신이다. 그나마 나중에는 안휘성의 지방지(地方誌) 판공실 주임까지 승진하기는 했다. 그래도 당당한 부총리나 성 서기와는 비교 불가라고 해야 한다. 많은 사람들이 아사했을 때인 대약진운동 시절 시진핑과는 달리 먹을 것을 찾기 위해 그가 들판으로 산으로 헤매고 다닌 것은 그래서 어쩔 수 없는 일이었다. 그럼에도 그는 어릴 때부터 탁월한 총명함을 보였다. 항상 1등을 놓치지 않았다고 한다. 이 사실도 시진핑과는 약간 다른 듯하다. 그러나 불행히도 그가 초등학교 4학년 때 문화대혁명이 터졌다. 학교는 고향인 딩위안(定遠)현의 시골에 있었음에도 바로 혼란에 빠졌다. 그가 초등학교를 7년 다닌 것도 바로 이 탓이었다. 하지만 그는 시진핑처럼 어린 나이에 하방이 되는 운명에 처하지는 않았다. 아버지가 지방의 말단 관리로 타도의 대상인 우파 부르주아가 아니라 타도할 입장이었던 것이 이유였다. 그래도 고등학교를 졸업한 1974년에는 하방을 피할 수 없었다. 그는 이후 2년 동안 고향 인근인 펑양(鳳陽)현의 다먀오(大廟)공사에서 노동을 하지 않으면 안 됐다. 다행히 76년에 대동란이 끝나면서 그의 하방 생활은 2년 만에 끝났다. 그는 그러나 펑양현에 계속 머물면서 다먀오 대대의 당 서기를 78년까지 지냈다. 그나마 이 부분은 시진핑과 대략 비슷했다고 할 수 있었다. 물론 촌민들과 거의 접촉을 하지 않은 것은 시진핑과 많이 다르기는 했지만 말이다. 78년 그는 뛰어난 성적과 그동안의 공적을 인정받아 베이징대학 법률학과에 진학하는 행운을 얻게 됐다. 재학 시절 성적은 최상위권이었다. 졸업

후에는 베이징대학에서 가장 눈부신 영어 실력을 갖추고 있다는 소문의 주인공답게 하버드대학 유학 시험에도 우수한 성적으로 합격했다. 그러나 그는 쉽게 찾아오지 않을 기회를 선택하지 않았다. 아마도 학교에서 당 간부로 양성하기 위해 그를 붙잡았던 것이 원인이었지 않나 싶다.

그는 모교 당 위원회의 기대를 훨씬 뛰어넘었다. 정치적인 싹수가 너무 많이 보인 것이다. 그는 아주 자연스럽게 졸업한 이듬해인 83년 학교 당 원로들의 배려로 공청단 중앙서기처 후보서기로 발탁됐다. 이어 2년 후에는 중앙서기처 서기 겸 전국청년연맹 부주석으로 영전했다. 나이 고작 32세 때였다. 그는 바로 이 무렵 공청단 제1 서기 겸 전국청년연맹 주석으로 있던 공청단과 고향 안후이성 선배인 평생의 멘토 후진타오와 운명적 만남을 가지게 된다.

두 사람은 시진핑과 쩡칭훙이 그랬듯 13년의 나이 차이에도 바로 의기투합했다. 호형호제하면서 서로를 격의 없이 부르기도 했다. 톈안먼 부근의 첸먼(前門) 둥다제(東大街)의 공청단 본부의 식당에서 함께 식사를 하는 날도 많았다. 같은 조직의 제1 서기와 서기의 신분이었으므로 남다른 밀접한 회동도 남의 눈에 크게 띄지 않았다. 이런 둘의 관계는 공청단을 중심으로 하는 청년 대표단이 85년 초 일본을 방문했을 때 더욱 긴밀해졌다. 당시 이들의 방문은 10여 일 동안 도쿄(東京)와 오사카(大阪), 교토(京都) 등을 순회하는 강행군이었다. 그럼에도 둘의 호흡은 환상적이었다. 단장인 후진타오는 연설, 부단장인 리커창은 매일 밤 열리는 연회의 분위기를 책임지는 식이었다. 이런 바쁜 와중에도 리커창은 후진타오까지 지극정성으로 잘 보좌했다. 후진타오로서는 그에게 더욱 신뢰감을 가질 수밖에 없었다. 공청단 제1 서기 자리를 쑹더푸에게 넘겨준 85년 이후부터도 그를 전폭적으로 지원해준 것은 다 이유가 있었던 것이다. 그는 93년에 리커창이 38세의 사상 최연소의 나이로 드디어 쑹으로부터 공청단 제1 서기 자리를 물려받자 대회에 직접 출석해 미래를 축하하기도 했다. 이어 98년 6월, 그가 공청단 제1 서기에서 물러나자 파격적으로 허난성 부서기 겸 대리 성장으로 밀어 관철시켰다. 사실 이때의 인사는 중앙 부처의 부장, 성장 급에 해당하는 공청단 제1 서기의 비중으로 볼 때 크게 무리한 것은 아니었다. 문제는 그가 공청단 외에는 다른 기관이나 부처에서의 경험이 전혀 없었다는 사실이었다. 따라서 일거에 지방 정부의 수장으로 가기보다는 경험을 더 쌓을 징검다리 역할을 할 만한 다른 자리로 보내는 것이 더 합리적이었다. 후진타오의 전임인 왕자오궈(王兆國. 71) 역시 공청단 제1 서기에서 물러난 다음 푸젠성 부서기 겸 성장으로 가기까지 4년 동안이나 당 중앙판공청 주임을 비롯한 각종 자리를 거쳐 검증을 받았으니 그렇게 해야 본인으로서도 더 좋을 수 있었다. 당연히 주변에서는 경험이 일천한 그의 벼락출세에 대한 우려를 나타냈다. 하지만 기우였다. 그는 2004년까지 허난성에서 부서기, 성장, 서기 등의 자리에 있으면서 자신의 정치 인생에서 가장 혁혁한 실적을 남겼다. 굳이 다른 사례를 들 필요도 없다. 랴오닝성 서기로 떠날 때인 2004년의 허난성의 1인당 GDP가 부임 때보다 1.5배나 늘어났다는 사실만 거론해 봐도 좋다. 상당한 능력을 발휘했다고 단언해도 괜찮다. 이후 그는 후진타오의 각별한 지원 하에 승승장구하면서 2007년 10월 제17차 전국대표대회에서 마침내 대망의 정치국 상무위원회에 진입했다. 시진핑과 거의 비슷한 승승장구였다고 해도 좋았다. 물론 이 과정에서 예상 외로 상하이 서기 자리를 시에게 양보하고 상무위원회의 서열 역시 한 단계 밑으로 깔리는 쓰라림을 맛보기는 했지만 말이다.

그러나 그는 누가 뭐래도 베이징대학이 배출한 당대의 걸출한 인물이다. 그의 재학 중에 '문과에는 리커창, 이과에는 왕쥔타오(王軍濤)'라는 말이 있었던 것은 지금 보면 당연한 일이 아니었나 싶다. 리와 함께 당대의 인재로 꼽힌 왕의 경우 역시 스펙이나 행보가 장난이 아니다. 톈안먼사건의 배후 주동자로 연루돼 미국 망명은 했으나 컬럼비아대학에서 정치학 박사 학위를 따고 해외의 중국민주화운동을 이끄는 등 동창 못지않게 맹활약하고 있다. 반대의 시각으로 보면 리커창이 얼마나 뛰어난 인재였는지를 증명하는 아이러니한 사실이다.

최연소 공청단 서기, 성장, 정치국 상무위원의 기록을 가지고 있는 그에게는 현재 주어진 길이 하나 밖에 없는 듯하다. 현실을 받아들여 2012년 당 제18차 전국대표대회에서 권력 서열 2위의 상무위원으로 재 선출된 다음 총리 내지 전인대 상무위원장을 맡는 것이 그 길이다. 이 경우 한때 손에 들어온 것만 같았던 총서기 자리는 완전히 포기해야 한다. 더불어 숙명적 라이벌인 시진핑이 당정 최고 지도자로서 수행할 국정을 잘 보좌해야 한다. 속은 쓰려도 같은 배를 타야 하는 것이다. 또 그게 G2를 넘어 G1을 향해 진군하는 중국에게 가장 이상적인 정치적 구도라고 할 수 있다.

하지만 시진핑이 그랬듯 그에게 재역전의 기회가 전혀 없다고 하기는 어렵다. 가능성이 낮기는 해도 나름의 이유는 있다. 무엇보다 장쩌민을 필두로 하는 쩡칭훙, 자칭린 등의 상하이방으로부터 불의의 뒤통수를 맞은 후진타오가 최고 권력을 시진핑에게 순수하게 내주기보다는 직계인 리커창에게 넘기고 싶어 한다는 사실이 우선 꼽힌다. 더구나 후진타오는 그가 역전을 할 수 있는 가능성을 최근까지 계속 모색하고도 있다. 과거 최고 지도자가 됐거나 내정됐다가 낙마한 케이스가 적지 않다는 사실 역시 그가 완전히 포기하기가 아직은 이르다는 사실을 말해준다. 사례를 들면 알기 쉽다. 우선 마오쩌둥의 강력한 후계자로 거론된 린뱌오(林彪) 전 국방부장을 들 수 있다. 후계자가 되기는커녕 쿠데타를 일으켰다는 혐의로 체포될 위기에 처하자 해외로 도피하다 비행기 추락 사고로 숨지는 횡액을 당했다. 4인방 분쇄에 혁혁한 공로를 세운 화궈펑 역시 크게 다르지 않다. 권좌가 바로 눈앞에 보였으나 덩샤오핑에게 밀려 역사의 무대 저편으로 사라진 후 쓸쓸하게 세상을 떠났다. 총서기에서 낙마한 후야오방과 자오쯔양의 비극도 그에게 미련을 버리지 못하게 하는 케이스다. 한때 총서기 후보로 불린 후치리(胡啓立. 83)의 몰락은 아예 더 말할 나위가 없다. 1987년의 13차 전국대표대회에서 정치국 상무위원이 돼 자오쯔양의 후계자로 강력하게 거론되면서 총서기에 가장 가까이 다가선 듯했으나 2년 후 눈에 보이지도 않았던 장쩌민에게 완전히 물을 먹는 비운의 주인공이 됐다.

물론 현재의 권력 구도가 다시 원래의 위치로 돌아갈 가능성은 정치권에 격변이 일어나지 않는 한 그다지 높지 않아 보인다. 아무리 후진타오의 권력과 리커창의 야심이 살아 있다고 해도 지금의 체제가 상당히 안정되어 보이기 때문이다. 더구나 최근의 권력 구도는 집단 지도 체제로 한두 사람의 의지에 의해 확 뒤집어질 가능성도 그다지 크지 않다. 결론적으로 리커창으로서는 동상이몽을 전혀 생각하지 않는다고는 하기 어려우나 외면적으로는 G1 중국 시대의 도래를 위해 시진핑에게 적극 협력하는 자세를 보일 가능성이 훨씬 더 높을 것이다. 심하게 말하면 의도적으로라도 고개를 숙이면서 외면적으로 충성을 다해야 한다는 얘기가 된다.

3 _
그래도 꿈을 버리지 않는
또 다른 4대 천왕 보시라이와 리위안차오

　시진핑이 리커창과 함께 미래의 지도자로 팔로들의 눈도장을 확실하게 받았을 무렵인 1995년에 사실 대중적으로 더욱 분명하게 떠오르던 스타는 따로 있었다. 그가 바로 당시 랴오닝성 다롄 시장이었던 보시라이였다. 이때 태자당 수장으로서의 유명세를 누리기도 한 그는 이미 외신으로부터 리커창과 함께 미래의 총서기나 총리 자리를 다툴 인물로까지 거론되고 있었다. 또 한때 쩡칭훙이 맡았던 당 중앙조직부장인 리위안차오 정치국원 역시 당시 국무원 신문판공실 부주임으로 있으면서 보시라이 정도로 각광은 받지 않았어도 주목해야 할 다크호스로 불리고 있었다. 두 사람이 이후, 특히 금세기 접어들어 시진핑, 리커창 등과 함께 정계의 4대 천왕으로 불린 이유는 바로 여기에 있다.

　이중 보시라이는 모든 것을 다 갖춘 이른바 준비된 최고 지도자 후보였다. 무엇보다 출신성분이 시진핑 못지않다. 팔로 중의 한 명이자 부총리를 지낸 보이보의 차남이다. 스펙과 경력을 비롯한 여러 가지 조건 역시 대단하다. 그 좋다는 베이징대학과 사회과학원을 다 다닌 다음 중앙판공청 간부를 거쳐 승승장구, 1989년에 다롄 부시장에 올랐다. 이어 93년 다롄 시장, 2000년 랴오닝성 성장, 2004년 국무원 상무부장을 차례로 역임했다. 2007년 정치국원으로 승진한 다음 충칭 서기로 옮긴 것은 때문에 영전이라고 할 수도 없다. 그가 내심 이 인사에 지금도 상당히 불만을 가지고 있을 것이라는 분석이 외신에 종종 나오는 것도 다름 아닌 이런 현실과 무관하지 않다. 실제로 그는 충칭 서기로 발령이 나자 곧바로

상무부장 시절 베이징올림픽 경기장을 찾은 보시라이. 최고 지도자가 되기 위해 노력하나 희망은 실낱 같다.

부임하지 않은 채 무려 한 달 동안이나 베이징에 계속 머무르기도 했다.

그러나 그는 인구가 웬만한 중소 규모의 국가보다 많은 4000만 명에 육박하는 충칭에서 자신의 임무에 소홀하지는 않았다. 가장 두드러진 업적은 역시 과단성 있는 그답게 무시무시한 사정과 조폭 일망타진을 비롯한 범죄 척결 드라이브였다. 성과는 수치로도 분명하게 드러났다. 무려 3300여 명의 비리 공직자와 조폭들이 그가 휘두른 사정의 칼날에 추풍낙엽이 된 것이다. 국민당 시절부터 부패라면 골머리를 앓아오던 충칭 사람들이 그에게 아낌없는 박수갈채를 보낸 것은 당연한 일일 수밖에 없었다. 그에게 붙은 인기 정치인, 탤런트 정치인이라는 별칭이 아깝지 않았다.

그는 사실 탤런트 정치인이라는 별칭에 어울리는 인물을 자랑한다.

180cm를 훨씬 뛰어넘는 훤칠한 키에 수려한 외모가 눈에 확 들어온다. 게다가 화술도 뛰어날 뿐 아니라 매너도 세련돼 있다. 웬만한 개그맨 뺨치는 유머 감각과 친화력은 과거 그 어느 정치인에게서도 보기 어려운 장점으로 꼽힌다. 간혹 기자들에게 버럭 화를 잘 내는 데도 언론으로부터 인기가 좋은 데에는 다 이유가 있지 않나 싶다.

그렇다고 능력을 의심받고 있는 것도 아니다. 수완이 좋고 과감한 것으로는 오래 전부터 정평이 나 있었다. 넘치는 박력은 그의 트레이드마크라는 말까지 있을 정도이다. 사정 드라이브와 조폭과의 전쟁이 갑자기 나온 뜬금없는 조치가 아닌 것이다.

하지만 성격에는 다소 문제가 있다. 능력과 인물, 출신성분에 대한 지나친 자신감 탓에 남을 인정하지 않는 등 독선적인 면모가 너무 강하다. 그의 성격을 단적으로 말해주는 일화도 적지 않다. 그의 랴오닝 성장 시절 있었던 일이 이중 가장 유명하다. 당시 그는 성 내의 권력 서열 2위였다. 당연히 1위는 서기 원스전(聞世震)이었다. 게다가 나이도 원이 아홉 살이나 연상이었다. 웬만하면 순순히 복종해야 했다. 설사 그렇지 않더라도 사근사근하게 굴어야 정상이었다. 그러나 그는 그러지 않았다. 간혹 원 서기가 업무를 간섭하면 "나는 장 주석과 주룽지(朱鎔基) 총리가 임명한 사람입니다. 원 서기께서는 당무만 제대로 보시기 바랍니다."라면서 행정 업무를 자신이 완벽하게 장악했다. 중앙이든 지방이든 정부보다는 당이 우선인 중국에서는 있을 수 없는 일이었다. 원 서기로서는 화가 나는 것이 당연했다. 급기야 그는 베이징으로 올라왔을 때 "나를 자르든지 자기 아버지를 믿고 까부는 그 자식을 내쫓든지 하십시오."라고 막말을 했다. 이 때문인지는 몰라도 그가 2004년 성장 임기를 마치고 상무부장이 돼 베이징으로 영전을 하게 됐을 때는 환송연에 당 인사들이 거의 참석하지 않아 썰렁한 분위기가 연출됐다고 한다.

리커창 다음으로 후진타오의 사랑을 받는다는 왕양 광둥성 서기와의 껄끄러운 관계 역시 보시라이의 까칠한 성격과 무관하지 않다. 보의 전임이기도 한 왕 서기는 공산당 내에서도 손꼽히는 개혁, 개방 전도사로 불린다. 반면 보는 사회주의 이념을 중시하는 대표적인 좌파의 기수답게 공동 부유를 줄곧 주창하고는 했다. 당연히 정치국 회의에서 종종 이념적으로 충돌할 수밖에 없었다. 제18차 전국대표대회를 통해 정치국 상무위원회에 진입할 것으로 유력시되는 둘이 견원지간으로 불리는 것은 그래서 별로 이상할 것이 없다.

훤칠한 미남답게 갖가지 염문을 뿌리는 것도 좋은 평가를 받기 어려울 듯하다. 방송국 여성 앵커 및 사무실 비서, 연예인 등과 종종 스캔들을 뿌렸다는 소문이 거의 정설로 통하고 있을 정도이다. 첫 부인 리단위(李丹宇)와는 이로 인해 법원까지 가는 소송 끝에 이혼하는 우여곡절도 겪은 바 있다. 화가 난 첫 부인이 자신이 양육하는 아들인 보왕즈(薄望知)의 성을 리(李)로 바꿔버린 것은 때문에 충분히 이해할만 하다고 하겠다. 현재의 둘째 부인인 구카이라이(谷開來)와 사이에 낳은 아들인 보과과(薄瓜瓜. 24) 역시 그를 닮아서인지 영국 유학 시절 현지 여성들과 너무 문란하게 어울린 탓에 양식 있는 인사들의 지탄을 받았다고 한다. 2011년 초에는 나중 공화당의 대통령 후보까지 지낸 존 헌츠먼(52) 주중 미국대사의 딸과 저녁 식사를 하기 위해 빨간 페라리 승용차를 몰고 관저로 들어간 것이 확인돼 구설수에 오르기도 했다.

시진핑이 급부상하기 시작한 2007년 이전만 해도 그는 총서기까지는 몰라도 총리는 거머쥘 것으로 전망되고는 했다. 당시 외신에 늘 '총서기는 리커창, 총리는 보시라이' 등의 보도가 나온 것이 괜한 게 아니었던 것

당 행사에서 연설하는 리위안차오.

이다. 하지만 제17차 전국대표대회의 뚜껑이 열리면서 이런 가능성은 완전 제로가 됐다. 그로서는 속된 말로 물을 흠뻑 먹었다고 할 수 있었다.

그는 18차 전국대표대회에서는 정치국 상무위원회에 진입할 것이 분명해 보인다. 그러나 9명 중의 서열은 그다지 높지 않을 것으로 보인다. 기껏해야 6-7위 정도가 될 개연성이 농후하다. 자리도 국가 부주석이나 상무 부총리, 기율검사위원회 서기 정도가 돌아갈 가능성이 높다. 한때 태자당의 황태자로 불린 괄괄한 성격의 그로서는 현실을 받아들이기가 쉽지 않을 것이다. 하지만 딱히 방법은 없다. 정치를 계속하려면 현실을 받아들여야 한다. 전망도 그렇다. 일단 성질을 죽인 채 시리 체제를 인정하고 납작 엎드릴 것으로 예상된다. 물론 그가 내심으로도 진심으로 복종할 가능성은 높지 않다. 오히려 그보다는 당내의 우연한 격변이나 가능성 거의 제로의 기적을 바라면서 칼을 갈 것이라고 해야 맞을 것 같다. 현실은 받아들이되 꿈은 절대로 버리지 않을 것이라는 얘기이다. 능력은 있으니 허망한 꿈만은 아니다.

리커창, 왕양과 함께 공청단의 맹장으로 꼽히는 리위안차오 역시 보시라이의 심정을 이해할 만한 입장에 있다고 해야 한다. 보시라이보다 한 살 아래인 그는 후진타오 총서기 겸 국가 주석이 공청단 중앙서기처 제1 서기이던 1980년대 초중반에 밑에서 일했다. 이때만 해도 그는 공청단 후보서기이던 리커창보다 많이 앞서 있었다. 쑹더푸가 후진타오의 후임이 됐을 때도 그랬다. 9명의 중앙서기처 서기 중의 서열 2위로 6위의 리커창이 감히 넘보기 어려울 정도였다. 나이로 볼 때 사실 그게 당연하기도 했다. 그러나 이후 둘의 행보는 많이 달랐다. 리커창이 후진타오의 후광을 등에 업고 승승장구한 반면 그는 시진핑처럼 자의 반 타의 반으로 수면 하의 교룡이 됐다.

이후 그는 중앙대외선전소조 1국 국장, 중앙대외선전소조 부조장, 중앙대외선전판공실 부주임, 국무원 신문판공실 부주임, 문화부 부부장 등을 10년 동안 거쳤다. 이 기간 직급은 부부장급으로 승진했으나 대체로 모든 자리가 별 볼일이 없는 한직이었다. 이로써 한때의 부하이자 후배인 리커창은 그의 시야 저 멀리로 까마득하게 사라졌다. 1인자와는 비교 불가능한 공청단파의 2인자였다.

하지만 그는 이 기간 권토중래했다. 와신상담이라는 말을 써도 좋겠다. 급기야 그는 2000년 부장 급인 장쑤성 부서기로 화려하게 부활하는 데 성공했다. 이어 1년씩을 간격으로 난징시 서기와 장쑤성 서기로 승진하는 파격적 행보를 보였다. 완전히 시야에서 멀어진 리커창을 거의 따라잡고 4대 천왕의 일원으로 불리는 전성기를 구가하기 시작한 것이다. 이후 그는 정말 오랜만에 찾아온 기회를 놓치지 않고 자신의 모든 능력을 장쑤성의 부흥을 위해 쏟아 부었다. 절치부심의 노력은 그를 배반하지 않았다. 2007년 11월까지의 장쑤성 서기 재임 6년 동안 1인당 GDP는 말할 것도 없고 도시의 가처분 소득, 실업률, 엥겔계수, 녹지비율, 부의 분배구조까지 합쳐 만든 장쑤성의 경제 종합 지표를 전국에서도 최상위권으로 올려놓은 것이다. 이뿐만이 아니었다. 치안 상태는 전국 1위이자 수치상으로는 일본보다 더 안전한 곳으로 변모시켰다. 1만 명당 살인 사건 발생률이 1.02명이었을 정도였다.

그는 출신성분으로 보면 태자당이라고 해야 한다. 아버지 리간청(李幹成)이 문화대혁명 직전 상하이 부서기를 지냈다. 장인 역시 일찍이 상하이시 건설위원회 부주임을 지낸 당 간부 출신이다. 동갑내기인 가오젠진(高建進) 중앙음악학원 교수 역시 태자당인 셈이다. 그는 또 상하이에서 명문 푸단(復旦)대학을 다니고 공청단 활동을 한 탓에 상하이방으로 불려도 부자연스럽지 않다. 그러나 공청단에서 8년 동안 맹활약한 이력으로 보면 태자당이나 상하이방보다는 공청단파로 불리는 게 더 자연스럽다. 본인 역시 정치적인 야심이 있어서 그런지 공청단 출신이라는 사실에 더 자부심을 가진다고 한다. 따라서 그로서는 후배인 리커창 쪽으로 줄을 서는 것이 자연스럽다. 그러나 8000만 명 전후에 이르는 당원들의 인사를 총괄하는 당 중앙조직부장으로서 권력의 생리를 너무나 잘 아는 그가 차기 대권을 잡을 것이 확실한 시진핑을 무시하기도 어렵다. 더구나 그는 태자당이라는 프리미엄까지 가지고 있다. 시진핑 쪽으로 대놓고 줄을 서도 이상할 것이 없다. 따라서 그는 '따로 또 같이'라는 말처럼 교묘하게 양측에서 줄타기를 하면서 결정적인 순간에 캐스팅 보드를 행사하는 역할을 자임할 가능성도 없지 않다. 이를테면 그에게서는 장쩌민 체제 하에서의 킹메이커로 불리던 쩡칭훙의 그림자가 어른거린다고 해도 틀리지 않는다. 말할 것도 없이 그 역시 보시라이처럼 대망을 버리지 않은 채 호시탐탐 기회를 노릴 가능성이 없지 않다. 자신에게도 기회가 있다고 칼을 갈 수도 있는 것이다. 하지만 역시 전체적인 그림을 보면 아무래도 시리 체제에서 3, 4인자 역할을 자임하면서 한때 나락으로 떨어진 것에 비하면 감지덕지인 현 상황에 대해 감사할 가능성이 더 높다고 해야 할 듯하다.

4 _
프레스 프렌들리의 진리를 깨닫다

　시진핑이 막강한 라이벌들이 들어찬 치열하고도 빽빽한 경쟁의 숲속을 헤치고 최고 권력에 바짝 다가가게 된 원인으로 빼놓기 어려운 것이 있다. 그게 바로 다름 아닌 언론의 도움이다. 그는 이를 30대 전후 시절 경험한 기층의 관리 시절부터 너무나 잘 알고 있었다. 일찍부터 프레스 프렌들리가 주는 엄청난 위력의 진리를 깨달았다는 얘기가 될 듯하다. 물론 항간에는 그가 프레스에 대해 호스타일(Hostile), 즉 적대적이라고 말하는 사람들이 없는 것은 아니다. 그 역시 자신의 입으로 "30여 년 동안 관리 생활을 하면서 나 자신에 대한 인터뷰를 100번도 더 거절했다."고 한 적도 있다. 절대로 프레스 프렌들리하지 않다는 말을 에둘러 표현한 것으로 보인다. 그러나 세상에 기본적으로 언론을 적대적으로 생각하는 사람, 특히 정치인은 드물다. 유착까지는 몰라도 가능하면 친절하게 대하면서 그나마 좋은 인상을 줘야 간혹 진실과는 반대되는, 얼굴 붉히는 기사를 대하는 횡액을 입지 않을 수 있기 때문이다. 심지어 일부 정치인들은 적극적으로 프레스 프렌들리를 실천하는 경우도 많다. 대표적인 인물이 독일에서 가장 존경 받는 정치인인 헬무트 슈미트가 아닌가 싶다. 총리로 재직할 때부터도 프레스 프렌들리의 전형적인 스타일을 보여줬으며, 정치 2선으로 물러난 이후에는 칼럼니스트로까지 맹활약한 인물로 유명하다. 90세가 넘은 지금은 독일을 비롯한 유럽의 대표적인 지성들이 참여하는 진보적 주간지인 『디 자이트』의 발행인까지 맡고 있다. 이탈리아의 총리를 역임한 실비오 베를루스코니는 더 말할 필요조차 없다. 수준 낮은 정치인으로 매도되고는 있으나 프레스 프렌들

시진핑이 베이징의 한 대학을 방문하고 있다. 언론을 이용해 자신의 이미지를 관리할 줄 아는 느낌을 물씬 풍긴다.

리에 관한 한 누구도 따를 정치인이 없다. 언론 재벌로 유명하니까 말이다. 조금 더 역사를 거슬러 올라가면 아돌프 히틀러까지 거론할 수 있다. 언론 탄압을 하기는 했으나 요제프 괴벨스를 선전상으로 삼아 활용했다는 사실은 언론과 원수가 되면 안 된다는 사실 역시 잘 알았기 때문이 아닌가 보인다.

때문에 시진핑이 진짜 프레스 프렌들리하지 않다면 대단한 강단을 가지고 있는 정치인이라고 해야 한다. 기자들에게 비교적 친절하지 않는 스타일로 꼽히는 보시라이조차 인터뷰나 방송 출연을 할 때는 옷을 세 번이나 갈아입는다는 사실을 감안하면 더욱 그렇다. 그러나 진실은 그렇지 않은 것 같다. 그의 평전이나 관련 자료를 읽어보면 그는 아주 어릴 때부터 정반대로 프레스 프렌들리의 진리를 깨달은 것으로 보인다.

진짜 그런지는 사례를 살펴보자. 그가 정딩현에서 서기로 일할 때인 1983년 무렵이었다. 당시 『중앙(中央)방송국』으로도 불리는 국영 『CCTV』는 대형 TV 드라마인 『홍루몽(紅樓夢)』을 소설 『삼국지』의 명장 조자룡(趙子龍)의 고향이기도 한 정딩현에서 찍기로 했다. 말할 것도 없이 이를 위해서는 대형 세트장이 필요했다. 『CCTV』는 내부 회의 끝에 80만 위안(현 시세로 1억 4400만 원. 물가 상승을 비롯한 여러 가지 상황을 감안하면 최소한 10배 이상은 될 것으로 봐야 함-저자)을 투자해 드라마의 주 무대인 룽궈푸(榮國府)를 짓기로 했다. 촬영이 끝나면 헐기로 결정을 내렸다. 시진핑은 이 얘기를 밑의 직원을 통해 얼핏 들었다.

그는 신중하게 생각을 하기 시작했다.

"세트장을 80만 위안이라는 거금을 투자해 지었다가 다시 허는 것은 낭비 아닐까. 그럴 바에야 조금 돈을 더 투자해 완벽한 세트장을 지은 다음 나중에도 사용하면 더 좋을 수 있어. 계속 세트장으로도 이용할 수 있고. 더구나 이곳이 관광 명소가 되면 얼마나 좋겠어.『CCTV』와 작품의 명성이 어우러지면 엄청난 시너지 효과까지 있을 거야.『CCTV』가 만약 우리가 세트장을 영화, 드라마 촬영 기지로 확대해 건설한다면 가만히 있지도 않을 가능성이 높아. 계속 홍보를 하고 관심을 가져 줄 거야. 밑질 것이 하나도 없어."

그는 자신의 생각을 곧 행동으로 옮겼다.『CCTV』가 투자하는 80만 위안 외에 220만 위안을 더 투입해 세트장을 완벽한 촬영 기지로 건축할 결심을 내린 것이다. 그는 곧 당정 간부 회의를 소집해 이 안건을 현안으로 삼았다. 당시만 해도 가난하던 정딩현의 대다수 간부는 반대 의견을 개진할 수밖에 없었다. 하지만 그의 생각은 이미 확고해져 있었다.

"국내에서 최고의 영향력을 가진『CCTV』가 우리 정딩현에서 드라마를 찍는다는 것만 해도 굉장한 일입니다. 거기에 그치지 않고 세트장까지 짓는다고 합니다. 이건 엄청난 뉴스거리입니다. 그런데 이 세트장이 없어지도록 놔둡니까? 만약 이걸 영구 보존할 수 있도록 만들어 촬영 기지로 해보십시오. 전국의 영화, 드라마 제작사나 방송사들이 많이 이용할 것입니다. 이때 기사화될 내용들을 생각해보십시오. 정딩현을 부정적으로 쓰겠습니까? 이로 인한 효과는 220만 위안을 일거에 만회하고도 남습니다. 더구나 촬영 기지가 관광단지로도 이용된다면 그 효과는 상상을 초월합니다. 나는 룽궈푸를 지어야 한다고 생각합니다."

시진핑은 반대하는 당정 간부들을 설득해 자신의 의지를 관철시켰다. 그의 생각은 과연 틀리지 않았다. 나중 전국에서 최초로 세워진 룽궈푸의 소재지 정딩현은 신문과 방송을 통해 전국적으로 유명해졌다. 이 과정에서 『CCTV』가 엄청난 도움을 준 것은 너무나 당연할 수밖에 없었다. 그의 생각 이상이었다. 더구나 신문, 방송을 통해 유명해지자 국내외에서 관광객들이 몰려들기 시작했다. 그의 말대로 1년에 투자금을 회수할 수 있었다. 놀라운 결과였다. 심지어 어느 정도 상황을 사전에 인지한 그조차 놀랄 정도였다. 그로서는 프레스의 위력을 실감하지 않을 수 없었다. 지금도 이 룽궈푸는 정딩현의 주 수입원으로 완전히 효자 노릇을 톡톡히 하고 있다.

그는 자신을 모델로 해서 제작됐다는 소문이 파다한 드라마 『신싱(新星)』이 히트할 때에도 언론의 위력을 실감했다. 드라마의 주인공이 그라는 기사들이 적지 않게 보도돼 가족들까지 다 알려지게 된 것이다. 그는 이후 자리를 옮겨갈 때마다 100번도 더 언론의 인터뷰를 거부했다는 말과는 반대로 행동했다. 가능하면 주변에 언론사 기자들을 동행하고는 했다. 1989년 닝더에서 홍수와의 전쟁을 진두지휘할 때가 대표적이었다. 당연히 언론의 보도는 긍정적이었다. 이후 그는 종종 각종 신문, 잡지 등에 글을 쓰는 일을 게을리 하지 않았다. 100번 넘게 인터뷰를 거절하는 와중에도 적지 않은 매체와 인터뷰를 하기도 했다. 푸젠성 성장으로 일하던 시절 유명 잡지인 『중화쯔뉘(中華子女)』와 가진 엄청난 분량의 인터뷰를 대표적으로 거론할 수 있다.

시진핑이 얼마나 프레스 프렌들리한지는 사족 하나를 달면 알 수 있다. 중국은 차기 최고 지도자로 예상되는 인물이 진짜 총서기로 가는 고속도로인 국가 부주석에 취임할 경우 당사자를 한국과 일본에 보내 얼굴을 알리는 것을 관례로 하고 있다. 후진타오가 국가 부주석 시절인

1998년 4월, 시진핑이 2009년 12월 그랬다. 이럴 때면 또 해당국의 언론사 특파원들을 인민대회당에 초청, 회견을 가진다. 필자 역시 후진타오 국가 부주석이 한일 양국을 방문하기 직전에 초청을 받은 바 있다. 이때 필자는 순진한 마음에 후 국가 부주석이 커피나 다과 정도는 대접할 줄 지레짐작했다. 악수를 하면서 몇 마디 덕담을 나누는 것은 당연히 기본이라고 생각할 수밖에 없었다. 그러나 이 생각이 착각이라는 사실은 바로 확인됐다. 커피는 커녕 악수도 못했으니까. 그저 다른 특파원들과 함께 두 줄로 서서 그의 일장 연설만 들었을 뿐이었다. 교장 선생님의 훈시를 듣는 학생들이 따로 없었다. 반면 시진핑은 달랐다. 한일 양국 특파원들을 자리에 앉히고 극진히 대접을 했을 뿐 아니라 반갑게 악수와 덕담도 나눴다. 후진타오가 사회주의 지도자 특유의 행태를 보였다면 시진핑은 서방 지도자에게서나 볼 수 있는 세련 그 자체의 스타일을 마음껏 과시했다. 11년이라는 세월의 간극이 이유도 됐겠으나 아마도 성향의 차이가 이런 극과 극의 분위기를 만들지 않았나 싶다. 이쯤 되면 시진핑에게 프레스 프렌들리하다는 단어를 쓰는 것 자체가 모욕이 아닐까 싶다.

프레스 프렌들리한 그의 성향은 언론인들과의 친분도 쌓게 만들었다. 그 때문에 출세한 언론인의 케이스도 없지 않다. 대체로 중국의 언론인들은 언론사 생활을 신분 상승의 발판으로 이용하는 한국의 언론인들과는 많이 다르다. 체제 제약으로 인해 정치적이지도 못하다. 때문에 언론사에서 나온 다음에는 사회적으로나 정치적으로 두드러지게 성장하지 못한다. 그러나 시진핑과 친분을 가진 언론인들은 적지 않게 신분 상승의 기회를 가질 수 있었다. 대표적인 인물이 그가 푸젠성 성장으로 재직할 때 각별하게 지내던 『런민르바오』 푸젠 지사의 수석 기자 장밍청

(張銘淸. 65)이었다. 장이 나이로는 한참 후배이기는 해도 될성부른 나무로 보이는 그를 우호적인 기사로 계속 띄우면서 전국적인 스타로 만들자 나중 적극적인 정치적 후원자가 돼 은혜를 갚은 것이다. 실제로 장은 그의 후원에 힘입어 『런민르바오』 고급 기자를 끝으로 정계에 입문, 출세 가도를 달렸다. 국무원 대만판공실 대변인, 뉴스 국장 등을 거쳐 현재는 부장 직급인 해협양안관계협회 부회장 겸 국방대학 겸직교수로 일하고 있다. 한국과는 달리 언론인 출신으로는 이례적인 출세를 했다고 봐도 과언이 아니다.

시진핑은 기자들에게 이른바 홍바오로 불리는 촌지도 잘 주는 정치인으로 유명하기도 하다. 임지를 옮길 때마다 현지의 언론인들에게 쩨쩨하게 굴지 않고 유대 관계를 돈독히 맺었다고 한다. 심지어 필요할 때면 자신의 판공비까지 아낌없이 썼다는 것이 그를 잘 아는 홍콩, 대만 현지 언론의 전언이다. 특히 푸젠 성장으로 있을 때는 정기적으로 『런민르바오』의 주재 기자들을 챙겼다는 것이 정설로 통한다.

마오쩌둥에 의하면 권력은 총구에서 나온다. 하지만 평화 시에는 대체로 여론에서 나온다고 해야 한다. 이 여론은 말할 것도 없이 언론이 주도한다. 시진핑은 이 진리를 너무나 잘 알고 있었다. 나아가 남의 눈에 두드러지지 않게 언론을 잘 챙겼다. 앞으로는 더욱 적극적으로 실천에 옮길 가능성도 높다. 그가 2000년대 이후 급부상하면서 2007년 이후 대권에 바짝 다가가는 욱일승천의 기세를 보인 데에는 다 이유가 있었다.

5 _
위기의 순간들

　아무리 잘 나가는 사람이라도 일이 잘 안 풀릴 때가 있다. 또 호사다마라는 말도 있듯 잘 나가면 말도 많은 법이다. 사실 역사를 봐도 그렇다. 역사적으로 성공한 영웅들 역시 하나같이 위기의 순간들을 겪지 않은 경우가 드문 것이다. 근래에 들어와서는 덩샤오핑도 그랬다. 윈스턴 처칠이 그랬던 것처럼 세 번 실각한 후 네 번 일어서는 3전4기의 전설적 신화를 남겼다. 시진핑도 예외는 아니었다. 아버지처럼 실각을 해서 장장 16년 동안 고생을 한 것은 아니었으나 대권으로 향하는 길에서 간난신고 같은 위기의 순간을 만난 것이 한두 번이 아니었다. 평탄하게 대권에 바짝 다가가게 된 것이 아니라는 얘기다.

　그가 맞닥뜨린 첫 번째 위기는 역시 아버지의 실각에 따른 가족의 해체였다. 또 그에 따른 하방과 곧 이은 베이징으로의 탈출도 그에게는 위기의 순간이라고 할 수 있었다. 하방 직전에는 진짜 교도소에 수감될 위기에 처하기도 했다. 대학을 졸업한 후 기층으로 내려가서도 위기는 곳곳에 잠복해 있었다. 우선 샤먼 부시장으로 있을 때 위기가 찾아왔다. 당시 그에게 삼촌처럼 잘 대해주던 푸젠성 서기 샹난이 전국을 떠들썩하게 만든 가짜 감기약 사건과 지나친 개혁, 개방 추진으로 인해 낙마 직전의 곤욕을 치르는 일이 벌어졌다. 이때 막 샤먼에 부임한 그에게는 사건과 관련한 책임은 거의 없었다. 하지만 샹난과 너무 가까웠다는 사실은 아무래도 꺼림칙한 부분이었다. 아니나 다를까, 당 중앙에서는 샹난을 경질시키면서 그에 대한 조치도 고려했다고 한다. 그러나 다행히도 이때부터 본격적으로 인연을 맺기 시작한 자칭린 당시 푸젠성 상무위원 겸 조직부장과 아버지의 적극적인 비호를 등에 업고 위기를 벗어날 수 있었다. 그로서는 튀면 죽는다는 진리를 다시 한 번 깨닫는 순간이기도 했다. 물론 그는 이후에도 샹난과의 의리는 저버리지 않았다. 베이징으로 올라갈 기회만 있으면 늘 찾아가 한담을 나눴을 뿐 아니라 샹난이 1997년 11월 10일 갑작스런 심장마비로 세상을 떠날 때에는 마지막으로 만난 사람이기도 했다. 그가 나름 상당한 의리파라는 사실을 말해주는 미담이 될 듯하다.

세 번째 임지인 닝더 지구에서는 시진핑의 휘하에서 일했던 적지 않은 간부들이 10여 년 이후 집단적으로 부패 사건을 일으켜 그를 곤란하게 만들었다. 이때 그는 이미 저장성 서기로 승승장구하고 있었으나 자신이 이들 중 적지 않은 간부들을 발탁했기 때문에 책임이 전혀 없다고 하기 어려웠다. 더구나 그를 음해하는 라이벌 세력에서는 책임을 물어야 한다는 투서를 당 중앙으로 보내기도 했다. 그러나 이때에도 그는 무려 10여 년 이전 시절의 부하들이 부정부패를 저질렀다는 사실이 참작돼 면죄부를 받았다. 리커창과 함께 차세대의 선두 주자라는 사실 역시 상당 부분 고려됐다. 그로서는 인책을 당해도 뭐라고 하기 힘들 만큼 책임이 있었으므로 어느 정도는 행운이 따랐다고 해도 좋았다.

푸저우 서기로 재임 중일 때에도 그는 결정적인 실수 하나를 저질렀다. 해서는 안 될 공사의 대표적인 케이스로 낙인찍힌 푸저우의 창러(長樂)국제공항의 기획 및 건설이 그를 포함한 푸저우 당정에 의해 결정된 것이다.

푸저우의 해변에 있는 창러국제공항의 건설 프로젝트는 원래 1992년 정식으로 수립됐다. 이어 이듬 해 1월 1일 성대한 기공식이 거행됐다. 총 투자액이 무려 33억 위안(현 환율로 5940억 원)에 이르는 프로젝트

창러국제공항의 전경. 시진핑의 대표적인 실패 사례로 불린다.

였다. 20년 전의 사업이었으니 지금으로 따지면 최소한 100억 위안(1조 8000억 원) 가량이 투입되는 대형 공사로 지방 정부로서는 과도한 투자였다. 그럼에도 부지 면적만 200만 평에 이르는 이 공항 공사는 97년 6월 23일 완공됐다. 그러나 봉황이 날아오라고 지어놓은 국제공항에 원하는 봉황은 오지 않았다. 그나마 눈에 띄는 것은 가끔씩 날아오는 온갖 잡새들이었다. 당연히 엄청난 규모의 시설은 텅텅 빈 채로 전혀 이용되지 않았다. 수요 예측이 틀려 과다 채용된 인력들 역시 허송세월만 했다. 프로젝트에 투입된 원금의 이자를 포함한 적자는 눈덩이처럼 불어나기만 했다. 나중에는 부채가 자본을 잠식할 정도로 상황이 심각해졌다. 급기야 98년 주룽지 총리는 현장을 찾아 신랄한 비판을 가하기까지 했다.

"푸젠에는 따로 다른 하나의 국제공항을 건설할 필요가 없었다. 샤먼

한때 푸저우의 엔터테인먼트 사업을 주름잡았던 천카이. 시진핑은 그로 인해 일생일대의 위기를 맞을 뻔 했다.

에 국제공항이 있지 않은가. 이렇게 하면 여객 및 화물 수요가 있겠는가? 선진국에서 공항을 건설할 때에는 이렇게 하지 않는다. 예컨대 독일의 경우 프랑크푸르트에는 국제공항이 있으나 자동차로 3-4시간 거리인 본에는 없다. 창러국제공항 건설 프로젝트는 잘못된 정책의 전형이라고 해도 좋다."

주룽지의 말대로 이 실수가 완전히 정책 잘못이라는 사실이 감사원에 해당하는 심계서(審計署)에 의해 확정된 것은 2002년 11월 그가 막 저장성 서기에 취임한 시기였다. 경우에 따라서는 목이 날아가도 할 말이 없는 실수였다. 그러나 이때에도 그는 살아남았다. 정책의 결정에 그보다는 더욱 윗선인 성 정부 고관들의 의지가 많이 작용했다는 사실이 감사 결과 밝혀진 탓이었다.

시진핑은 푸저우에서도 부하 직원들을 잘못 등용한 책임으로 나중 자신의 목을 어루만지는 곤욕을 치러야 했다. 그가 서기로 있던 시절인 1990년대 초반에 푸저우에는 당시 딱 30세 전후였던 천카이(陳凱)라는 조직 폭력배 두목이 개혁, 개방의 바람을 타고 매춘, 마약, 도박 등의 각종 사회악 사업을 위해 고개를 서서히 내밀고 있었다. 때가 때인 만큼 그의 사업은 얼마 있지 않아 성공가도를 달기 시작했다. 관리들에 대한 무차별 뇌물 공세로 각종 이권을 딴 후 부당한 방법으로 폭리를 취하기 시작한 것이다. 그는 나중에는 부패 관리들의 비호를 발판으로 자신의 사업을 더욱 키워 기업체로까지 발전한 카이쉬안(凱旋) 그룹을 통해 통합, 관리하기 시작했다. 가라오케, 사우나, 도박 산업이 주요 업종이었다.

98년 그는 부동산에까지 손을 뻗쳤다. 지금도 푸저우에서 고급 아파트 단지로 인정받는 카이쉬안은 바로 이때 건축이 추진됐다. 그는 이외에 푸저우 시내 중심에 카이거(凱歌)음악광장이라는 나이트클럽도 오픈, 사업을 더욱 확장했다. 카이거의 경우 호스티스만 200여 명에 이를 정도였다. 조폭을 끼고 하는 사업인 만큼 영업도 기가 막히게 잘 됐다. 그럼에도 그는 손님들의 상당수를 차지하는 푸저우와 푸젠성 당정 관리들에게는 거의 무료로 이 클럽을 이용하도록 했다. 재산을 지키기 위해서였던 것이다. 그는 이후 관직에까지 진출, 90년대 말부터 2000년대 초까지 푸저우의 정협 위원으로 선출되는 영광을 안게 됐다. 푸저우 최고의 조폭 두목이자 부호에서 당당한 정계 인사로 변신한 셈이다.

그러나 꼬리가 길면 잡힌다고 그의 진면목은 엉뚱한 곳에서 벗겨졌다. 바로 미국에서였다. 때는 2002년 5월이었다. 당시 중국 공안의 마약 담당 부처인 금독국(禁毒局)과 미국의 마약단속국(DEA)은 수사 공조를 통해 미국의 화교 마약왕인 왕젠장(王堅章. 당시 57세)을 체포했다. 이 과정에서 천카이가 걸려들었다. 같은 업종의 선배인 왕의 자금을 세탁해준 혐의가 드러난 것이다. 그는 이해 7월 국가안전부 및 공안부 금독국 및 푸젠 경찰이 합동으로 구성한 특별수사팀에 의해 전격적으로 체포됐다. 이후 더 많은 그의 범행이 밝혀졌다. 당연히 뇌물을 받고 연루된 푸저우의 당정 고위 관리들의 이름도 속속 드러났다. 무려 100명 이상이었다. 상당수가 시진핑이 등용했거나 신임한 부하들이었다.

시진핑으로서는 일생일대의 위기였다. 사실 그렇지 않다고 하면 그게 오히려 더 이상할 일이었다. 무엇보다 천카이는 자신이 서기로 있던 시기에 혜성처럼 나타나 맹활약을 했다. 돈독한 교류를 하지 않았을지는 몰라도 전혀 이름을 들어보지 못했다거나 만남을 가지지 않았다고 오리발을 내밀기가 어려웠다. 나름 상당한 책임이 있다는 말이 된다. 더구나 그는 푸저우 서기 자리를 떠나서도 2002년 10월 저장성 서기로 영전할 때까지 푸젠성 성장으로 상당 기간 재임했다. 천카이 사건의 전모를 몰랐다고 하면 말이 안 되는 입장이었다. 하지만 이때에도 그는 하늘이 보살펴주는 사람처럼 운이 좋았다. 적어도 뇌물만큼은 받지 않은 것으로 분명하게 확인된 것이다. 때문에 당 중앙에 경위서를 제출한 다음 주의를 받는 선에서 모든 것이 마무리될 수 있었다.

이뿐만이 아니었다. 그는 푸저우 서기와 푸젠성 성장으로 재임하면서는 위안화 사건이라는 횡액도 겪었다. 그나마 이때는 천카이 사건 때보다는 상황이 좋았다. 위안화 사건이 본격적으로 터지기 시작한 때는 푸저우 서기, 터진 다음에는 푸젠 성장으로 옮겨갔기 때문이다. 위안화 사건의 폭탄이 타이밍을 둔 채 절묘하게 그를 요리조리 피해가면서 터진 것이다. 그렇다고 그가 털어서 먼지 안 날 정도로 결백하다는 사실을 증명하기는 어려웠다. 또 주변에서는 그가 뇌물을 받지는 않았어도 사건의 주범 라이창싱과 면식은 있을 것이라는 소문도 없지 않았다. 그는 이때에 그답지 않게 공격적으로 위기를 돌파했다. 공격이 최선의 수비라고 위안화 사건 관련자들에 대한 혹독한 수사를 통해 결백을 증명한 것이다. 이 과정에서 그는 아마도 전화위복을 실감하지 않았을까 싶다. 나중에는 의혹을 눈길을 받는 입장에서 푸젠성의 부패를 척결하는 기수로 불리게 됐으니까 말이다.

시진핑은 국제적으로도 위기까지는 아니나 부적절한 언행으로 스타일을 구긴 적이 없지 않다. 대표적인 것이 국가 부주석에 취임한 이후 두 번째 외유였던 2009년 2월 미국의 앞마당인 멕시코를 방문했을 때의 발언이었다. 그는 이때 "소수의 배부르고 할 일 없는 외국인들이 중국 문제에 함부로 이러쿵저러쿵 말을 하면서 간섭하고 있다. 중국은 혁명을 수출하고 있지 않다. 기아와 빈곤 역시 수출하지 않는다. 국제무대에서 별 문제를 일으키지 않는다. 이 이상 좋은 나라는 지구촌에 없다."고 주장했다. 평소 언행을 신중하게 한 그로서는 그야말로 이례적인 강경한 발언이었다. 인민폐 절상과 인권 문제 등과 관련해 틈만 나면 중국을 압박한 미국을 향해 작심하고 한 발언이었다고 볼 수 있었다. 다소 국수적인 성향이 강한 중국인들이 볼 때는 별 문제없는 말이라고 해도 좋았다. 그러나 홍콩과 미국 미디어들은 달랐다. 무례하기 이를 데 없는 발언이라는 입장이었다. 일제히 기사를 통해 성토하기도 했다. 그러자 나중에 외신을 접한 중국인들 사이에서도 "너무 지나친 발언이다."라는 자성이 비등하기 시작했다. 그가 당시 성공적으로 외유를 마쳤음에도 일부 오피니언 리더들로부터는 "과연 최고 지도자가 될 자격이 있는가?"라는 말의 주인공이 됐던 것은 때문에 그다지 이상할 것도 없었다.

2009년 12월 일본 방문 당시 아키히토(明仁) 왕을 예방한 과정 역시 국내외에서 많은 논란을 일으켜 그를 힘들게 했다고 볼 수 있다. 특히 일본에서는 엄청난 논쟁으로 이어져 그의 이미지가 상당히 실추됐다. 원래 외국의 수반이 일본 왕을 만나려면 1개월 전에 신청을 하는 것이 일본의 관행이다. 그러나 그는 이 관행에도 아랑곳하지 않고 보름 전에 일본 왕을 면담하겠다는 입장을 견지했다. 결국 일본 정치권에서는 중일 관계가 관행보다 더 중요하다는 판단 하에 둘의 면담을 성사시켰다. 당연히 일본 내에서는 난리가 났다. 왕실의 실무를 담당하는 궁내청 장관은 하토야마 유키오(鳩山由紀夫) 총리를 공공연하게 비난하기까지 했다. 그에 대한 비난 역시 쏟아졌다. 그로서는 24분 동안 별 현안 없이 면담만 했는데도 쓸데없는 논쟁의 주인공이 돼버렸다. 만약 중국에서도 비판의 대상이 됐다면 처지가 어려워졌을 것이다.

시진핑은 적지 않은 각종 위기와 논란에도 불구하고 아버지처럼 정치적으로는 큰 상처를 입지는 않았다. 하지만 본인이 느꼈을 위기감이 크지 않았을 것이라고 단정하기는 어렵다. 아니 때로는 그 큰 덩치에서 남이 모르는 진땀을 꽤나 흘렸을 수도 있었을 것이다. 위키리크스에서 폭로됐듯 그가 가능하면 남의 뒤에 숨어 적극적으로 일을 하지 않으려 하는 정치인으로 묘사된 것은 다 까닭이 있지 않나 싶다. 또 이른바 무위이치(無爲而治. 아무 것도 하지 않는 듯하면서도 해나가는 스타일의 정치)의 정치인으로 불리는 것 역시 자신이 그동안 겪은 위기 및 논란 등과 관계가 있는 것으로 보인다. 그렇다면 그는 확실히 머리가 대단히 좋은 정치인이다. 본능적으로 자신을 보호할 줄 아는 노하우를 안다는 얘기가 될 듯하다.

6 _
철옹성 태자당의 닥치고 후원

흔히들 유유상종이라는 말을 한다. 비슷한 뉘앙스를 가진 것으로는 끼리끼리라는 말도 있다. 동물도 이렇게 한다. 인간은 더 말할 필요가 없다. 심지어 이 분위기가 발전하면 패거리나 붕당, 유식하게 말하면 섹트라는 것도 만든다. 공자는 '군자불당(君子不黨)'이라고 해서 이를 전체적으로 나쁘게 봤다. 반면 당송(唐宋)팔대가 중의 한 명인 구양수(歐陽修)는 다소 너그러워 자신의 명문인 「붕당론(朋黨論)」에서 의리를 추구하는 붕과 이익을 좇는 소인들의 모임인 당을 구분했다. 어쨌거나 섹트는 좋다고 하기 어렵다. 하지만 현실적으로 세상 그 어느 곳이든 섹트라

2011년 열린 당정 원로 후손들인 태자당의 행사 모임. 시진핑에게 큰 힘이 되고 있다.

는 것은 존재하지 않을 수 없다. 인간이 정치적인 동물이기 때문이라서가 아니다. 그렇지 않고서는 세상을 살 수가 없기 때문이다. 세상을 등지고 은둔하는 것 외에는. 그래서 그저 당이 아닌 붕의 형태로 세상의 섹트가 이뤄지기를 희망해야 하겠으나 현실은 그렇지 않다. 대체로 유유상종은 붕보다는 당의 형태가 되는 경우가 많다. 좋다고 말하기 어려운 이유도 아마 여기에 있는지 모른다.

중국이라고 예외가 될 수는 없다. 유일무이한 집권당인 공산당이 창당 90주년을 무사히 넘어 100주년을 향해 달려가고 있으나 내부에 이런저런 섹트가 많다. 대표적인 것이 역시 태자당이다. 물론 공산당 내부에서는 태자당이 공식적으로 존재하지 않는다. 언론에도 거의 등장하지 않는다. 무형의 존재라는 얘기다. 그러나 13억 중국인들 중에서 태자당이라는 말을 모르는 사람은 거의 없다. 공식적으로는 입에 올리지 않으나 너무나 큰 당, 이를테면 공산당까지 좌지우지하는 섹트로 생각한다. 또 일반 서민들인 장삼이사(張三李四)들이 끼리끼리 어울릴 때는 입에 올리고 때로는 칭찬도 욕도 한다. 이를테면 대도무형(大道無形. 큰 도는 형체가 없음), 대상무형(大象無形. 큰 형상은 형체가 없음)이라고 해도 좋을지 모른다.

태자당은 공산당의 다른 유력한 파벌인 공청단파, 상하이방 등과는 여러모로 다르다는 특징들이 있다. 우선 어릴 때부터 서로 알고 지냈던 경우가 많다. 대체로 선대부터 서로 잘 알고 교류했기 때문이기도 하다. 또 그렇지 않은 경우는 같은 학교를 다니거나 중난하이를 중심으로 모여 산 때문이 아닌가 보인다. 서로 모르고 싶어도 그러기가 도통 쉽지 않았던 것이다. 시진핑을 예로 들어도 잘 알 수 있다. 류사오치의 아들 류위안과는 두 살이 어리나 어릴 때부터 친구처럼 지냈다. 또 25중학의 동창 류웨이핑과 녜웨이핑 역시 크게 다르지 않다. 그가 큰형님으로 모시는 쩡칭훙은 더 말할 것이 없다. 무려 14세의 나이 차이가 나나 어릴 때부터 너무나 잘 알고 있었다. 아버지와 쩡의 아버지 쩡산이 비슷한 수준의 당정 최고위 간부였던 탓이었다. 게다가 둘은 나이 차이는 나도 태자당 출신들이 잘 맡는 보직인 비서 생활도 비슷한 시기에 했다.

태자당은 또 서로 모르는 사이라고 해도 일단 알게 되면 막역지우를 만난 듯 바로 친해진다는 특징도 있다. 이는 자신들이 일반인과는 다른 특권층이라는 동류의식이 알게 모르게 작용하기 때문이 아닌가 보인다. 태자당은 다른 파벌들과는 달리 유난히 결속력이 강하다. 이 역시 어릴 때부터의 교분과 특수 신분이라는 자각들이 작용하고 있기 때문이라고 할 수 있다. 대표적인 사례를 들 수 있다. 4대 천왕 중 한 명으로 꼽히는 보시라이는 같은 태자당의 일원이라 해도 최근 시진핑과는 다소 껄끄러울 수도 있는 입장에 있었다. 나이가 네 살이나 많은 데도 정치국원으로 정치국 상무위원인 시에게 권력 서열에서 밀리고 있는 탓이었다. 자존심이 상하고 시진핑에 대한 서운함이나 질투의 감정이 있을 수 있었다. 이 점에서는 시진핑도 크게 다르지 않았다. 미안한 마음에 선배의 얼굴을 대면하기 쉽지 않을 수 있었다. 2007년 17차 전국대표대회 이후 한동안 둘의 관계가 다소 껄끄러워졌다는 소문이 있었던 것은 바로 이 때문이었다고 해도 좋았다. 그러나 시진핑은 태자당이라는 공통의 연결고리를 통해 보시라이에게 먼저 화해의 손길을 내밀었다. 2010년 11월 충칭을 찾아 한참 부패 및 조폭과의 전쟁을 벌이고 있던 보시라이를 국가 부주석의 자격으로 격려를 해준 것이다. 이때 두 사람은 내면의 마음이 어떤지는 몰라도 일단 갈등을 상당 부분 푼 것으로 보인다. 태자당이라는 사실은 이처럼 결속력 부분에서는 일반의 상상을 초월한다.

시진핑보다 8세나 많은 위정성(兪正聲. 67) 정치국원 겸 상하이 서기의 행보 역시 태자당의 엄청난 결속력을 증명하기에 부족함이 없다. 현재 시의 후임으로 상하이 서기를 맡고 있는 그는 이른바 태자당 중의 태자당, 즉 성골이라고 해도 좋은 인물이다. 톈진 시장과 제1기계공업부장을 지낸 아버지 위치웨이(兪啓威)와 베이징 부시장을 지낸 어머니 판진(範瑾)의 슬하에서 태어났다. 집안을 거슬러 올라가면 그가 왜 태자당 내에서도 성골로 통하는지 잘 알 수 있다. 우선 증조할아버지 위밍전(兪明震)이 민국 시대 내무대신, 할아버지의 사촌인 위다웨이(兪大維)가 대만에서 10여 년 동안 국방부장을 지냈다. 이 종조부의 사돈은 대만 장징궈(蔣經國) 전 총통이었다. 또 증조할아버지는 청나라 말기의 대 정치가인 증국번(曾國藩)의 사위였다. 눈이 팽팽 돌 정도의 대단한 가문이다.

그의 큰형 위창성(俞强聲) 역시 보통 인물이 아니었다. 1980년대 베이징 공안국에서 고위 관리로 일하면서 미래의 공안부장 내지는 국가안전부장으로 유력시된 인물이었다. 그러나 그는 이후 미 CIA의 공작에 말려 미국으로 탈출하는 엉뚱한 행로를 걸었다.

당시까지만 해도 중국의 고위 관리들이 외국으로 망명하는 것은 그다지 흔한 일은 아니나 그렇다고 전혀 없지는 않았다. 하지만 위창성의 망명은 보통 일이 아니었다. 이로 인해 30여 년 동안 미국에서 고정 간첩으로 활동하던 진우타이(金無怠)라는 별명을 쓰던 정보원의 정체가 드러나게 됐기 때문이다. 급기야 진우타이는 자살하는 극단적 선택을 했다. 또 중국이 미국에 심어놓은 정보망은 이후 완전히 궤멸됐다. 복구하는 데 십 수 년이 걸렸을 정도였다.

형의 배신은 천상천하 유아독존이라는 위씨 가문의 호프 위정성에게는 치명타였다. 실제로 가문의 후광을 등에 업은 채 잘 나가던 그는 형으로 인해 미래의 총리 후보에서 한동안 변방을 떠돌아다니지 않으면 안 됐다. 옷을 벗지 않은 것이 다행이었다.

하지만 그의 가문은 역시 대단했다. 시간이 지남에 따라 그를 기사회생시키는 묘약으로 작용한 것이다. 게다가 그에게는 장인인 장전환(張震寰) 전 국방과학기술공업위원회 부주임의 후광과 아버지의 부하 직원이자 동시에 자신의 상사였던 장쩌민의 적극적인 지원이 여전히 남아 있었다. 결국 그는 형의 망명이 준 충격을 딛고 이후 칭다오 서기, 건설부장, 후베이성 서기 등을 역임하는 기사회생의 기적을 보여줬다.

이 정도 가문의 배경과 스펙, 태자당 대 선배라는 위치를 감안하면 솔직히 시진핑으로서도 위정성 앞에서 명함을 내밀기 힘들다. 시진핑이 나은 것이라고는 정치국 상무위원이라는 직위 하나 밖에 없다고 해도 과언이 아니다. 위정성 역시 굳이 그 앞에서 의도적으로라도 바짝 엎드려 있을 필요도 없다. 그러나 위정성은 도도하게 나오지 않았다. 17차 전국대표대회에서 자신이 정치국원이 되고 시진핑이 상무위원이 되자 현실을 즉각 인정했다. 시진핑이 베이징으로 올라가면서 자신이 후임인 상하이 서기가 된 다음에는 더욱 납작 엎드렸다. 간부들에게 "시진핑 동지에게 따라 배우자!"는 말을 했을 정도였다. 지금까지도 상하이에 "시가 정한 규칙을 위가 따른다."는 말이 떠돌고 있는 것은 바로 이 때문이 아닌가 보인다.

위정성이 이처럼 한참 후배인 시진핑에게 거의 봉건시대 주군을 대하는 것처럼 충성을 맹세한 데에는 여러 이유가 있을 수 있다. 예컨대 형의 망명에 따른 원죄 의식을 우선 꼽는 것이 가능하다. 자신까지 튀었다가는 그동안의 공든 탑이 다 무너질 뿐 아니라 집안의 배경도 소용없게 될 것이라는 위기의식이 작용했을 것이라는 얘기이다. 또 공산당의 철저한 권력 서열에 대한 복종 역시 이유가 될 수 있다. 그러나 역시 가장 큰 이유는 시진핑이 태자당이라는 데에 대한 끈끈한 동류의식일 것이다. 한마디로 닥치고 후원하고 싶은 생각이 들었을 것이라는 분석이다.

현재 동류의식과 결속력을 무기로 시진핑을 물심양면으로 지지하거나 후원하는 태자당들은 이외에 수없이 많다. 권력의 3대 축인 당, 정, 군의 실력자들을 거의 망라한다고 해도 좋다. 당연히 이런 분위기는 2012년 가을까지 이어질 가능성이 높다. 그가 시시각각 역전을 노리는 리커창을 비롯한 나머지 4대 천왕의 멤버들에게 절대로 대권을 넘겨주지 않을 가능성이 현재로서 상당히 높은 이유는 바로 이런 태자당의 막강한 결속력에 있지 않나 싶다.

7 _
정치적 따꺼 쩡칭훙의 후원

호박이 넝쿨째 떨어진다는 말이 있듯 화불단행(禍不單行)이라는 말도 있다. 불행은 홀로 오지 않는다는 말이다. 이 경우는 엎어져도 코가 깨진다. 어쩌면 마지막 순간에 최고 지도자 0순위 후보에서 굴러 떨어진 리커창의 횡액 역시 이 경우에 해당한다. 리커창이 대권을 거머쥐게 될 거의 마지막 순간이라고 해야 할 2007년 3월과 10월에 각각 시진핑에게 뒤처지기 시작했으므로 이렇게 말해도 괜찮다. 상하이 서기와 정치국 상무위원 서열 6위 자리가 그에게가 아니라 시진핑에게 돌아간 것이다. 더구나 그는 허난성과 랴오닝 성장을 재임하고 있을 때도 연거푸 횡액을 당했다. 에이즈 창궐과 대형 화재 발생 등의 사건들이 연거푸 그를 덮쳤다. 이는 식품안전위원회 주임 자리를 맡고 있는 지금도 크게 다르지 않다. 그의 직접적인 잘못은 아니나 짝퉁이나 부실 먹거리와 관련한 식품 관련 사건이 끊임없이 발생하고 있다. 재수가 없어도 너무 없어 보인다.

시진핑은 그러나 비슷한 시기 완전히 리커창과는 반대의 상황에 있었다. 행운이 잇따른다는 의미인 중국어 솽시린먼(雙喜臨門)을 생각해야 할 정도라고 해도 좋았다. 그야말로 좋은 자리가 굴러드는 행운이 쏟아지고 있었다. 중요한 직책만 해도 상하이 서기, 정치국 상무위원 등을 꼽을 수 있었다.

그가 이렇게 리커창과 완전 반대의 길을 걸을 수 있었던 것은 다 이유가 있었다. 앞에서 이미 말한 은인자중하는 성격, 아버지의 후광, 겸손함과 청렴함, 기층과 잘 어울린 소박함, 태자당의 닥치고 지지 등이 꼽힐 수 있다. 그러나 역시 결정적인 이유는 정치적인 따꺼(大哥)이자 암장군, 킹메이커로 불리는 쩡칭훙의 전폭적인 지원에 있었다.

　리커창이 한참 깃발을 날릴 때 중국인들뿐 아니라 중국에 관심이 많은 외국인이나 전문가들이 다 알던 사실이 있었다. 그것은 바로 그의 뒤에 후진타오라는 막강한 배경이 있다는 사실이었다. 이 둘의 밀접한 관계는 하지만 고작 30여 년에 불과하다. 리커창이 베이징대학을 졸업한 다음 공청단에서 활약한 때부터 계산해야 하니까 말이다. 그러나 시진핑과 쩡칭훙의 관계는 차원이 다르다. 시진핑이 출생했을 때부터 관계가 시작됐다고 해야 옳다. 당시 둘의 아버지인 시중쉰과 쩡산은 아들들처럼 정확하게 14세의 나이 차이가 났을 뿐 직위는 비슷했다. 앞에서 이미 설명했듯 워낙 시중쉰이 소년 간부로 일찍이 출세를 한 탓이었다. 게다가 이웃사촌이었다. 쩡산의 부인인 덩류진(鄧六金)이 치신보다 더 유명하기는 했으나 혁명 동지라는 사실 역시 비슷했다. 시진핑이 철들 무렵부터 쩡칭훙을 큰형처럼 따라다닌 것은 그래서 크게 이상할 것도 없었다.

　이들은 그러나 문화대혁명의 격랑 속에서 10년이나 서로 보지 못하는 운명을 감수해야 했다. 이때 쩡칭훙은 시진핑이나 리커창 같은 지청 세대는 아니었어도 광저우와 후난(湖南)성의 시후(西湖)로 하방됐다. 그러다 대동란이 끝나면서는 함께 베이징으로 돌아왔다. 이후 둘은 각각 국가 급 당정 지도자들의 비서로 재회를 하는 극적인 장면을 연출했다. 이때에는 보다 긴밀한 정치적인 연대감까지 쌓았다고 할 수 있었다. 비서 생활을 끝낸 다음의 둘의 행로는 같은 궤도로 다시는 올라서지 못했다. 쩡은 에너지 분야 국영 기업과 기관의 간부를 거쳐 84년 상하이로 내려가 상하이방의 킹메이커이자 장쩌민의 복심으로 변신한 반면 주지하다시피 시진핑은 지방 간부로 승승장구했던 탓이다. 하지만 두 사람은 그래도 긴밀한 관계를 유지했다. 예컨대 시진핑이 푸젠성에

은퇴했음에도 여전히 주위에 사람들을 몰고 다니는 쩡칭훙. 그의 닥치고 후원이 시진핑의 가장 큰 자산이다.

근무할 때는 더욱 그랬다. 쩡칭훙이 고향인 푸젠에 낙향, 은거하고 있던 어머니를 방문한다는 핑계로 자주 현지를 방문, 어울린 것이다. 이때 그는 킹메이커답게 정치적으로 시진핑이 더 크도록 훈수를 두는 것을 잊지 않았다.

그는 시진핑을 키우기 위한 자신의 영향력 극대화를 위해 상하이 시절 지극정성으로 모신 주군 장쩌민의 뒤통수를 치는 악역도 마다하지 않았다. 스토리는 이렇다. 2002년 11월의 16차 전국대표대회에서 장쩌민은 총서기 세 번 연임 불가를 규정한 당헌에 의해 그동안의 모든 권력을 내놓아야 했다. 실제로 그는 총서기는 말할 것도 없고 이듬해 3월에 열린 10기 전인대 1차 회의에서 국가 주석 자리까지 후진타오에게 미련 없이 넘겨줬다. 하지만 군권의 상징인 중앙군사위원회 주석 자리만큼은 끝내 포기하지 않았다. 그는 이때 "인민해방군에 최고 지도자인 주석의 은퇴 규정이 없다."는 사실을 강변했다. 사실상 최고 지도자로 올라선 후진타오 총서기 겸 국가 주석은 당연히 기분이 나빴다. 최고 측근이던 쩡칭훙 역시 이때는 후진타오와 생각이 비슷했다. 주군 장쩌민이 권력욕을 버리지 못한 채 노추를 부린다고 생각했다. 그는 이때부터 후진타오에게 의도적으로 접근했다. 아무래도 지는 해보다는 뜨는 해가 그로서는 부담이 없었던 것이다. 이때 그는 주군을 설득, 군사위원회 주석 자리를 물려받을 수 있도록 하겠다는 약속을 후진타오에게 했다. 하지만 장쩌민은 군사위원회 최고 인사를 논의하기 위해 소집된 2004년 9월의 제16기 4중전회에서도 퇴진을 거부하겠다는 입장을 고수했다. 이에 약이 바짝 오른 후진타오는 히든카드를 내밀었다. 중국과학원 부원장이라는 고위직에 있으면서 상하이자동차를 비롯한 기업들의 이사를 겸임하는 등의 만만치 않은 비리 혐의가 있는 장쩌민의 장남 장몐헝(江綿恒, 59)을 체포하겠다는 엄포를 놓은 것이다. 군사위원회 주석 자리를 좋은 말 할 때 내놓으라는 최후 통첩이었다. 장쩌민은 집안의 집사 역할까지 도맡은 쩡칭훙을 부를 수밖에 없었다.

"후 총서기가 이렇게까지 나오는군. 내 아들이 무슨 죄가 있다는 것이오. 나 때문에 좋은 자리로 승진도 못하고 있는데."

쩡칭훙은 장쩌민의 심정을 모르지 않았다. 하지만 그는 모질게 마음먹어야 한다고 자신을 다그쳤다.

"후 총서기의 생각은 분명합니다. 이제 그만 군사위원회 주석 자리까지 내달라는 겁니다."

"동지는 내가 그렇게 해야 한다고 생각하오."

"솔직히 그렇습니다. 이제 더 이상의 타협은 없을 것 같습니다."

"동지까지 그렇게 말을 하다니."

"선택의 여지가 없습니다. 그렇지 않으면 장 부원장 동지는 호되게 당합니다. 반면, 결심을 내리시면 아무 일도 일어나지 않을 겁니다."

"음, 내가 백기를 들어야 한다고. 그런데 동지까지 이렇게 나올 줄 정말 몰랐소."

장쩌민은 쩡칭훙의 말이 섭섭했다. 그러나 틀린 말도 아니었다. 그로서는 용단을 내릴 수밖에 없었다. 이후 그는 쩡칭훙에 대한 배신감에 대한 회환과 응어리로 한 동안 지독한 마음고생을 했다. 반면 말을 갈아 탄 듯한 느낌을 준 쩡칭훙은 후진타오와 더욱 가까워졌다. 이로써 그는 시진핑을 적극적으로 밀어 상하이 서기, 정치국 상무위원으로 밀어 올리는 영향력을 계속 확보할 수 있게 됐다.

쩡칭훙은 자신의 영향력 확보를 위해 상당 기간 주군으로 모신 장쩌민을 섭섭하게 했다. 장쩌민은 심지어 배신으로까지 생각하고 있다고 한다. 그러나 권력의 세계는 무상한 법이다. 쩡칭훙으로서도 노령에 유효 기간이 다한 장쩌민을 마냥 쳐다본다는 것도 솔직히 바람직한 일은 아니었던 것이다. 더구나 그는 시진핑을 최고 권좌에 올린 다음 킹메이커로서 계속 영향력을 발휘해야 할 필요성이 있었다. 때문에 그의 선택은 최선은 아니었어도 차선은 된다고 해도 좋을 듯하다.

시진핑에게 쩡칭훙의 지원은 천군만마라고 해도 좋다. 어쩌면 태자당의 지원보다도 더 막강한 힘을 발휘하고 있는지도 모른다. 더구나 쩡칭훙은 나이도 그다지 많지 않다. 후진타오에 비해 고작 3살이 많을 뿐이다. 앞으로 영향력을 행사할 기간이 많이 남아 있다. 그의 나이만 봐도 시진핑에게는 모든 것이 다 잘 돌아가고 있다고 단언해도 크게 틀리지는 않을 것 같다.

8 _
후진타오, 후원자가 될 것인가 물귀신이 될 것인가

권력은 마약과 같다. 아예 이에 관심이 없는 사람은 왕의 자리를 물려준다고 하자 몹쓸 소리를 들었다고 귀를 씻었다는 허유(許由)와 무광(務光) 같은 완전 무욕의 은자들처럼 의연할 수도 있겠으나 일반적으로는 그렇지 않다. 한 번 맛을 들이면 끊기가 어렵다. 한 번만 더, 한 번만 더 하다가 비참한 최후를 맞기도 한다. 오죽했으면 2010년부터 중동을 휩쓴 재스민혁명 때 무아마르 카다피를 비롯한 수많은 독재자들이 목숨을 잃을 위기에 봉착해서도 권력을 내려놓으려는 의연한 모습을 보이지 않았을까. 그만큼 권력이 주는 꿀맛은 그 어떤 것과도 비교하기 힘들다. 부언하건대 맛을 보지 않은 사람은 정말 모른다.

이러니 13억 인구를 이끄는 최고 지도자로서의 권력이 주는 맛은 상상하기 별로 어렵지 않다. 당연히 잡고 있으면 놓고 싶지 않다. 예를 들어도 좋다. 우선 마오쩌둥이 그랬다. 10년의 대동란이라는 문화대혁명을 일으킨 것도 다 권력을 놓고 싶지 않은 욕심과 밀접한 관계가 있었다. 2세대 최고 권력자 덩샤오핑 역시 다르지 않았다. 최고 권력이 나오는 자리인 당 총서기에 취임한 적은 없으나 그보다 더 권력을 확실하게 보장하는 자리인 중앙군사위 주석은 공식적으로 은퇴하던 1989년까지 놓지 않았다. 그 이후 역시 마찬가지였다. 세상을 떠나는 날까지 수렴청정을 했다. 중국의 권력 3세대를 대표하는 장쩌민이라고 다를 까닭이 없다. 2004년 중앙군사위 주석 자리를 뒤통수를 친 쩡칭훙과 빨리 물려달라고 앙탈을 부린 후진타오에 의해 어쩔 수 없이 손에서 놓았으나 지금까지 막강한 막후 영향력을 행사하고 있다. 아마도 세상을 떠날 때까지

군 고위 장교들을 격려하는 후진타오와 시진핑. 후가 중앙군사위원회 주석 자리를 얼마나 빨리 물려주느냐에 시진핑의 운명이 달려 있다고 볼 수 있다

그렇지 않을까 보인다.

2012년 10월 총서기 자리에서 내려올 후진타오가 이후의 모습이 많이 달라질 것이라는 기대는 그래서 말이 안 된다. 조금 심하게 말하면 그건 거의 기적이라고 해야 한다. 그렇다면 그는 어떻게 막후에서 권력을 최대한 유지하려고 할까 하는 의문이 생길 수밖에 없다. 현실적으로는 장쩌민이 그랬던 것처럼 중앙군사위 주석 자리를 내놓으려 하지 않을 가능성이 가장 높다. 될 수 있는 한 19차 전국대표대회가 열리는 2017년 10월, 자신의 나이 75세가 되는 해까지 이렇게 하려고 할 개연성이 농후하다.

시진핑으로서는 후진타오가 중앙군사위 주석 자리를 무슨 수를 써서라도 내려놓지 않으려는 욕심을 부릴 경우 무지하게 골치가 아파진다. 그건 그에게 거의 대재앙이라고 할 수 있다. 태상황이 존재하는 현실에서 허수아비 황제가 할 수 있는 일은 한계가 있을 것은 너무 빤한 일이 아닌가. 이 정도 되면 후진타오는 시진핑의 든든한 후원자가 아니라 발목을 죽어라 붙들고 늘어지는 물귀신이 될 수밖에 없다. 더구나 후진타오는 시진핑으로 권력 추가 기울어진 이후에도 계속 리커창에 대한 미련을 버리지 못하고 있다. 틈만 나면 시진핑의 낙마와 리커창의 재차 뒤집기를 위한 전략 짜기에 골몰할 것이라는 단정은 그래서 크게 이상할 것도 없다.

솔직히 말하면 시진핑에게 재앙은 현실로 나타날 가능성이 높다. 후진타오는 우선 장쩌민의 전례를 들 가능성이 높다. "장쩌민 동지도 나에게 2년 동안이나 중앙군사위 주석 자리를 물려주지 않았다. 나도 그렇게 하는 것이 뭐가 나쁜가. 나는 나이도 아직 70대 초반에 불과하다."고 주장하지 말라는 법이 없는 것이다. 게다가 그는 챙겨야 할 계파의 식솔들이 많다. 리커창은 말할 것도 없고 거의 직계로 통하는 리위안차오, 류옌둥, 왕양 등을 두루 신경 써줘야 한다. 절대로 권력을 놓아서는 안 되는 나름의 이유가 있다.

그는 이를 위한 정지 작업도 이미 많이 해놓았다고 할 수 있다. 2009년 말부터 2010년 초에 걸쳐 군부에 대한 인사를 대대적으로 한 것이 대표적으로 그렇다고 봐야 한다. 말할 것도 없이 자신의 심복들을 요직에 심었다. 총참모부의 장친성(章沁生. 64) 제1 참모장, 퉁스핑(童世平. 65), 두진차이(杜金才. 60) 총정치부 부주임, 구쥔산(谷俊山. 56) 총후근부 부부장, 류성(劉勝. 58) 총장비부 부부장, 천자이팡(陳再方. 60) 총장비부 과기위 부주임 등이 이때 발탁된 인물들이다. 시진핑이 총서기가 되더라도 후진타오에게 더 충성을 바칠 가능성이 높다.

후진타오는 군부의 직계 시스템이 작동하지 않을 경우의 비상 체제 역시 마련해놓고 있다. 당에 자신의 심복들을 대거 심어 놓은 것은 다 이

시진핑이 중국 군부를 대표해 중앙아시아 국가 군사대표단을 접견하고 있다. 이처럼 명실상부하게 중국 군부를 대표해야 완벽하게 정권을 장악했다고 볼 수 있다.

런 복안과 맥락을 같이 한다. 대표적인 인물들이 바로 리틀 리커창으로 불리는 후춘화(胡春華. 49) 네이멍구자치구 서기, 쑨정차이(孫政才. 49) 지린(吉林)성 서기, 공청단 제1 서기를 지낸 저우창(周强. 52) 후난성 서기, 루하오(陸昊. 47) 공청단 제1서기 등이다. 이중 후춘화 서기는 차차기 총서기, 쑨정차이는 차차기 총리로 유력시되는 인물로 벌써부터 하마평에 오르내리고 있다. 또 저우창 서기, 루하오 제1서기는 리커창, 후춘화에서 이어지는 공청단의 젊은 호랑이들이다. 공청단을 무리 없이 이끌었거나 이끌고 있는 사실에서 보듯 하나같이 능력을 인정받고 있다. 후진타오가 총서기 자리에서 내려오더라도 충성을 다 바칠 인물들로 알려져 있다. 절대로 쩡칭훙처럼 장쩌민의 뒤통수를 치지 않을 것으로 전망되고 있다.

여러 상황을 종합해보면 현재 시진핑의 향후 위상을 직접적으로 위협할 가장 결정적인 요인은 절대 권력을 놓지 않으려는 바로 이런 후진타오의 애착이다. 바로 이 때문에라도 시진핑을 대체할 리커창 카드는 아직 완전히 사라졌다고 하기 어려울 듯하다. 리가 꺼져가는 불꽃을 바라보듯 총서기 자리를 자포자기하는 것처럼 보이면서도 마지막 희망의 끈을 버리지 않는 느낌을 주는 것은 다름 아닌 이런 현실과 밀접하게 관계가 있다.

물론 과부 설움 과부가 안다고 후진타오가 장쩌민의 견제로 인해 자신이 겪은 아픈 상처를 교훈 삼아 시진핑에게 힘을 실어줄 가능성이 전혀 없지는 않다. 설사 그렇지 않더라도 외견적으로는 마구 흔들지는 않을 개연성도 다분하다. 이외에 자리가 사람을 만든다고 시진핑이 처음에는 허약해 보여도 서서히 권력을 장악해갈 가능성 역시 얼마든지 있다. 또 그게 권력의 속성이기도 하다. 이 경우 후진타오는 남의 눈을 봐서라도 섭섭한 생각을 최대한 접으면서 시진핑의 후견인을 자처하지 않으면 안 된다.

그러나 이 시나리오가 현실화된다고 해도 후진타오가 긴장의 끈을 늦추지 않으면서 시진핑을 적당히 견제할 것이라는 전망은 충분히 상정이 가능하다. 사사건건 발목을 잡고 늘어지는 물귀신까지는 아니더라도 자신이 살아 있다는 사실을 증명하기 위해서라도 뒤에서 목소리를 상당히 높일 것이라는 얘기이다. 딱 잘라 말해 시진핑은 그에게 적극적으로 도와주기도 그렇고 마구 흔들어대기도 뭐한 계륵 같은 존재인 것이다.

결론은 이제 자연스럽게 나온다. 후진타오가 시진핑을 적극적으로 후원하기보다는 적당하게 지위를 인정해주는 척 하면서 확실하게 틈만 나면 자신과 리커창에게 유리하도록 분위기를 적극적으로 몰아갈 것이라는 결론 말이다. 그래야 아차 하면 손아귀에서 미꾸라지처럼 빠져나갈 그의 권력 역시 살아 움직이는 생물이 될 수 있다.

9 _
흘러가는 물이냐 제2의 후진타오냐

사람은 관심이 없다면 모를까 권력을 잡을 경우 더욱 확실하게 다지고 싶어 한다. 독재자든 민주적인 지도자든 하나 같이 그렇다. 그렇게 하지 않으면 완전히 레임 덕이 돼 자리에 올라가지 않는 것보다 못하게 된다. 또 스타일을 확 구기는 정도에서 더 나아가 역사적으로 그다지 좋은 평가를 받지 못할 수도 있다. 중국 근대사에서는 화궈펑이 이런 비운의 인물이 된 바 있다.

시진핑이라고 화궈펑 같은 비운의 주인공이 되고 싶을 까닭이 없다. 당연히 총서기에 취임할 경우 강력한 리더십을 발휘해 자신의 권력을 확고한 반석 위에 올려놓으려고 할 것이다. 그러나 그의 현재 권력 기반은 무척 취약하다. 무엇보다 후진타오가 2002년 16차 전국대표대회 이전 장쩌민의 후계자로 거론됐을 당시의 뛰어난 카리스마가 일단 그에게는 없다. 사람 좋고 서민적이라는 풍모는 상당한 장점이나 이는 권력을 공고히 하는 데 별로 도움이 안 된다. 권력을 공고히 하기 위해서는 차라리 보시라이 같은 강력한 추진력과 물불 안 가리는 성격이 더 필요할 수도 있다. 경쟁자가 적지 않게 있다는 사실 역시 그에게는 부담이 된다. 2002년 당시 후진타오는 경쟁자가 거의 없다시피 한 상태에서 총서기로 가볍게 선출됐다. 완전 일방적인 독주였다. 이에 비하면 시진핑은 사방이 온통 경쟁자들로 둘러싸여 있다. 리커창, 보시라이, 리위안차오, 류옌둥, 왕양 등 한 두 명이 아니다. 사면초가가 따로 없다. 아차 잘못 하다가는 권력을 공고화하기는커녕 5년 내내 경쟁자들의 협공에 휘둘려 정신을 차리지 못할 가능성이 없지 않다.

바로 이거다 하고 딱히 내세울 엄청난 업적이 없다는 사실은 아예 권력 강화에 치명적인 약점으로 꼽힌다. 후진타오의 경우 1988년부터 4년 동안 티베트자치구 서기로 있을 때 일어난 수차례의 민중 봉기를 철모까지 써가면서 직접 진두지휘해 진압했으나 시진핑은 이런 경험이 전혀 없다.

바로 이 때문에 그는 그저 흘러가는 물이 될 가능성이 적지 않다. 권력자의 자리에는 앉았으되 권력을 마음대로 행사하지 못할 최고 지도자가 될 수도 있는 것이다. 역사적으로 이런 지도자가 없었던 것도 아니다. 후야오방, 자오쯔양이 대표적인 인물이라고 해야 할 것 같다. 태상황 덩샤오핑의 그늘에 가려 있다 총서기로서의 권력을 제대로 행사하지 못하고 각각 낙마하는 비운을 겪었다. 게다가 현재의 그는 어떻게 보면 당시의 후, 자오 총서기보다도 입지가 못하다. 외신들이 그가 후진타오의 손바닥에서 놀아날 손오공으로 보는 것은 때문에 완전히 소설 같은 분석이라고 하기는 어렵다.

당연히 반대가 될 가능성도 없지는 않다. 흘러가는 물이 아니라 제2의 후진타오가 될 수도 있는 것이다. 가능한 시나리오를 한 번 살펴볼 필요가 있을 것 같다. 우선 태자당을 비롯한 주변 측근들을 규합, 권력 공고화에 나설 가능성이 있다. 이 경우 쩡칭훙을 필두로 하는 태자당의 유력 인물들은 그에 대한 지지를 적극적으로 밝힐 수도 있다. 후진타오로서는 허수아비를 내세운 채 태상황이 되려고 하는 생각에 급브레이크가 걸릴 수가 있는 것이다.

후진타오를 벤치마킹해 전임자를 물 먹이는 방법도 나름의 절묘한 시나리오가 될 가능성이 다분하다. 이 경우 시진핑은 그럴듯한 평계거리가 될 만한 카드를 찾아야 한다. 후진타오가 장쩌민에게 중앙군사위

말년의 화궈펑. 시진핑이 제2의 화궈펑이 되지 말라는 법은 없다.

주석 자리를 물려받기 위해 아들 장멘헝의 신상 털기와 비리 확보에 나섰듯 말이다. 더구나 후진타오 역시 가족 문제로 들어가면 약점이 없지 않다. 우선 아들 후하이펑(胡海峰. 40)이 장멘헝 못지않은 논란의 중심에 있다. 아버지의 후광으로 어린 나이에 각급 국영 기업의 CEO와 서기 자리에 오른 것이 호사가들의 입방아에 오르내리고 있는 것이다. 심지어 2008년 1월에는 자산 규모 100억 위안(1조 8000억 원)에 이르는 칭화대학 산하 국영 기업인 칭화지주의 당위 서기로 취임해 논란을 자초하기도 했다. 이 때문에 그는 2009년 3월 다시 칭화대학 산하의 칭화장삼각(長三角)연구원 당위 서기로 전보되는 횡액을 당하기까지 했으나 여전히 논란은 불식되지 않고 있다. 털면 먼지가 난다고 비리 역시 없지 않을 가능성이 높다. 2009년 영국 데일리텔레그래프의 보도에 따르면 칭화통팡웨이스(淸華同方威視) 사장 시절 아프리카 나미비아에서 벌어진 사기와 수뢰 사건에까지 연루됐다고 한다. 당연히 사건의 진상은 아직도 오리무중이다. 시진핑이 권력을 잡은 다음 파헤친다면 의외로 대어를 낚을 가능성이 없지 않다. 후진타오의 딸 후하이칭(胡海淸. 41)과 사위인 중국 최고의 포털 사이트 『신랑(新浪)』의 전 CEO 마오다오린(茅道臨) 역시 크게 떳떳하지 못하다. 예컨대 후하이칭의 경우, 30대 젊은 시절에 6억 위안(1040억 원)이라는 거금을 투자해 하얼빈(哈爾濱) 의대의 부속 병원 몇 개를 인수하려 했다는 소문이 난무한 적이 있었다. 사위인 마오 역시 크게 다르지 않다. 미국에서 공부한 경력을 이용해 중국 중앙 및 지방 정부의 미국 IT 제품 구매 사업에 깊숙이 개입, 마이크로소프트 등으로부터 엄청난 커미션을 챙긴 것으로 소문이 파다하다. 역시 시진핑의 좋은 먹잇감이 되지 말라는 법이 없다. 만약 이 전략이 성공할 경우 그는 후진타오가 장쩌민을 물 먹이면서 그랬듯 총서기에 취임한 이후 중앙군사위 주석 자리를 가볍게 승계할 수도 있다. 그가 흘러가는 물이 되는 길을 막는 최고의 시나리오라고 해도 좋다.

이외에 쩡칭훙의 후원 하에 상하이방 세력과 연대하는 것도 시진핑이 제2의 후진타오로 재탄생하는 나름의 방법이 될 수 있다. 그가 식물 총서기에서 벗어나지 못한다면 충분히 상정 가능한 시나리오라고 해야 한다. 이 경우 그는 총서기 자리를 걸고 일전을 벌이는 각오를 다지지 않으면 안 된다.

물론 가장 좋은 방법은 그동안 숨겨온 뛰어난 능력을 발휘, 총서기로서의 권위와 권력을 차근차근 확보하는 것이다. 아무래도 성과를 올리는 데에는 시간이 필요한 만큼 이 시나리오는 시간이 다소 걸릴 가능성이 높다. 하지만 그에게는 가장 이상적인 시나리오이기도 하다.

현재의 상황에서만 놓고 보면 시진핑은 장쩌민이나 후진타오와 같은 카리스마로 중국을 한 손에 거머쥔 채 호령하기는 확실히 쉽지 않을 가능성이 농후하다. 장쩌민이나 후진타오 모두 건재한 상황이므로 진짜 그렇다. 제2의 후진타오보다는 흘러가는 물이 될 가능성이 다소 높다고 봐도 좋은 것이다. 하지만 자리가 사람을 만든다는 말이 있다. 또 그가 예상을 뒤엎고 숨겨진 권력 본능을 확실히 발휘할 가능성도 있다. 게다가 경험을 쌓다 보면 자연스럽게 권력을 다질 개연성 역시 다분하다. 따라서 총서기에 취임한 직후에는 다소 흔들리는 모습을 보이겠으나 시간이 지나면서 서서히 최고 권력자로서의 위상을 어느 정도는 찾을 가능성도 전혀 없지는 않다. 그러나 역시 최종 결론은 전혀 흔들림 없이 권력의 고속도로를 유아독존 식으로 질주하는 것은 불가능하다는 쪽으로 나올 수밖에 없을 것 같다.

chapter 5

마르지 않는 권력의 샘 인맥, 시진핑의 남자와 여자들

권력을 잡은 사람의 주변에는 음식물에 파리가 꼬이듯 사람들이 몰려들기 마련이다. 또 이런 사람들이 별로 없으면 어렵사리 잡은 권력을 튼튼한 반석 위에 올려놓기가 도무지 쉽지 않다. 젊은 시절에도 야심이 있었을 가능성이 농후한 시진핑이 이 사실을 모를 까닭이 없다. 그래서 그는 30여 년 동안 가는 곳마다 자신의 사람을 심기 위한 보이지 않는 조용한 노력도 많이 기울였다. 결과는 나름 있다고 단정해도 좋다. 그의 인맥으로 분류되는 인재들이 장쩌민이나 후진타오처럼 많지 않아도 곳곳에 박혀 있다고 볼 수 있는 까닭이다. 지금은 대체로 베일에 가려 있는 것 같으나 조만간 드러날 그의 남자와 여자들을 통해 향후 권력의 추가 어느 쪽으로 쏠릴지를 분석해보자.

1 _
태자당 사람들

시진핑은 본인이 거부하고 싶어도 태생적으로 태자당 멤버다. 그것도 성골에 가깝다. 요즘 말로 뼛속 깊이까지 태자당이라는 브랜드가 꾹 찍혀 있다고 해도 틀리지 않는다. 따라서 본인이 좋아하지 않더라도 이 그룹을 중심으로 그의 인맥이 형성될 수밖에 없다. 실제로도 그의 남자와 여자들이 이 태자당에 많이 있다는 것이 베이징 정치 분석가들의 통설이다.

대표적인 인물로는 역시 쩡칭훙과 위정성이 꼽혀야 할 것 같다. 시진핑의 운명이 이들의 운명이라고 해도 좋을 정도이다.

중국판 앨런 그린스펀으로 불리는 저우샤오촨(周小川. 64) 인민은행장도 시진핑과 인연이 유난히 많다. 저우샤오촨의 아버지는 기계공업부 부장을 지낸 저우젠난(周建南)으로 시진핑이 2002년 칭화대학에서 법학 박사 학위를 받을 때 초빙교수로 있으면서 많은 도움을 줬다. 인연이 보통이 아닌 만큼 시진핑의 권력이 반석 위에 올라가도록 온갖 조력을 아끼지 않을 것으로 분석되고 있다. 2013년 3월의 12기 전인대 1차 회의에서 정부 인사가 이뤄질 때 더 중요한 자리에 중용될 것이 거의 확실시되고 있다. 일부에서는 경제를 총괄하는 부총리 설도 나오고 있다. 이 경우 시진핑의 권력 공고화를 위해 리커창을 견제하는 역할을 할 가능성이 없지 않다.

두 살 위의 선배인데도 친구처럼 지내는 류사오치의 아들 류위안 역시 거론하지 않으면 안 된다. 학창 시절부터 중요한 순간에 서로의 진로를 상의했을 정도로 절친하다. 아버지들이 비참하게 세상을 떠나거나 오랫동안 연금생활을 한 동병상련이 이들을 특히 긴밀하게 묶어주는 끈이 되고 있다. 더구나 류위안은 군대 경험은 풍부해도 인맥은 상대적으로 취약한 시진핑의 약점을 보완해줄 군부 내의 최고 실세로 통한다. 현재 최고 계급인 상장을 단 채 인민해방군 총후근부 정치위원으로 재임하고 있다. 시진핑이 권력을 확고히 한 다음에는 군부의 최고 수장인 총참모장을 거쳐 국방부장 내지 군사위 부주석까지 승진할 가능성이 농후하다. 시진핑이 보통 2기 연임을 하는 관례대로 무난히 19차 전국대표대회에서도 총서기가 될 경우 정치국 상무위원회 진입도 가능할 것으로 점쳐지고 있다. 한마디로 시진핑에게는 천군만마라고 해도 좋다.

해군에도 이런 천군만마는 존재한다. 바로 류샤오쟝(劉曉江. 64) 해군 정치위원 겸 당위 서기가 주인공이다. 아버지가 개국 원로로 불리는 류하이빈(劉海賓), 장인이 그 유명한 후야오방 전 총서기라는 사실을 주변에서는 모르는 사람이 없다. 시진핑과는 부인이자 후의 딸 리헝(李恒. 60)을 통해서도 더욱 끈끈하게 연결이 되고 있다. 시중쉰과 후야오방이 비슷한 연배인 탓에 시진핑과 리헝이 어릴 때부터 긴밀하게 알고 지낸 것이다. 류샤오쟝은 때문에 결혼 이후 시진핑과 더욱 돈독한 관계를 유지했다고 한다. 류위안에 못지않게 크게 중용될 가능성이 농후하다.

시진핑의 사람으로 꼽히는 태자당 실세 중에는 원로들도 많다. 쩡칭훙을 제외할 경우 가장 대표적인 인물로는 샤오줘넝(肖卓能. 74) 전 산둥성 정협 부주석이 우선 꼽힌다. 공산 혁명 당시 홍군의 10대 대장으로 불린 샤오진광(肖勁光)의 셋째 아들로 뒤에서 쩡칭훙 못지않은 지원을 아끼지 않는 것으로 알려져 있다. 원조 국민 가수로 불리는 부인 리구이(李谷一. 68)가 시진핑의 부인 펑리위안과 꽤 가까운 것도 시진핑을 지원하는 이유가 되고 있다고 한다.

시진핑의 적극적 후원 세력인 태자당 원로 그룹의 리더 후더핑.

전 부총리 겸 국방부장 겅뱌오(1909~2000)의 아들 겅잉(耿瑩. 73)은 시진핑이 아버지의 비서였다는 인연을 잊지 못하고 막후에서 지원 세력을 규합하는 원로 역할을 하고 있다. 아버지가 실각할 당시의 이미지가 그다지 좋지 않았기 때문에 한참 활동할 시기의 당정 직위는 별로 높지 않았으나 태자당 사이에서는 나름의 인맥이 두터워 시진핑에게 많은 도움을 줄 수 있다고 한다.

태자당 원로 중에서는 후야오방의 장남 후더핑(胡德平. 70) 전 중화전국공상업연합회 제1 부주석도 꼽지 않으면 안 된다. 역시 아버지 대의 끈끈한 인연이 아들의 대에까지 이어진 경우에 속한다. 여동생인 리형과 매제 류샤오장과 함께 음으로 양으로 시진핑을 돕고 있다. 가끔 가족끼리 식사도 같이 할 정도로 관계가 돈독하다. 시진핑이 허약한 권력 기반을 튼튼히 한 다음 위상을 강화할 경우 부총리급 원로로서의 영향력을 발휘할 가능성도 농후하다.

덩샤오핑의 장남 덩푸팡(鄧朴方. 68) 장애인연합회 명예 주석도 거론하지 않으면 곤란하다. 한때 태자당의 공식 리더로 인정을 받았던 것에서 보듯 아직도 여전한 영향력을 시진핑에게 적극 몰아주고 있다. 시진핑이 정치국 상무위원의 신분으로 베이징에 입성했을 때 가장 먼저 편지를 보내 만난 것에는 다 이유가 있었다. 사석에서는 거의 형처럼 대한다는 것이 외신의 전언이다.

팔로로 불린 당 원로 쑹런충의 아들 쑹커황(宋克荒. 67) 역시 비슷한 스타일의 후원자로 돋보인다. 시진핑의 칭화대학 선배로 현역에서 물러날 나이는 아니었음에도 1992년 전인대 외사위원회 판공실 부주임을 끝으로 일찌감치 공직에서 은퇴한 특이한 인물이다. 그러나 태자당 내에서의 위상은 부장급이 부럽지 않다. 나이 어린 부장급들이 따꺼로 부르고 있을 정도이다. 현재는 공직 은퇴 후 사장으로 취임한 상디(商地) 부동산회사의 명예회장으로 일하고 있다. 한국에 지사까지 있는 대형 국유 기업의 막후 실세인 만큼 시진핑으로서는 그 누구의 후원보다 든든할 수밖에 없다. 그래서 시진핑에게 적지 않은 정치 자금을 제공한다는 일부의 소문도 그다지 신빙성이 없지는 않은 듯하다.

해외에도 시진핑에게 힘을 보태주는 태자당의 멤버가 없지 않다. 쑹커황의 여동생이자 문화대혁명 당시 홍위병으로 전국적 명성을 날린 바 있는 쑹야오우(宋要武. 63)가 바로 주인공이다. 원래 그녀의 이름은 쑹빈빈(宋彬彬)이었다. 그러나 이 이름은 문화대혁명 초창기에 톈안먼 성루(城樓)에서 그녀가 마오쩌둥에게 홍위병 완장을 채워주는 행사를 하던 도중에 즉각 바뀌었다. 당시 마오쩌둥은 그녀에게 이름이 무엇이냐고 물었다. 그녀는 당연히 "쑹빈빈입니다."라고 대답했다. 그러자 마오쩌둥이 다시 명령조로 말했다.

"그 이름은 여자에게는 좋으나 너무 나약해. 보다 투쟁적으로 이름을 바꿔야 한다고. 야오우로 하지 그래."

이후 쑹빈빈은 투쟁을 해야 한다는 의미의 야오우라는 이름을 지금까지 쓰고 있다. 지난 1980년에 미국으로 이민을 떠난 그녀는 이후 학문에 매진, 보스턴대학에서 석사, MIT에서 지구화학 박사 학위를 받았다. 교민이나 화교들의 모임이 있을 때마다 시진핑의 이미지를 홍보하는 역할을 적극적으로 자임하고 있다는 것이 홍콩이나 대만 언론의 전언이다. 시진핑보다는 선배이나 지청 세대라는 공통점도 가지고 있다.

이외에 보시라이, 부총리를 지낸 야오이린(姚依林)의 사위 왕치산(王岐山. 64) 부총리 등 역시 시진핑에게 호의를 가질 개연성이 다분한 태자당의 멤버로 분류가 가능하다. 특히 달변가인 왕 부총리는 시진핑이 리커창을 견제하기 위해 더욱더 자파 세력으로 끌어들이려 공을 들이는 인물이다. 싱가포르의 내각 고문장관 리광야오에게 극찬을 받은 것이나 장쩌민이 신뢰하는 점 등은 시진핑과 비슷하다는 느낌까지 준다.

태자당 멤버들은 태생적으로 금 숟가락을 물고 태어나는 운명을 가지고 있었기 때문에 대체로 당정의 요직에 포진해 있는 경우가 많다. 자수성가를 할 수밖에 없는 상하이방이나 공청단파 멤버들과는 출발점이 완전히 다르다. 또 같은 운명을 타고난 사람들을 여간해서는 경원하지 않을 것이므로 시진핑을 보는 눈이 각별할 것이라는 분석이 가능하다. 젊은 때는 자신이 태자당이라는 사실을 부담스러워한 그가 총서기에 취임한 이후에는 권력 기반 강화를 위해 이들에게 의도적으로라도 눈을 돌릴 것이라는 전망은 그래서 당연할 수밖에 없다. 총서기의 남자와 여자들이 태자당 멤버 중에서 많이 배출될 것이라는 얘기가 되겠다.

2 _
물 반 고기 반의 푸젠성 라인

시진핑은 정치 역정의 상당 부분을 푸젠성에서 보냈다. 무려 17년이다. 이 정도 되면 푸젠성의 모든 것이 눈을 감아도 훤히 들어온다. 인맥은 더 말할 필요조차 없다. 시쳇말로 시장 바닥에까지 자신의 사람이 없으면 정상이 아니라고 해야 한다. 실제로도 그렇다. 그의 인맥의 상당 부분은 푸젠성 라인이 차지한다고 해도 좋다. 태자당을 제외하면 가장 확실한 지지 기반이라고 할 수 있다. 총서기에 취임하면 인재 풀로도 활용할 가능성이 높다. 한마디로 물 반 고기 반이라는 말이다.

푸젠성 라인에서 가장 확실하게 그에게 힘을 실어줄 이른바 '믿을 맨'은 권력 서열 4위의 자칭린 정협 주석이라고 해야 한다. 솔직히 그럴 수밖에 없다. 자칭린은 우선 그와 푸젠성에서 일하기 시작한 시기가 거의 비슷하다. 그가 샤먼시 부시장으로 영전하던 1985년 6월에 이미 푸젠성 성위 상무위원과 조직부장을 맡고 있었다. 인연이 생기려고 그랬는지 딱 한 달 전에 발령을 받아 미리 와 있었던 것이다. 이뿐만이 아니다. 둘은 시진핑이 샤먼에 부임하기 전에 들른 푸저우에서 만남도 가졌다. 의기투합한 것은 말할 것도 없었다. 이후 둘은 자칭린이 푸젠성 서기를 끝으로 베이징 부서기 겸 대리 시장으로 올라가던 1996년까지 거의 푸젠성에서 얼굴을 마주하고는 했다. 95년에는 시진핑이 부서기로 서기였던 자칭린을 보좌하기도 했다. 끈끈하지 않으려고 해도 그럴 수가 없는 사이였다. 시진핑이 푸젠성 성장 시절 자신의 결백을 증명하기 위해 위안화 사건을 본격적으로 파헤쳤을 때 의혹의 눈길을 받던 자칭린만큼은 철저하게 보호한 것은 다 이유가 있었던 것이다. 자칭린은 이 은혜를 시진핑이 상하이 서기로 이름이 거론됐을 때 갚기도 했다. 진핑을 서기로 보내자는 쩡칭훙의 권유를 수락했으면서도 자신의 선택에 대한 확신을 하지 못하던 장쩌민에게 흔쾌히 단안을 내려도 좋다는 결정적 한 방을 날려준 것이다.

자칭린은 나이도 있기 때문에 18차 전국대표대회를 끝으로 정계에서 물러날 것이 확실하다. 하지만 한때 장쩌민의 심복에다 권력 서열 4위

루잔궁. 시진핑의 푸젠성 라인 인맥을 대표한다.

였다는 권위에서 나오는 일정한 영향력은 유지할 가능성이 높다. 원로로서의 나름의 권력 지분도 없지 않다. 당연히 시진핑을 적극적으로 지지할 가능성이 100%에 가깝다. 쩡칭훙과 함께 그의 권력을 지탱해줄 쌍두마차의 한 축을 담당할 것이라는 분석은 그래서 그다지 무리한 것은 아니다.

허궈창(賀國强. 69) 당 정치국 상무위원 겸 중앙기율검사위원회 서기는 시진핑과 1999년부터 끈끈한 인연을 맺은 것으로 알려져 있다. 푸젠성장 자리를 인수, 인계한 인연이 아주 특이하다. 2002년부터 5년 동안 당 중앙조직부 부장으로 있었던 탓에 조직 관리에 능하다. 도움을 줄 경우 이 분야에서 막후 활약할 가능성이 농후하다.

루잔궁(盧展工. 60) 허난성 위원회 서기는 동년배에다 2001년부터 2년 동안 푸젠성 부서기로 호흡을 맞춘 탓에 시진핑의 라인으로 분류된다. 시진핑이 저장성으로 떠난 다음에는 후임으로 취임한 인연도 있다. 관계가 밀접하지 않다면 그게 오히려 이상하다고 해야 한다. 1993년 41세의 나이로 저장성 부서기로 취임할 때만 해도 차차기를 노린다는 말이 나돌 정도의 대단한 유망주였다. 이때는 시진핑과 리커창의 라이벌로 통하기도 했다. 그러나 이후 주춤하면서 둘에게 밀리기 시작했다. 전국 총공회 부주석, 푸젠성 서기, 중앙당교 교장을 역임한 것에서 보듯 조직의 귀재로 통한다. 그는 한때 위안화 사건 처리 문제로 성장이던 시진핑과 정면으로 대립하기도 했다. 그를 부서기로 내려 보낸, 사건 수사 최고 책임자였던 중앙 기율위원회 웨이젠싱(尉健行) 서기가 초강경 대책을 주문하면서 압박한 탓에 원칙론을 강조한 시진핑과 충돌을 빚은 것이다. 그러나 이후 모든 것을 숨김없이 파헤친다는 절충안이 마련돼 둘의 관계는 곧 회복됐다. 위치가 어정쩡한 수평 관계에서 완전한 상하 관계로 바뀐 지금은 서로를 인정하면서 상호 조력을 위해 노력하고 있다. 특별한 돌발 상황이 발생하지 않는 한 18차 전국대표대회에서 정치국에 입성한 다음 당정의 조직 분야 최고 책임자로 일할 가능성이 다분하다.

쑤수린(蘇樹林. 50) 현 푸젠성 성장은 시진핑이 최근 관심을 기울이면서 푸젠성 계열의 인재로 급속도로 떠오르는 케이스에 속한다. 다칭(大慶)석유학원 출신답게 국영 다칭석유공사 사장을 역임하는 등 평생을 에너지 관련 기업이나 기관에서 일한 차세대의 유망주로 유명하다. 그래서 쩡칭훙이 이끄는 또 다른 유력한 파벌인 석유방(石油幇)의 황태자로도 불린다. 2006년 9월 랴오닝성 상무위원으로 발탁된 이후부터 시진핑의 눈에 급속히 들었다고 한다. 2011년 초 푸젠성 성장으로 취임한 것도 그의 전폭적인 지원 때문에 가능했다는 설이 파다하다. 한마디로 그가 물을 주고 키운 직계 라인에 해당한다. 후진타오가 직접 키운 후춘화나 쑨정차이의 대항마로도 거론되고 있다. 두뇌 회전이 빠르고 조직 장악력이 뛰어나 시진핑에게 큰 힘이 될 것으로 기대를 모으고 있다.

2009년 12월, 20년 만에 중국 역사상 세 번째 성(省) 여성 서기로 탄생한 것으로 유명한 쑨춘란(孫春蘭. 62) 푸젠성 서기는 최근 시진핑과 부쩍 가까워진 경우로 꼽힌다. 서기로 임명됐을 때 시진핑이 직접 전화를 걸어 축하를 건넨 것이 결정적인 계기가 됐다. 랴오닝성에서 부서기까지 오르는 등 오랫동안 활약한 탓에 시진핑의 라이벌인 리커창, 보시라이 등과도 두루 가깝다. 시계공장 노동자로 출발해 서기 자리에까지 오른 입지전적인 인물로도 전국에 널리 알려져 있다. 전국총공회 주석을 지내는 등 노동조합 전문가로 오래 활동한 것도 이런 이력과 무관하지 않다. 역시 18차 전국대표대회에서 정치국에 입성, 시진핑에 힘을 보탤 것으로 예상되고 있다.

량치핑(梁綺萍. 65) 푸젠성 정협 주석은 쑨 서기와 마찬가지로 여성 특유의 섬세함으로 시진핑을 돕는 것으로 알려져 있다. 출생 이후 단 한 번 다른 지방에서 일해본 적이 없는 완전 푸젠성 토박이로 유명하다. 때문에 시진핑의 푸젠성 인맥 관리에 그녀보다 더 적합한 사람은 거의 없다고 단언해도 좋다. 나이 탓에 정치적으로 더 크기는 어려울 가능성이 100%에 가까우나 뒤에서 시진핑에게 음양으로 도움을 주는 것은 그다지 어렵지 않을 것으로 보인다.

장쩌민의 총애를 받은 덕에 교육부장과 국무위원을 거쳐 전인대 상무위 부위원장에까지 오른 천즈리(陳至立. 70) 역시 거론하지 않으면 곤란하다. 푸젠성에서 근무한 적은 없으나 고향인 탓에 시진핑의 푸젠성 인맥으로 봐도 괜찮다. 자신 대신 후원해주라는 장쩌민의 뜻에 따라 보이지 않게 도움의 손길을 시진핑에게 내밀고 있다. 전인대 상무위 부위원장을 끝으로 은퇴할 경우 막후에서 적극 도울 가능성이 크다. 전국 여성들의 이익을 대변하는 부녀연합회 주석이라는 것도 시진핑에게는 큰 힘이 될 듯하다.

쉬첸(徐謙. 58) 푸젠성 상무위원은 중앙에는 별로 알려지지 않았으나 시진핑의 직계 인물로 통한다. 푸젠성에서 계속 일하면서 푸젠을 비롯한 저장, 장쑤성 등 시진핑의 인맥을 관리하거나 지지층을 결속시키는 역할을 할 것으로 보인다.

시진핑의 푸젠성 인맥은 이외에도 전국 곳곳의 당정 기관에 박혀 있다. 이들은 운명적으로 그를 적극 지지하거나 필요할 때는 도움의 손길을 내밀 수밖에 없다. 또 일부는 그가 필요로 하면 당정 요직에 등용돼 권력의 전면에 나서야 할 수밖에 없을 것 같다.

3 _
썩어도 준치 저장성 인맥

시진핑에게 있어 저장성은 고향이나 다름없는 푸젠성에 비하면 완전 타향이라고 해야 한다. 4년 반 정도밖에 근무하지 않았다. 그러나 이 기간은 인맥을 쌓기에는 충분하다. 실제 이때 쌓은 인맥도 나름 대단하다. 저장성 인맥이 썩어도 준치 정도는 된다는 얘기다.

이 인맥 중 시진핑을 지근거리에서 도와줄 가능성이 높은 가장 최고 위급의 당정 인물로는 장더장(張德江. 66) 부총리 겸 당 정치국원이 단연 먼저 꼽힌다. 시진핑과의 본격적인 인연은 그가 2002년 10월 저장성 대리 성장으로 부임한 이후 맺었다. 당시 장더장이 곧 그에게 물려줄 서기 자리에 있었던 것이다. 그러나 장더장은 이때 이미 당 정치국 입성이 거의 확정돼 있었다. 때문에 그로서는 시진핑이 부임해 왔을 때 기분이 대단히 좋을 수밖에 없었다. 둘은 이로 인한 유명한 화젯거리도 만들어냈다. 시기는 시진핑이 대리 성장으로 부임하자마자 바로 열린 16차 전국대표대회의 회의에 성 대표단을 이끌고 베이징에 갔을 때였

시진핑과 가까운 저장 인맥의 핵심 인물인 장더장 부총리.

다. 당시 둘은 인민대회당의 저장팅(浙江廳)에서 열리는 성 대표회의에 참석하기로 돼 있었다. 그러나 시간이 꽤 남아 있었다. 그러자 정치국원이 된다는 생각에 기분이 좋아진 장더장이 기자들과 당 대표들이 보는 앞에서 신나게 노래를 불러 젖혔다. 그는 이어 시진핑에게도 노래를 하나 하도록 권유했다. 시진핑은 그러나 정중하게 거절했다.

"저는 노래를 잘 못 부릅니다. 제대로 가사를 기억하는 것도 국가와 인터내셔널의 노래(사회주의권의 국가와 같은 노래-저자) 외에는 없습니다. 그러나 이 자리에서 이 노래들을 부를 수는 없지 않습니까?"

이 일화는 한동안 화제가 됐다. 유명 가수의 남편인 시진핑이 노래를 못 부른다는 사실이 대단히 의외였던 것이다. 아무튼 이때의 일화는 그에게는 나쁠 것이 없었다. 18차 전국대표대회 이후에도 여전히 실력자로 살아남을 장더장에게는 기분 좋은 추억으로 뇌리에 입력돼 있으니까. 장더장은 시진핑과는 저장 서기 자리를 인수, 인계했다는 사실 외에 하방 생활을 치열하게 경험했다는 공통점도 있다. 때문에 하방 생활을 조용하게 보낸 리커창보다는 시진핑에게 더 동질감을 느끼는지도 모른다.

지린성 왕칭(汪淸)현 출신인 그는 하방 생활 이후에 옌볜(延邊)대학 조선어과에 입학해 졸업했다. 또 1978년부터 2년 동안은 북한 김일성대학 경제학과에 유학을 했다. 당내에서는 보기 드문 한반도 전문가로 통한다. 때문에 그는 한반도 문제 전반에 대한 자문을 해주거나 관련 인재들을 추천, 등용하게 하는 식으로 도움을 줄 개연성이 농후하다. 당연히 정치적인 힘도 불어넣어줄 것으로 보인다.

2011년 8월 말까지 저장 성장을 역임한 뤼쭈산(呂祖善. 66) 전인대 재정경제위원회 부주임위원은 나이는 시진핑보다 일곱 살이나 많아도 저장 인맥의 직계로 불린다. 우선 그는 고향이 저장이다. 장쑤성 난징의 항공학원에서 배우던 63년부터 68년, 졸업 후 엔지니어로 후난성에서 근무한 75년까지의 기간을 제외하면 줄곧 저장에서 일했다. 한마디로 뼛속까지 저장 사람이라고 해도 틀리지 않는다. 시진핑이 저장성에서 서기로 지내던 시절 내내 부서기 겸 성장으로 호흡도 맞췄다. 나이 차이 때문에 다소 껄끄러울 수도 있었으나 환상적으로 발을 맞춘 것이다. 2005년 4월부터 7월까지는 화학, 농약 공장들의 오염 때문에 둥양(東陽)현을 비롯한 3개 지역에서 폭발한 농민 폭동을 직접 해결하기 위해 동분서주하는 등 고생을 함께하기도 했다. 최고위급 간부로는 드물게 2003년부터 무려 8년 동안이나 성장으로 재직하면서 업적도 많이 쌓았다. 대표적인 것이 아마도 2011년 7월 관내의 저우산(舟山)군도 일대를 상하이의 푸둥, 톈진의 빈하이(賓海), 충칭의 량장(兩江) 신구에 이은 중국의 네 번째 경제 신구(新區)로 지정해 대대적으로 개발하기 시작한 것이다. 이 신구는 향후 해양경제 육성에 초점을 맞춰 개발될 예정으로 모두가 저장을 너무나 잘 아는 그의 눈이 있었기 때문에 가능한 일이었다. 엔지니어로 일한 경력이나 전인대 재정경제위원회의 부주임위원이라는 신분으로 볼 때 산업정책 분야에서 시진핑에게 자문 역할을 할 것이 확실시되고 있다.

샤오바오룽(夏寶龍. 60) 저장성 대리 성장은 시진핑이 저장을 떠난 한참 후인 2011년 8월 말에 전임 뤼쭈산과 바통 터치를 했으나 저장 인맥으로 분류되기에 손색이 없다. 2003년 11월부터 시진핑이 상하이로 가기 전까지 부서기로 보좌했다. 나이도 비슷하다. 경제학 박사 학위도 가지고 있어 말이 잘 통했다고 한다. 앞으로 중앙으로 올라가지 않을 경우 계속 저장성의 당정 업무를 주관할 것으로 예상되고 있다.

시진핑과 동갑인 천자위안(陳加元) 저장성 부성장 역시 뤼 부주임위원과 같은 저장 출신의 인맥에 해당한다. 아무래도 동갑이다 보니 공감대가 많을 수밖에 없다. 2003년 1월 저장성 부성장으로 임명된 이후부터 4년 가까이 서기인 시진핑을 보좌했다. 저장 정부 곳곳에 그의 손때가 묻지 않은 곳이 없는 만큼 시진핑이 총서기에 오른 다음에 성장이나 서기가 될 0순위 후보로 손색이 없다.

천민얼(陳敏爾. 52) 저장성 상무부성장은 오히려 천자위안보다 장래성이 더 기대되는 신셴쉐예(新鮮血液), 즉 젊은 피 직계 라인에 속한다. 시진핑이 서기로 있을 동안 내내 성위 상무위원 겸 선전부 부장으로 보좌했다. 사실상 그의 입 역할을 했다고 볼 수 있다. 앞으로 천자위안과 서기나 성장 자리를 나눠가질 가능성이 농후하다. 그러나 젊은 피라는 사실, 시진핑의 이미지 관리를 상당 기간 했다는 점 등을 감안하면 18차 전국대표대회 이후 베이징으로 불려갈 가능성도 농후하다. 이 경우 다시 그의 입이나 이미지 메이킹 역할을 할 것이 확실시된다. 중앙 당 선전부장 자리 정도는 충분히 거머쥘 것이라는 분석이 될 듯하다.

황쿤밍(黃坤明. 55) 저장성 항저우시 서기는 여러모로 비슷한 점이 많은 까닭에 시진핑이 동질감을 많이 느낄 수밖에 없는 인물로 꼽힌다. 무엇보다 그는 시진핑의 고향과도 같은 푸젠성에서 출생해 지난 세기 말인 1999년 8월 저장성 후저우(湖州)시 부서기 겸 대리 시장으로 부임할 때까지 오랫동안 활약했다. 또 저장성에서도 다른 지역으로 옮기지 않고 계속 근무하고 있다. 시진핑과는 푸젠과 저장 두 지역에서 인연을 맺었다고 볼 수 있다. 물론 본격적으로 친숙한 사이가 된 것은 둘이 저장성에서 근무한 이후부터라고 해야 한다. 이외에 황 서기는 시기는 다소 늦기는 했으나 시진핑처럼 칭화대학에서 경영학 박사 학위를 받기도 했다. 지역의 동질감을 공유하는 것까지 합치면 우연의 일치치고는 정말 너무나도 묘하다. 중앙 무대에 별로 알려지지 않은 그가 의외로 중용될 가능성이 조심스럽게 대두되는 것은 그래서 단순한 전망만은 아니라고 해야 한다. 만약 이 전망이 현실화할 경우 그는 당정에서보다는 중앙당교 내지 사회과학원 같은 싱크탱크 등에서 일할 가능성도 전혀 없지 않다.

차이치(蔡奇. 56) 저장성 성위 상무위원 겸 조직부 부장 역시 직급은 낮아도 거론할 필요가 있을 듯하다. 나이를 비롯해 푸젠과 저장에서 활동한 이력, 대학원 박사 과정 수료 같은 학력 등의 모든 것이 거의 황 항저우 서기와 판박이인 탓에 시진핑의 눈에 들었다. 시진핑이 활용할 저장 인력 풀의 한 축을 충분히 담당할 능력이 있다는 평가도 듣고 있다. 기회가 주어지면 중앙 당정의 부장급 직위에서 대기만성의 불꽃을 피울 수도 있다는 얘기다. 설사 그렇지 않더라도 저장에서 나름의 역량은 발휘할 것으로 점쳐지고 있다. 조직 분야에서 힘을 보탤 것이 확실하다.

종산(鍾山. 56) 상무부 부부장은 시진핑이 정책적으로 중앙으로 발탁한 케이스로 분류된다. 저장대학 경제학 박사 출신으로 줄곧 국영 기업의 CEO로 일하다 2003년 1월 저장성 부성장으로 발탁된 다음, 먼저 베이징으로 올라와 일하던 시진핑에 의해 2008년 12월 불려갔다. 부성장 시절에 시진핑의 눈에 쏙 들었던 만큼 상무부장 0순위 후보로 꼽힌다. 시진핑에게 다소 부족할 수 있는 직접적인 기업 경영 노하우를 전수하는 역할에 적임자라는 평가를 받고 있다.

이처럼 시진핑은 저장성에도 푸젠성에 못지않은 인맥을 나름 많이 구축했다고 할 수 있다. 물론 전체적인 양에 있어서는 비교가 되지 않겠지만 말이다. 그러나 저장성에서는 그가 욱일승천의 기세를 보여주고 있었던 만큼 인맥의 질은 푸젠성에 쌓은 그것보다 좋을 수도 있다. 그가 저장성 인맥에 적지 않게 의지하고 또 이를 통해 통치 기반을 단단히 구축할 것이라는 전망은 그래서 전혀 무리하다고 하기 어렵다. 그의 저장 인맥이 썩어도 준치라는 말을 듣는 것이 이해가 되는 이유 역시 바로 여기에 있다.

4 _
전공 분야와 체감 무게가 다른 상하이 라인

시진핑은 상하이에서는 고작 7개월 밖에 서기로 근무하지 않았다. 이 정도라면 인맥을 만들기는커녕 업무 파악도 제대로 하기 어려울 수도 있었다. 그러나 그로서는 다행히도 상하이는 중국에서 차지하는 상징적 중요성에 비하면 덩치가 작았다. 우선 인구가 1800만 명에 지나지 않았다. 또 서기로서 관할해야 하는 면적 역시 성에 비하면 완전히 새발의 피였다. 업무 파악을 일찌감치 끝낸 다음 완전히 시 전체를 장악하기 위해 노력할 경우 최소한 당정 고위 관료들과 안면을 확실히 트는 것은 일도 아니었다. 아니 닥치고 안면 넓히기를 하지 않았어도 그렇지 못했다면 솔직히 무능하다고 해야 한다. 그러나 그는 결코 무능하지 않았다. 7개월을 알토란처럼 사용해 나름 필요한 인맥은 철저하게 쌓았다.

기본적으로 중량감이 남다를 수밖에 없는 그의 상하이 라인의 인맥에서 우선 주목해야 하는 인물은 단연 한정 상하이 시장이라고 해야 한다. 솔직히 말해 시진핑보다 나이가 한 살 어린 그는 지금 속으로는 앙앙불락하고 있을지 모른다. 그 역시 2003년 2월 48세의 나이로 공산 정권 수립 이후 당 원로 천이에 뒤이은 두 번째의 40대 시장에 임명됐을 때만 해도 뛰어난 마스크, 세련된 행동으로 정계의 떠오르는 스타로 지금의 시진핑만큼이나 주목을 받았던 탓이다. 더구나 그는 천량위가 낙마한 직후 서기 대행을 하고 있었다. 정치적 배경 역시 좋았다. 공청단파로 분류되기는 하나 상하이에서 오래 근무, 상하이방으로도 볼 수 있었다. 한 마디로 양 진영에서 수용 가능한 최적의 카드인 까닭에 별 일이 없는 한 그대로 서기 자리에 머무를 수 있었다. 하지만 쩡칭훙에게 휘둘린 베이징의 중앙에서는 그를 버리고 시진핑 카드를 빼들었다. 나름 야심이 없을 수 없었던 그로서는 눈물을 삼킬 수밖에 없었다. 그럼에도 그로서는 야심이 있었다는 사실을 드러내서는 안 됐다. 아니 어쩌면 시진핑이 서기로 임명된 그 순간부터 이런 생각을 버렸는지도 모른다. 시진핑이 서기로 근무하는 동안 예의 얼굴에서 느껴지는 분위기대로 별 무리 없이 스마트하게 잘 보좌한 것으로 알려지고 있으니까 말이다. 특히 천량위 사건의 여파로 뒤숭숭하던 공무원 사회를 시장으로서 안정시키는 데 크게 기여했다. 이에 시진핑은 그에게 상당한 신뢰를 보였다고 한다. 상황은 시진핑이 베이징으로 올라간 이후에도 크게 달라지지 않고 있다. 다소 삐걱거릴 수도 있는 관계가 정치적 동지의 관계로 발전한 것이다. 더구나 한정은 시진핑에게 큰 힘이 되고 있는 현 위정성 서기로부터도 무한 신뢰를 받고 있다. 2009년을 전후해서는 구이저우(貴州)성 서기로 좌천될 위기 역시 그의 도움으로 넘겼다. 위 서기를 통해서도 시진핑과 자연스럽게 연결된다는 얘기이다. 예상대로라면 18차 전국대표대회에서 정치국 상무위원으로 유력한 위 서기와 함께 정치국에 입성, 꿈을 더 키울 것으로 전망된다. 이후에는 시진핑에 대한 충성이나 역할도 강화될 것이 확실시되고 있다.

한정 시장과는 동갑인 선더융(沈德詠) 최고인민법원 상무부원장은 시진핑의 짧은 상하이 서기 시절 시 기율위원회 서기 겸 서열 1위의 시위 상무위원으로 눈도장을 확실히 찍은 중량감 넘치는 상하이 인맥으로 분류된다. 중앙의 기대를 저버리지 않고 천량위 사건을 철저하게 파헤친 것이 시진핑에게 깊은 인상을 남겼다고 한다. 순전히 천량위 사건 수사를 위해 시진핑보다 3개월 전에 상하이로 파견된 그는 2008년 4월 다시 베이징으로 컴백, 시진핑과 조우했다. 당시 앉아있던 자리는 부장급인 최고인민법원 상무부원장이었다. 이때에는 상하이로 파견가기 전의 직위에서 한 단계 승진하기도 했다. 시진핑이 좋은 평가를 해준 탓에 가능했다는 얘기가 지금도 파다하다. 현재 상황이라면 최고인민법원 원장이나 사법부장 둘 중의 한 자리는 거의 확실하게 거머쥐었다고 해도 좋다.

2002년 이후 10여 년 동안 시 공안국장, 정법위 서기 등의 직책을 겸임하고 있는 우즈밍(鳴志明. 60) 상하이 시 상무위원은 계급에 비하면 중량감이 훨씬 더 넘치는 직계 인맥이라고 해야 할 것 같다. 아버지가 장쩌민의 동생인 장쩌콴(江澤寬)이다. 큰아버지가 혁명 열사인 작은할아버지 장상칭(江上靑)의 양자가 된 것처럼, 어렸을 때 아버지가 외삼촌 집으로 대를 이으러 들어간 탓에 현재도 권위가 엄청난 장씨에서 오씨가 된 희귀한 케이스에 해당한다. 나름 대단한 명문가 출신이라고 해도 좋다. 출신성분에 비해 크게 출세를 하지 못하기는 했지만. 그러나 경찰인 공안이 검찰을 찜 쪄 먹을 만큼 위상을 자랑하는 중국 상황으로 볼 때 상하이에서의 파워는 매우 높다고 할 수 있다. 시진핑 역시 이 사실을 감안하고 그와 긴밀한 관계를 가지지 않았나 보인다. 현재로서는 큰아버지의 후광과 시진핑과의 관계만 놓고 봐도 늦게나마 중앙에서 빛을 볼 가능성이 농후하다. 설사 그렇지 않더라도 상하이 일원의 공안 계통에서는 거의 총서기 급에 못지않은 위용을 발휘할 것이 확실하다. 그만큼 시진핑의 신뢰가 깊다. 당연히 공안 분야에서만큼은 시진핑에게 그 어

쉬린(왼쪽), 시진핑이 애지중지하는 상하이 인맥의 젊은 피라고 할 수 있다.

떤 직계보다도 큰 도움을 줄 것으로 보인다.

양전우(楊振武. 57) 상하이 시위 상무위원 겸 선전부장은 시진핑이 프레스 프렌들리한 정치인이라는 사실을 증명하는 중량급 언론인 출신 직계로 꼽힌다. 2005년까지 『런민르바오』 부총편집(부사장급)으로 일하다 시진핑의 적극적인 추천에 힘입어 2009년 뒤늦게 현직으로 이동했다. 시진핑이 허베이성 정딩현에서 일할 때 서로 안면을 익힌 다음 줄곧 친밀하게 교류했다고 한다. 벌써부터 정부 공식 대변인 격인 국무원 신문판공실 주임으로 간다는 설이 파다하다. 30년 동안 언론인으로 일해 온 경험으로 미뤄볼 때 시진핑의 이미지 메이킹에 적지 않은 도움을 줄 전망이다.

관세청에 해당하는 해관총서(海關總署)의 쑨이뱌오(孫毅彪. 55) 부(副)서장은 웬만한 성의 당정 서기나 성장과도 안 바꾼다는 막강한 상하이 해관 서기와 관장(關長. 세관장)으로 있을 때 시진핑과 인연을 맺었다. 인연이 없어야 정상일 듯 보이나 관장 시절 꼼꼼한 일처리가 지도자치고는 세관 분야에 유독 관심이 많은 시진핑의 눈에 들었다고 한다. 해관총서 서장 0순위 후보로 손꼽힌다.

시진핑의 상하이 인맥에는 미래가 촉망되는 유력 젊은 피들 역시 많다. 대표적인 인물이 쉬린(徐麟. 49) 상하이 시위 상무위원을 꼽을 수 있다. 교사를 거쳐 지방 당 간부, 상하이 국영 기업인 농공상(農工商) 그룹

사장을 역임하는 등 다양한 경험을 거쳐 2007년 5월 시진핑에 의해 다시 당 일꾼으로 발탁됐다. 그는 심지어 1995년부터 3년 동안은 낙후 지역인 티베트를 지원하는 상하이 시위 책임자를 맡아 현지에까지 가서 일한 경험을 가지고 있다. 시진핑이 그를 발탁하면서 이런 경험을 언론에 강조한 것은 다 이유가 있지 않나 싶다. 나이가 있는 만큼 시진핑에게 불려 올라갈 가능성이 농후하다.

이외에 왕중웨이(王仲偉. 57) 국무원 중앙판공실 부주임, 선훙광(沈紅光. 62) 상하이 시위 선전부장, 두자하오(杜家毫. 57) 헤이룽장(黑龍江)성 전 부서기, 딩쉐샹(丁薛祥. 50) 상하이 시위 비서장 등 역시 향후 시진핑을 꾸준히 지원하거나 발탁을 당해 일할 상하이 출신의 유력 인사들로 손꼽힌다. 하나 같이 시진핑이 7개월 동안 있으면서 맺은 이런저런 인연이 소중한 인맥 자원으로 결실을 맺은 케이스에 해당한다.

시진핑의 상하이 인맥을 잘 보면 거물들이 많은 것 외의 다른 특징도 있다. 전공 분야가 여러 방면에 걸쳐 아주 다양하게 분포한다는 사실이다. 따라서 시진핑이 당정을 본격적으로 이끌어갈 때 소중한 인력 풀로 활용될 것이 확실하다.

5 _
중앙당교와 사회과학원 등 싱크탱크 인맥

시진핑은 2007년 12월 제 18대 중앙당교 교장으로 임명돼 거의 5년여 동안 일하고 있다. 얼핏 보면 이 자리는 별 것 아니라는 느낌을 준다. 모르는 사람이 볼 때는 그저 국가 부주석에게 주는 보너스 자리 정도로 생각할 수도 있다. 그러나 전혀 그렇지 않다. 우선 지난 1933년 설립된

시진핑의 싱크탱크인 중앙당교 전경.

이후 80여 년 가까운 세월 동안 거쳐 간 교장들의 면면이 화려하기 그지 없다. 마오쩌둥을 비롯해 류사오치, 후진타오, 쩡칭훙 등이 모두 거쳐 갔으니 아무나 맡는 자리가 아니라는 사실은 바로 증명이 된다. 더구나 이 학교는 공산당의 명실상부한 최고위급 간부를 양성하는 기관이다. 이곳 졸업장이 없으면 중앙의 부장, 각 지방들의 성 서기나 성장을 하기도 쉽지 않다. 최근에는 그래서 교장 자리를 최고 지도자가 되기 직전의 국가 부주석이 맡는 것이 원칙이 되고 있다. 시진핑이 맡은 것은 다 이유가 있는 것이다. 5년여 동안 일한 만큼 이곳에도 시진핑의 인맥은 광범위하게 존재한다. 또 중앙당교와 긴밀하게 교류할 수밖에 없는 국무원 직속의 또 다른 최고 이론 연구기관인 사회과학원과 중앙당사연구실 등 역시 크게 다르지 않다. 많지는 않아도 시진핑의 인맥이 포진해 있다고 봐야 한다.

중앙당교에서 시진핑의 남자로 분류되는 인물로는 역시 2인자인 리징톈(李景田. 64) 상무부교장이 가장 먼저 거론된다. 당 이론 분야 기관에서는 드물게 보는 만주족 출신으로 주로 암장군 쩡칭훙 밑에서 당 중앙의 조직 분야를 담당하다 시진핑과 같은 2007년 12월 상무 부부장으로 임명됐다. 직위는 부장급으로 같은 시기에 당 중앙에서 옮겨온 것에서 볼 때 시진핑을 최측근에서 보좌하는 것이 주요 임무였을 것이다. 자신을 상무부교장으로 강력히 민 쩡칭훙을 대리해 1개월에도 수차례나 대면하는 친밀도를 감안하면 18차 전국대표대회를 전후한 시기에 당 조직을 책임지는 역할을 자임할 가능성이 크다. 시진핑 역시 2007년 이전까지는 베이징에서 당정 활동을 한 적이 없어 많이 의존한다고 한다.

천바오성(陳寶生. 56) 부교장은 리 상무부교장에 비하면 그야말로 눈에 확 띄는 중앙당교의 젊은 피 인맥으로 분류될 수 있다. 그는 벽촌인 간쑤성 란저우(蘭州)에서 출생해 1970년대 말 베이징대학에 유학한 입지전적인 인물로 유명하다. 이후 줄곧 고향인 간쑤성에서 일하다 2008년 5월 란저우 시위 서기에서 일거에 중앙당교 부교장으로 헬리콥터를 타고 베이징으로 날아왔다. 자신이 지방으로만 돌았던 탓에 눈에 보이지 않는 인재를 선호한 시진핑의 의중이 크게 작용했다는 후문이다. 당연히 자신을 발탁해준 시진핑에게 절대적인 충성을 바치고 있다. 한 번 마음을 주면 평생을 가는 시진핑의 스타일과 그의 나이로 볼 때 향후 중용될 가능성이 높다. 이 경우 벽촌의 발전을 위한 정책 개발과 추진 분야에서 일할 개연성도 농후하다.

쑨칭쥐(孫慶聚. 61) 부교장은 1975년부터 40여 년 가까이 중앙당교에서만 일한 완전 골수 당교 맨으로 불린다. 조교에서부터 시작해 교수에까지 오르는 전설도 가지고 있었던 탓에 시진핑의 눈을 끌 수 있었다.

중앙당교의 천재 부교장 리수레이. 시진핑의 제갈량이 될 것으로 보인다.

당 이론 방면에서 나름의 역할을 할 것으로 전망되고 있다.

짧은 시간 내에 거의 직계 반열에 오른 리수레이(李書磊. 48) 부교장은 시진핑뿐 아니라 누구라도 좋아할 수밖에 없는 인물로 손색이 없다. 우선 부교장으로 있기에는 한참 어린 나이가 그렇다. 대단한 천재성이 엿보인다. 실제로도 세상이 알아주는 천재였다고 한다. 1978년에 14세의 나이로 베이징대학에 들어가는 기록을 세운 것만 봐도 그렇다. 이어 24세 때인 88년에 중문학 박사 학위를 받은 다음 바로 중앙당교에서 일하기 시작했다. 91년부터 2004년까지는 경험을 쌓기 위해 허베이성과 산시(陝西)성의 지방에서 사장(司長. 국장)급 간부로 일했으나 2008년 12월 부교장으로 중앙당교에 화려하게 컴백했다. 이때에도 그의 나이는 고작 44세에 지나지 않았다. 시진핑의 눈에 확 뜨일 수밖에 없었다. 유비가 제갈량을 만났을 때의 장면이 그럴까 싶었다고 해야 한다. 시진핑이 최고 지도자 자리에 있을 기간에는 정치적으로나 학문적으로 최고의 전성기를 구가할 것으로 평가되는 인물이다.

교수부장에 해당하는 교육장인 쉬웨이신(徐偉新. 56)은 시진핑의 중앙당교 여성 인맥을 대표한다고 봐도 좋다. 철학 박사에 전국부녀연합회에서도 고위 간부로 활동하는 사실이 시진핑의 마음을 사로잡았다. 전국부녀연합회 쪽으로 옮겨가 실세 부주석 정도로 활약할 가능성이 크다. 여성 정책에 대한 자문을 해주고 있다고 한다.

사회과학원에서는 천쿠이위안(陳奎元. 71) 원장이 아무래도 시진핑의 인맥으로 불려야 한다. 시진핑이 저장성 서기로 있으면서 각종 발전 보고서를 만들었을 때 사회과학원 원장의 신분으로 참여한 인연이 있다. 원로인 탓에 막후에서 도움을 줄 인재를 발굴, 추천하는 역할을 할 가능성이 크다.

전국구 이론가인 렁룽(冷溶. 59) 전 상무부원장은 현재는 당 문헌중앙연구실 주임으로 있으나 사회과학원 인맥으로 분류할 수 있다. 동갑에다 자주 저장성에 들러 시진핑과 밤을 새워 토론을 한 인연을 가지고 있다. 시진핑을 중앙 학계에 널리 알린 장본인으로도 유명하다. 이에 대해서는 시진핑도 무척이나 고마워하고 있다는 것이 정설이다. 컴백을 통해 사회과학원 원장으로 부활할 가능성이 크다.

중앙당사연구실에서는 어우양쑹(歐陽淞. 64) 주임이 시진핑의 무한 신뢰를 받고 있는 인맥으로 꼽힌다. 베이징 일대에서는 베이징대학, 칭화대학 다음의 명문으로 꼽히는 런민대학 법학 박사 출신에 학자 스타일임에도 당정 경력이 풍부하다. 나이만 빼면 어떤 면에서는 시진핑과 스타일도 비슷하다. 중용될 경우 사회과학원 쪽에서 활약할 가능성도 크다. 설사 그렇지 않아도 시진핑의 통치 이론을 제공하는 역할 정도는 충분히 해낼 수 있을 것으로 분석되고 있다.

마오쩌둥에서부터 후진타오에 이르기까지의 중국 1-4세대의 각 지도자들은 전면에 내세우는 통치 이념이 있었다. 마오쩌둥의 경우는 이른바 반란을 일으키는 것을 정당화한 이른바 자오판유리(造反有理. 반란을 일으키는 데에는 이유가 있다는 뜻-저자)로 대표되는 사회주의 혁명 사상이라고 할 수 있었다. 이어 덩샤오핑은 셴푸룬(先富論. 먼저 부자가 되라는 이론-저자)이 분명하게 말해주는 개혁, 개방론을 통치 이념으로 삼았다. 또 장쩌민은 이른바 3개 대표 이론, 후진타오는 공동부

유를 주창한 허셰룬(和諧論. 조화론이라는 의미-저자)을 통치 이념으로 내세웠다고 보면 된다. 그렇다면 5세대 지도자인 시진핑도 통치 이념을 만들지 않으면 안 된다. 그렇지 못할 경우 확고한 지지 기반도 다지지 못할 뿐더러 정통성에 문제가 생기기 때문이다. 중앙당교 및 사회과학원과 같은 싱크탱크의 인맥들은 바로 이 통치 이념을 개발하는 역할을 자연스럽게 맡게 될 수밖에 없다. 시진핑이 이들 인맥에 공을 들이고 있는 것은 결코 공연한 일이 아닌 것이다.

6 _
종잇장을 들 힘으로라도 도울 당정 원로 그룹 인맥

중국은 예로부터 법적인 최고 권력자보다 막후 실세가 뒤에서 훨씬 더 막강한 권력을 휘두르는 경우가 많았다. 그래서 법치(法治)보다는 인치(人治)의 나라라고 하지 않았나 싶다. 지난 세기에는 이런 사람이 바로 덩샤오핑이었다. 금세기에는 아마 장쩌민이 아닌가 보인다. 덩보다는 못해도 발언권은 상당하다. 이런 실세는 그룹으로 존재하기도 한다. 지난 세기의 팔로가 이를테면 그랬다. 현재도 크게 다르지 않다. 팔로라는 특별한 명칭만 없다뿐이지 팔로 못지않은 막후 원로 실세들이 적지 않다. 시진핑은 적지 않은 이 원로들로부터도 상당한 지지를 받는 것으로 알려져 있다. 당정 원로 그룹 내에도 인맥이 있다고 해도 좋은 것이다.

원로들 중에서 시진핑에게 힘을 모아주는 가장 두드러지는 인물은 단연 장쩌민 전 총서기 겸 국가 주석이다. 쩡칭훙으로부터 뒤통수를 맞은 것이 한이 돼 한때 지지를 망설였으나 대안이 없는 탓에 지금은 적극 후원하는 그룹으로 분류된다.

현존하는 최고 원로로 불리는 완리(萬里. 96) 전 전인대 상무위원장은 혁명 동지인 아버지와의 관계가 결정적으로 작용했다고 해야 한다. 그러나 시진핑과의 관계 역시 무시할 수 없다. 시진핑이 샤먼시 부시장으로 있을 때 전인대 상무위원장 자격으로 내려와 브리핑을 받은 인연이 간단치 않다. 이때 시진핑으로부터 상당히 좋은 인상을 받았다고 한다. 체육계 거물이자 문인인 큰아들 완바이아오(萬伯翱. 72)를 통해 적극 힘을 불어넣어주는 것으로 알려지고 있다. 완바이아오가 비록 직위는 높지 않았으나 태자당들 사이에서는 쩡칭훙, 쑹커황 같은 인물들처럼 인기가 높은 큰형으로 통하는 탓이다.

쑹핑(宋平. 95) 전 당 정치국 상무위원도 완리와 비슷한 이유로 시진핑에 상당히 우호적인 입장을 견지하는 케이스에 속한다. 시진핑의 칭화대학 대선배이기도 하다. 원로에다 당 중앙조직부 부장을 지낸 이력의 시너지까지 감안하면 영향력이나 파괴력이 아직까지 상당하다는 것이 중론이다. 그의 한마디가 고위 당정 인사들에게는 바로 무시하기 어

중국 당정의 최고 원로 완리(왼쪽)와 쑹핑(가운데). 상징적인 존재들이나 시진핑에게는 큰 힘이 되고 있다.

려운 법일 수 있는 것이다.

　총리와 전인대 상무위원장을 차례로 지낸 장쩌민 급 실세인 리펑(李鵬. 84)은 시진핑과의 인연이 예사롭지 않은 원로로 유명하다. 우선 리 총리 및 상무위원장이 시진핑의 아버지 시중쉰과 밀접한 관계를 맺고 있던 저우언라이 총리와 덩잉차오(鄧穎超) 부부의 양자라는 사실이 그렇다. 훨씬 선배인 시중쉰이 리펑이 출세가도를 달릴 80년대 초반 당 원로로서 막후에서 상당한 영향력을 행사했을 가능성이 있는 것이다. 실제로도 당시 그렇다는 소문이 파다했다. 사실 그럴 수밖에 없었다. 저우언라이의 은혜를 많이 입은 시중쉰으로서는 그래야 도리를 다했다고 할 수 있었기 때문이다. 리펑 역시 이 관계 탓에 시진핑에게 일찌감치 호감을 보였다. 2001년 5월 초에는 두 사람이 밀접한 관계를 맺기도 했다. 당시 전인대 상무위원장으로 있던 리펑은 부인 주린(朱琳. 82)과 함께 시진핑이 성장으로 일하던 푸젠성 우이산(武夷山)에 시찰을 간 적이 있었다. 이때 리펑은 딸 리샤오린(李小琳), 외손녀 등을 포함한 집안사람들까지 대거 대동했다. 일도 보면서 유명한 우이산의 절경을 감상하고자 했던 것이다. 중국적인 시각으로 보면 그럭저럭 넘어갈 수 있으나 서구적인 원칙론에 적용할 경우 리펑의 이 행보는 조금 문제가 있었다. 공과 사를 구별했다고 하기 어려웠다. 평소 원칙에 대해 엄격했던 시진핑 역시 이 때문에 적지 않게 고민했다. 자신이 리펑 전인대 상무위원장과 가족들을 관광지까지 수행해야 하나 생각한 것이다. 그러나 아무래도 나이가 많은 탓에 덜 깐깐할 수 있었던 직속 상사인 서기 쑹더푸는 크게 문제가 안 된다고 봤다. 시진핑의 고민은 곧 풀렸다. 고민이 풀리자 모든 것은 일사천리였다. 아버지와의 관계를 고려해 내친 김에 극진하게 대접하자는 생각을 하게 되기에까지 이르렀다. 급기야 그는 부인 펑리위안까지 대동한 채 리펑을 지극정성으로 수행했다. 이때 부인은 리펑의 부인인 주린을 밀착 수행하면서 남편을 위해 철저한 내조에 나섰다. 만찬이나 흥을 돋울 필요가 있는 자리에서는 즉흥곡을 부르기까지 했다. 리펑 부부와 가족은 흡족한 마음을 뒤로 하고 베이징으로 향할 수 있었다. 리펑은 지금도 이때의 2박3일 일정을 잊지 못한다고 한다. 그가 시진핑을 전폭적으로 지지할 수밖에 없는 원로 핵심 인맥으로 분류되는 이유는 이처럼 분명하다.

당정 원로 그룹 인맥에는 경제학 분야의 유명한 이론가도 있다. 덩쯔지(鄧子基. 89) 전 샤먼대학 경제학원 부원장이 주인공이다. 그다지 공통점이 없는 둘이 가까워진 것은 시진핑의 지식인에 대한 존경 때문이라고 해야 한다. 그는 1985년 6월 32세의 새파란 나이로 부시장으로 내려가자마자 현지의 유력 지식인들과 교류하고자 했다. 아무래도 그래야 샤먼의 발전을 위한 좋은 아이디어를 얻을 수 있다고 생각한 것이다. 이때 가장 그의 귀와 눈을 번쩍 뜨게 한 사람이 바로 전국적으로 명성을 날리기 시작한 덩쯔지였다. 그는 이후 계속 임지를 옮겨 다니면서도 덩쯔지와의 긴밀한 교류를 지속적으로 이어갔다. 덩쯔지가 85세 생일을 맞은 2007년 6월에 시진핑은 상하이 서기로 정신없이 일을 하고 있었음에도 축하 서한을 보냈다. 이런 둘의 밀접한 관계로 볼 때 너무나 당연한 일이었다고 하겠다.

시진핑의 당정 원로 그룹 인맥은 이밖에도 예상 외로 많다. 혹자는 깜짝 놀랄 정도로 다양하다고까지 한다. 아버지가 기본적으로 인맥을 많이 닦아놓은 데다 그 역시 자신보다 대선배들에게는 누구 못지않게 잘했기 때문에 가능할 수 있었지 않나 싶다.

나이가 들면 기본적으로 변화를 그다지 반기지 않는다. 중국의 당정 원로들 역시 크게 다르지 않다. 특히 정치적인 격변은 중국의 미래를 위해 좋지 않다고 생각할 수밖에 없다. 차기 지도자로 유력한 시진핑이 여러 변수에 의해 흔들리는 것 역시 이들에게는 당연히 정치적 격변으로 이어질 가능성이 농후한 기우의 대상이 될 수 있다. 그래서 이들의 상당수는 특별한 경우가 아닌 한 종잇장 들 힘만 있더라도 무작정 시진핑 지지에 나설 가능성이 높다. 후진타오가 장쩌민으로부터 권력을 물려받았을 때도 비슷한 경향을 보인 바 있다. 시진핑이 이들 원로들을 눈에 보이지 않게 각별하게 챙기는 것은 때문에 너무나 당연하다고 볼 수 있다.

7 _
당정의 실무 인맥

시진핑은 2002년 11월의 16차 전국대표대회에서 당 정치국 중앙위원회 위원으로 선출되기 전인 지난 세기 말까지만 해도 중앙 정치무대인 베이징과는 별 인연이 없었다. 아니 베이징 가까운 곳에서 태어났다는 뜻을 가진 이름과는 완전히 반대의 행보를 걸었다. 더구나 중앙위원으로 선출된 이후에도 베이징이 아닌 지방인 저장과 상하이에서 계속 정치 행보를 이어갔다. 일본과 미국 언론에서 그가 리커창과 함께 차세대 리더로 거론되기 시작하자 시골 촌뜨기가 대권을 거머쥐게 됐다는 요지의 기사를 내보내고 했던 것은 다 나름의 이유가 있었다.

그가 시골이 아닌 중앙무대인 베이징으로 컴백한 것은 나이 52세 때인 2007년 10월이었다. 이때 리커창과 함께 정치국 위원을 거치지 않은 채 중앙위원에서 바로 정치국 상무위원회 위원으로 파격 승진하면서 비로소 베이징으로 돌아온 것이다. 무려 35년여 만에 이뤄진 컴백이었다.

따라서 이때까지 중앙 당정에 그의 인맥은 별로 없었다. 하지만 그는 이후 예의 성격대로 조용히 자신의 인맥을 넓혀나갔다. 이중 가장 중량급 인물은 멍젠주(孟建柱. 65) 국무위원 겸 공안부장이라고 해야 한다. 사실 두 사람은 안면을 익히기조차도 쉽지 않았을 만큼 공통점이 상당히 드물었다. 무엇보다 나이 차이가 많이 났다. 멍 국무위원 겸 공안부장이 6세가 더 많다. 게다가 장쑤성 출신인 그는 상하이에서 대학을 졸업한 이후 거의 30여 년 이상을 상하이에서만 보냈다. 2001년 장시(江西)성 서기로 영전하기 전까지 부시장과 부서기를 지냈다. 시진핑과는 만날 기회조차도 없었다. 그러나 그는 30여 년 이상을 상하이에서만 보낸 것에서 보듯 골수 상하이방이었다. 장쩌민의 측근 중 측근이라는 얘기 역시 파다했다. 공통분모는 이제 자연스럽게 나온다고 해야 한다. 장쩌민을 매개로 연결된다는 사실을 알 수 있는 것이다. 더구나 장쩌민은 2007년 시진핑이 차기 지도자로 사실상 확정되자 공안 분야에 완전 문외한인 멍젠주를 다음해 3월의 11기 전인대 1차 회의에서 공안부장으로 적극 밀었다. 군대와 함께 권력의 축인 경찰을 확실하게 장악하도록 측근을 통해 시진핑에게 힘을 실어주려 했다는 얘기다. 이후의 멍 국무위원 겸 공안부장의 행보를 보면 이 추측은 그대로 증명이 된다. 그가 거의 시진핑의 오른팔처럼 움직인 것이다. 2011년 2월 김정일 북한 위원장의 방중 일정을 논의하기 위해 은밀히 평양을 방문한 것은 다 이유가 있다고 하겠다.

멍 국무위원 겸 공안부장에 버금가는 측근의 당정 인맥으로는 당의 외교 문제를 총괄하는 왕자루이(王家瑞. 63) 당 대외연락부장이 꼽힌다. 2008년 3월 시진핑이 국가 부주석에 오른 이후부터 본격적인 관계를 맺었으나 친밀도는 알고 지낸 기간과 상관없다는 사실을 증명하듯 상상을 초월한다. 시진핑이 당과 관련한 활동에 나설 때면 거의 늘 수행하는 것을 원칙으로 하고 있다. 가까워지지 않으려고 해도 그러기가 도통 어렵다. 북한 문제와 관련할 때면 가장 먼저 이름이 등장하는 인물이기도 하다. 현재로서는 외교부장에 오를 가능성이 없지 않으나 부장급의 중량을 자랑한다는 사실에 비춰보면 아예 외교 담당 국무위원으로 곧바로 점프하지 말라는 법도 없다. 나이와 경력 모두 충분히 그럴 만하다는 것이 중평이다.

외교부에서는 류훙차이(劉洪才. 57) 주북한 대사가 우선 꼽혀야 할 것 같다. 2008년 5월 북한을 방문했을 때 당 대외연락부 부부장의 자격으로 수행하면서 각별한 인연을 맺었다. 중앙 정부 외교부의 순혈(純血) 외교관이 아닌 대외연락부 출신임에도 북한 대사로 2010년 3월 부임한 것도 이때의 인연과 무관하지 않았다. 김정일 국방위원장의 타계 소식을 시진핑이 가장 먼저 알도록 했다는 소문이 있을 정도로 관계가 밀접하다.

줄곧 외교부에서 잔뼈가 굵은 왕이(王毅. 59) 국무원 대만사무판공실 주임은 동갑에다 부인이 저우언라이 전총리 비서의 딸이라는 인연이 만만치 않다. 외교부 부부장과 주일 대사를 지낸 이력, 현 당 중앙위원이라는 위치로 볼 때 차기 외교부장에 오를 가능성이 농후하다. 영화배우를 했어도 괜찮았을 스마트한 인상과 달변이 시진핑의 눈과 귀를 사로잡았을 것으로 보인다.

역시 외교부 출신인 왕광야(王光亞. 62) 홍콩마카오사무판공실 주임은 시진핑이 양 지역의 문제를 책임지는 자리에 있는 만큼 직계로 불려도 손색이 없다. 더구나 왕 주임은 외교부장을 지낸 천이의 사위로 외교부에 근무할 때부터 태자당으로 유명했다. 알게 모르게 동류의식을 가질 수밖에 없다고 보면 크게 틀리지 않는다. 왕자루이나 왕이에게 밀릴 경우 미국이나 유엔, 러시아 등 중량급 국가나 국제기구의 대사로 중용

스즈훙. 당정에 숨어 있는 시진핑의 실세로 통한다.
쩡칭훙의 비서도 지냈다.

될 개연성이 다분하다.

가오후청(高虎城. 61) 상무부의 국제무역담판 대표 겸 부부장은 국제통상 분야에서만큼은 능력을 인정받고 있는 경제 부처의 인맥으로 알려져 있다. 시진핑과 얼굴을 본격적으로 익힌 것은 역시 2008년 3월부터이나 마치 오랜 측근처럼 지근거리에서 보좌하고 있다. 국제무역담판 대표 자리가 부장급이므로 이보다 더 중용될 가능성이 높다. 그렇지 않더라도 상무부장 0순위 후보로 불린다.

중난하이 최고의 싱크탱크로 통하는 당 중앙정책연구실의 스즈훙(施芝鴻. 54) 부주임은 시진핑 인맥의 숨은 실세로 꼽힌다. 홍콩이나 대만의 중국 전문가들도 그의 이름을 들으면 고개를 갸웃거릴 만큼 아는 사람이 그다지 많지 않다. 그러나 이력이 결코 간단치 않다. 우선 상하이에 오래 근무하면서 쩡칭훙의 비서를 지냈다는 이력이 눈에 띈다. 정치적 대부인 쩡칭훙이 지원 사격을 위해 현재 자리에 보냈을 가능성이 상당하다. 2008년 5월 시진핑의 방북 때도 그림자처럼 수행해 눈썰미 있는 차이나 워처들의 관심을 끌기도 했다. 시진핑이 당정의 전권을 완벽하게 다 물려받을 경우 후진타오의 장자방(張子房)으로 불리는 왕후닝(王滬寧. 57) 중앙서기처 서기 겸 중앙정책연구실 주임, 링지화(令計劃. 56) 중앙서기처 서기 겸 중앙판공청 주임의 역할을 할 것이 거의 확실시되고 있다. 특별한 돌발 변수가 없다면 직속상관인 왕후닝의 자리를 물려받아 중앙당교와 사회과학원의 최고 이론가들과 함께 시진핑의 통치 이념을 만들어내는 태스크포스의 책임자가 될 가능성도 있다.

여성인 자오타오(趙濤. 52) 중앙정책연구실 비서장 역시 스즈훙 부주임의 판박이라고 보면 된다. 드물게 보는 중앙정책연구실의 여성 인재로 지금까지 보여준 능력을 발휘한다면 갑작스레 두각을 나타내지 말라는 법이 없다. 시진핑이 중용하기 위해 눈여겨보고 있다는 설이 파다하다.

인간적으로 가깝지 않으면 오히려 이상한 비서 종사오쥔(鍾紹軍. 54) 도 주목하지 않으면 안 되는 측근의 인맥이다. 저장성에서 성위 조직부 부부장을 역임하는 등 직급은 그다지 높지 않았으나 시진핑으로부터 청렴함과 능력은 인정받았다. 때문에 저장성에서부터 시작해 상하이와 베이징에 이르기까지 시진핑을 밀착 수행하는 비서 역할에 충실할 수 있었다. 앞으로 중용되지 않으면 그게 이상할 수도 있을 듯하다.

당정 곳곳에 배치돼 있는 시진핑의 인맥은 대체로 실무형이라고 해야 한다. 따라서 시진핑이 당정 현안 문제들을 추진할 때 누구보다도 적극적으로 전면에 나서서 활동할 것이 확실하다. 또 하나같이 조용하면서도 실사구시적인 시진핑의 색깔을 잘 드러내는 쪽으로 정책을 추진할 것으로 예상된다.

8 _
"우리가 남이가!"를 외치는 대륙 밖 중화권 인맥의 면면

대만과 같은 방언과 문화, 풍습을 공유하는 사실상 같은 경제권이라고 해도 좋은 푸젠성이 시진핑에게는 거의 고향이라고 해도 좋다. 이때 투자 유치를 위해 대만과 홍콩 및 동남아 화교 기업인들을 많이 만났다. 이런 행보는 저장성과 상하이 서기를 지낼 때 역시 끊이지 않았다. 2007년 10월 정치국 상무위원회에 진입한 이후 아예 홍콩마카오 업무조정소

화교 인맥 중에서는 쩡인취안 홍콩 행정장관이 가장 두드러진다. 쩡 장관과 베이징 댜오위타이에서 만나는 시진핑.

조를 이끌면서부터는 더했다. 대륙 밖 중화권 지역의 유력 인사들과 인맥을 쌓지 않으려고 해도 운명적으로 그럴 수가 없었다.

중국어로는 "워먼스이자런(我們是一家人)!", 한국어로는 "우리가 남이가!"를 외칠만한 시진핑의 대륙 밖 인맥에서 가장 두드러지는 인물은 아무래도 쩡인취안 홍콩 행정장관을 꼽아야 할 것 같다. 두 사람의 관계는 시진핑이 홍콩마카오 업무조정소조의 책임을 떠맡기 전까지는 그다지 긴밀하지 않았다. 그럼에도 시진핑은 쩡인취안에 대해서는 잘 알고 있었다. 쩡 역시 마찬가지였다. 두 사람은 그러다 17기 전국대표대회가 끝난 1개월 여 후인 2007년 11월 말부터 본격적으로 친해지기 시작했다. 당시 쩡은 행정특구 관련 업무 보고를 하기 위해 허허우화(何厚鏵,

57) 마카오 행정장관과 함께 베이징을 찾았다. 시진핑은 이때 둘을 국가 영빈관인 댜오위타이(釣魚臺)에 초대해 연회를 베풀었다. 쩡은 시진핑의 환대에 완전 감격했다. 샐러리맨 출신인 자신이 아무리 행정장관이라 해도 국가 원수급만 출입이 가능한 댜오위타이 초청은 대단한 파격인 탓이었다. 그는 감격에 겨워 한 없이 자신을 낮췄다. 시진핑이 무슨 말을 할 때마다 수첩을 꺼내 마치 학생이 교사의 수업 내용을 받아쓰듯 진지하게 메모하는 것은 기본이었다. 의자에 편안하게 앉지 않은 채 가능한 한 시진핑 앞쪽으로 바짝 몸을 기울인 모습은 아예 쓴웃음까지 유발시킬 정도였다. 주군을 대하는 신하의 자세가 그야말로 따로 없었다. 조금 심하게 말하면 행동으로 하는 아부였다. 시진핑 역시 이 사실을 모르지 않았다. 그러나 사람의 심리는 묘하다. 공자는 교묘한 말과 아첨하는 얼굴을 하는 사람 중에는 어진 사람이 없다고 했으나 세상에 아부 싫어하는 사람은 드물다. 심지어 영웅호걸, 뛰어난 군주 등도 아부에는 약했다는 사실을 동서고금의 역사는 보여준다. 시진핑 역시 그랬다. 한 없이 자신을 낮춘 쩡인취안을 나쁘게 볼 이유가 없었다. 쩡인취안으로서는 중앙 정부 차기 지도자의 눈도장을 확실히 받았다고 해도 좋았다. 이후 그는 거의 매년 베이징을 방문, 시진핑의 신임을 얻으면서 홍콩을 대표하는 인맥으로 더욱 분명하게 떠올랐다. 그의 행보는 2011년 연말과 2012년 연초에도 계속 이어졌다. 시진핑은 이때마다 그에 대한 무한 신뢰를 보냈다. 2008년 7월에는 홍콩을 방문, 그를 격려하면서 힘을 실어주기도 했다. 바로 둘의 이런 관계 때문에 쩡인취안은 2012년 행정장관에 재선된 다음 17년에는 직선 장관으로 선출될 가능성도 농후하다. 쩡의 충성인지 아부인지 영 헷갈리는 몸 낮추기가 짧으면 5년, 길면 10년까지도 갈 것이라는 전망은 그래서 별로 과하다고 하기 어렵다.

시진핑의 홍콩 인맥은 쩡인취안을 대표로 하는 정계에만 있다고 생각하면 당연히 오산이다. 오히려 인맥의 질은 재계 쪽이 더 좋다. 대체로 홍콩의 푸젠방 기업인들을 중심으로 하는 이들 재계 인사 중에서 가장 주목되는 인물로는 FIFA(국제축구연맹)에까지 영향력을 행사하는 훠전팅(霍震霆. 66) 홍콩 올림픽위원회 주석이 단연 먼저 꼽힌다. 홍색 자본가로 유명했던 훠잉둥(霍英東)의 아들이라는 친분을 통해 시진핑과 연결된 것으로 알려져 있다. 축구를 엄청나게 좋아하는 시진핑과 공유하는 취미도 비슷한 탓에 더 가까워졌다는 것이 홍콩 언론의 전언이다. 훠잉둥 그룹이라는 기업을 운영하는 자본가답게 중국을 위해 통 큰 기부를 하는 것도 시진핑의 환심을 사면서 핵심 인맥으로 분류되는 이유이기도 하다. 지금까지 150억 위안(2조 7000억 원)의 기부를 한 것으로 추산되고 있다. 그러나 원조 플레이보이였던 아버지에 이어 자신, 그리고 20~30대인 아들 삼형제가 모두 여성 편력이 심해 홍콩에서는 평판이 그다지 좋지 않다. 지금도 '화화궁쯔(花花公子. 플레이보이) 3대 가문'의 주역이라는 비아냥에 시달리고 있다. 최고 권력을 거머쥘 시진핑과 더욱 끈끈한 인맥을 유지하려는 이유 역시 이런 사실과 무관하지 않다. 아무래도 자신의 이미지 쇄신에 도움이 된다고 판단을 한 듯하다. 시진핑이 발탁할 경우 아버지처럼 중앙 정협에서 고위직을 맡을 가능성이 적지 않다.

푸젠방 기업인들의 대부로 불리는 황이훙(黃宜弘. 91) 융구(永固)제지유한공사 회장은 시진핑과 거의 30여 년의 인연을 자랑하는 인맥에 속한다. 장년 시절 투자를 위해 고향인 푸젠에 아예 살다시피 하는 노력을 기울이다 30세 이상 차이 나는 시진핑과 나이를 떠난 의기상통을 했다. 푸젠에 투자한 홍콩 기업인들의 상당수가 그의 권유에 따라 진출을 결심했다고 한다. 시진핑이 거의 아버지처럼 모시는 만큼 살아 있을 때까지는 상호 도움을 줄 전망이다. 부인이 홍콩의 김수현이라고 불러도 좋은 유명 소설가 량평이(梁鳳儀. 63)이다.

손가락이 아무리 많아도 다 헤아리기 어려울 홍콩 인맥에 비한다면 마카오의 인맥은 아주 단출하다는 표현이 좋을 듯하다. 우선 전 행정장관 허허우화가 먼저 꼽힌다. 1999년부터 초대 및 2대 행정장관을 역임한 이력에서 보듯 마카오 최고 실세로 불려도 좋다. 매년 베이징을 방문, 업무 보고를 하면서 시진핑과 얼굴을 자주 익혔다. 후임인 추이스안(崔世安. 55) 행정장관 역시 크게 다르지 않다. 열심히 얼굴을 익히면서 급속도로 시진핑과 친분을 쌓고 있다. 젊다는 점과 미국의 박사 학위 소지자라는 사실이 크게 어필하고 있는 것으로 봐도 괜찮다.

재계에서는 옌옌링(顔延齡. 64) 바오성(寶盛) 그룹 회장이 대표적인 시진핑 인맥으로 불린다. 푸젠성 출생으로 30대 초반의 청년 시절 마카오에 이민, 부를 쌓은 이력이 아주 독특하다. 고향에 투자를 하기 위해 지난 세기 80년대 후반부터 푸젠을 들락거리다 시진핑과 연이 닿았다. 당시 청렴한 것으로 유명했던 젊은 시진핑에 반했다고 한다. 시진핑 역시 자수성가한 그에게 투자를 위한 각종 편의를 아끼지 않았다. 오래전부터 서로에게 없어서는 안 될 사이였다는 얘기다. 지금도 베이징에 들르면 반드시 시진핑을 만난다고 한다.

늘 머리를 박박 밀고 다니는 탓에 조폭이라는 오해를 받는 천밍진(陳明金. 50) 진룽(金龍) 그룹 회장 역시 거론해야 할 것 같다. 옌 회장처럼 80년에 마카오에 이주, 젊은 나이에 자수성가하는 기적을 일군 인물로 유명하다. 시진핑과의 밀접한 관계나 정치적인 성향으로 미뤄볼 때 언젠가는 마카오 행정장관에 오를 것으로 전망되고 있다.

대만의 인맥은 아무래도 정계보다는 재계에 더 많다고 해야 할 것 같다. 대체로 푸젠과 저장에서 일할 때 발전시킨 인맥이라고 보면 된다. 대표적인 인물이 대만 최대 기업이라고 해도 좋은 타이쑤(臺塑) 그룹의 왕문옌(王文淵. 65) 회장이다. 타이쑤의 창업자 왕융칭(王永慶)의 조카로 큰아버지가 푸젠에 본격적으로 투자하기 시작한 1980년대 중반 이후부터 시진핑과 긴밀하게 교류한 경험을 갖고 있다. 시진핑이 푸젠 성장으로 있던 시절에는 1년에 몇 차례 만나기도 한 사이였다. 시진핑의 입장에서 볼 때는 투자유치 실적을 올리도록 해준 고마운 은인 중의 한 명으로 꼽을 수 있다. 향후 대륙 투자를 더 늘릴 경우 끈끈한 인맥을 바탕으로 적지 않은 혜택을 볼 가능성이 크다. 시진핑으로서도 대만에까지 외연이 확대된 인맥을 자랑하는 것이 나쁠 이유가 없다.

왕융칭의 장남임에도 타이쑤 그룹의 경영권을 사촌 형과 형제들에게 빼앗긴 비운의 주인공 왕원양(王文洋. 61) 홍런(宏仁) 그룹 회장 역시 시진핑의 인맥으로 봐도 괜찮다. 원래는 장쩌민의 아들 장몐형 전 사회과학원 부원장과 막역한 사이였으나 최근에는 시진핑과도 이런저런 인연을 만들어나가고 있다. 상하이에 홍리(宏力)반도체를 설립, 운영하고 있기 때문에 시진핑이 상하이 서기 시절 짧은 7개월여 동안 빈번하게 만남을 가진 것으로 알려지고 있다.

국민당 정권에서 재정부장과 행정원장을 지낸 샤오완창(蕭萬長. 73)은 대만 정계에서는 드물게 보는 시진핑의 인맥이다. 샤오 전 원장이 대만양안공동시장기금회 이사장으로 있을 때인 2002년 8월에 대면한 이후 비교적 좋은 감정을 가진 채 기회 있을 때마다 다양한 형태로 교류하고 있다. 정치적인 문제로 자주 대면하지 못하는 탓에 격의 없는 밀접한 관계로까지 발전하지는 못하고 있다. 이 점에서는 외교부장과 감찰원장을 지낸 첸푸(錢復. 77) 대만양안공동시장기금회 최고 고문 역시 크게 다르지 않다. 대만에서는 샤오 전 원장 다음으로 시진핑을 잘 아는 원로 정계 인사로 알려져 있다. 2010년 4월 하이난(海南)성 보아오(博鰲)에서 열린 아시아 포럼 회의를 통해 안면을 본격적으로 익혔다고 한다. 양안 관계가 더 발전할 경우 샤오 전 원장과 함께 마잉주(馬英九. 63) 총통을 시진핑에게 연결시킬 유력 인사로 꼽히고 있다.

동남아 일대에서 활약하는 시진핑의 화교 인맥은 대만에 비한다면 상대적으로 밀접하다고 해야 할 듯하다. 대표적인 인물은 역시 앞에서 잠깐 언급한 린원징을 꼽아야 한다. 그의 협력을 통해 동남아 화교의 투자가 봇물 터지듯 푸젠성에 이뤄졌다는 사실 하나만 봐도 그렇다. 인도네시아 국부의 상당 부분을 차지한다는 살림(三林) 그룹의 명예회장과 회장인 린사오량(林紹良. 96), 린펑성(林逢生. 63) 부자 역시 비슷한 케이스에 해당한다. 일찌감치 푸젠성에 대규모 투자를 진행한 탓에 시진핑과 안면을 익힌 다음 현재까지 긴밀하게 교류하고 있다.

동남아를 비롯한 전 세계 각지의 시진핑 화교 인맥은 당연히 이들 외에도 많다. 일부에서는 다 모으면 웬만한 규모의 화상(華商) 대회를 여는 것이 가능할 것이라는 농담까지 할 정도이다.

시진핑의 대륙 밖의 끈끈한 인맥은 이처럼 라이벌 리커창의 이름이 들먹여지는 것이 우스울 정도로 막강하다. 그가 오랫동안에 걸친 경쟁 레이스에서 극적인 뒤집기에 성공한 요인 중 하나가 바로 여기에 있다고 하면 과연 지나친 분석일까. 반드시 그렇지만은 않겠으나, 그만큼 그의 해외 인맥은 막강하다고 할 수 있다.

9 _
한국과 북한 인맥도 있다

시진핑은 50대를 넘어서는 순간까지 한국과는 그다지 큰 인연을 맺지 못했다. 한국과 별로 관계가 긴밀하지 못한 곳인 푸젠성에서 오래 일한 탓이었다. 그러나 저장성 서기로 일하던 2005년 저장과 자매결연 관계이던 전라남도의 초청으로 방한한 이후부터는 180도 달라졌다. 끈끈한 인연을 쌓지 못한 그동안의 한풀이라도 하려는 듯 한국 인맥의 외연을 넓혀 가기 시작한 것이다. 이후에는 지한파라는 소리를 들을 정도로 진짜 광범위하게 인맥을 다졌다.

그의 한국 인맥은 우선 재계에 널리 퍼져 있다. 이는 그가 2005년 방한 당시 재계 인사들을 많이 만난 것과 관련이 있다. 서울과 광양, 제주도 등지에서 구본무 LG그룹 회장, 최태원 SK 회장, 윤종용 삼성전자 부회장(현 비상임 고문), 노기호 LG화학 사장, 차석용 LG생활건강 사장 등을 만난 것이다. 그는 이들 중 구 회장, 최 회장 등과는 해당 기업의 저장성 투자와 관련해 몇 차례 더 만나 확실하게 친분을 쌓았다.

중국 사업이 많은 현대기아자동차 그룹의 정몽구 회장과도 관계가 좋다. 정 회장과의 관계는 자칭린 정협 주석이 중간에 끼어 있다는 사실이 흥미롭다. 정 회장은 베이징 외곽인 순이(順義)에 베이징현대를 설립할 때인 2002년 자 주석의 각별한 후원을 받은 바 있다. 당시 자 주석의 전폭적 지지가 없었다면 공장 설립은 불가능했다는 말이 나돌았으니 관계가 어느 정도인지는 굳이 설명을 필요로 하지 않는다. 이후 둘은 술도 같이 할 만큼 인연을 깊은 우정으로까지 이어갔다. 사석에서는 호형호제할 정도였다고 한다. 때문에 자 주석과 밀접한 관계인 시진핑 역시 정

회장과 아주 자연스럽게 친해질 수 있었다. 특히 그는 정 회장의 측근인 쉐룽싱(薛榮興. 67) 부회장과 탄다오훙(譚道宏. 53) 부사장, 린쥔궈(林均國. 41) 이사 등 대만 출신 화교들이 전진 배치돼 맹활약하는 것에 대해 좋은 감정을 가지고 있다고 한다.

시진핑은 삼성전자의 이재용 사장, 금호아시아나 그룹의 박삼구 명예회장, 효성 그룹의 조석래 회장과도 격의 없는 대화를 나눌 정도로 교류하고 있다. 특히 이 사장과는 자신의 정치적 고향이기도 한 푸젠과 저장에 대한 삼성 그룹의 화끈한 투자를 이끌어내기 위해 상당한 공을 들인다고 한다.

물론 그의 한국 내 재계 인맥에 대해 평가 절하하는 시각이 없지는 않다. 한국과는 정치적으로 크게 얽힐 필요가 없으니 대안으로 재계 쪽 인사들과 밀접한 관계를 유지하려 한다는 분석이 아닌가 싶다. 또 일부에서는 아주 깊숙하게 들어가 보면 그다지 관계도 끈끈하다고 하기 어렵다고 혹평하기도 한다. 더구나 시진핑을 비롯한 중국의 당정 최고 지도부는 한국의 기업인들이 중국 기업인들 못지않게 도덕적으로 상당히 문제가 있다는 사실을 모르지 않는다. 굳이 인간적으로 진짜 가까워져서 주위에서 색안경을 낀 채 보도록 할 필요가 없다고 생각한다는 얘기이다. 이 분석은 2006년 내내 불법 비자금 사건으로 재판을 받던 모 그룹 C 회장의 중국에서의 행보를 보면 잘 알 수 있다. 그는 당시 자신의 중국 내 인맥 과시를 통해 재판에 유리한 분위기를 조성하려고 온갖 노력을 다 기울이고 있었다. "아, C 회장이 실형을 살면 그 회사의 중국 사업은 말할 것도 없고 글로벌 사업이 차질을 빚겠구나." 하는 여론의 형성에 목을 맨 것이다. 때문에 그는 중국에 올 기회가 있을 때면 자신과 호형호제하는, 한국이 무시하기 어려운 실력자 J를 만나고자 했다. 당연히 이때

마다 한국 언론사 특파원들이 우호적인 관련 기사를 써줄 것이라고 기대했다. 하지만 그의 생각은 처음부터 삐그러지기 시작했다. J가 이 핑계 저 핑계를 대면서 만남을 회피한 것이다. J로서는 한국에서 범법자 신분으로 재판을 받고 있는 C를 만나서 좋을 게 없다고 판단한 까닭이었다. 이 일화만 보면 시진핑의 한국 내 재계 인맥이 진짜 별 것 아니라는 분석은 완전히 틀리다고 하기는 어렵다. 하지만 어쨌거나 그를 알고 지내는 한국의 재계 인사들이 적지 않은 것만은 사실이다.

시진핑의 한국 정계 내 인맥은 재계의 그것보다는 못해도 나름 언급할 수준은 된다. 2005년 방한 때 안면을 익힌 이후 수차례 만남을 가진 바 있는 박준영 전남지사가 대표적으로 꼽힌다. 두 사람은 상당히 의미 있는 일화도 남겼다. 때는 2007년 시진핑이 상하이 서기 시절이었다. 당시 상하이를 방문 중이던 박 지사는 상하이의 대한민국 임시정부 청사가 헐릴 위기에 처했다는 소식을 듣게 된다. 그는 즉각 시진핑에게 상하이 임시정부 청사가 왜 보존돼야 하는지를 10여 분에 걸쳐 상세하게 설명했다. 시진핑은 박 지사의 말을 경청한 다음 곧바로 현장에서 관련 조치를 지시했다. 이어 시진핑은 박 지사에게 "지사와 한국인의 희망이 이뤄지도록 이 자리에서 모두 지시했다."면서 그야말로 통 크게 화답했다. 두 사람의 관계를 그대로 말해주는 일화라고 해야 할 것 같다.

차기 대권 주자이자 한국판 태자당 성골이라고 해야 할 박근혜 위원장 역시 시진핑의 인맥으로 꼽혀야 할 것 같다. 첫 만남은 역시 2005년 시진핑이 방한했을 때 이뤄졌다. 이때 박 위원장은 시진핑에게 새마을운동과 관련한 조언을 한 것으로 알려지고 있다. 두 번째 만남은 2008년 봄 박 위원장이 정부 특사로 중국을 방문하면서 이어졌다. 이때 박 위원장은 한중 교류 확대 등과 관련한 많은 대화를 나눈 것으로 알려졌다. 시진핑이 2009년 12월 국가 부주석 자격으로 방한했을 때도 둘의 만남은 성사됐다. 비슷한 출신 성분을 가진 것이 동류의식을 가지게 했을 것이라는 평가가 없지 않다.

21세기 이후 주중 대사를 지낸 인물들도 시진핑의 한국 내 인맥으로 분류하지 않으면 안 된다. 가장 대표적인 인물이 한국 외교부의 대표적 중국통으로 불리던 김하중 전 대사가 아닌가 싶다. 외교부 고위 관계자에 따르면 김 전 대사가 중국어가 유창한 탓에 시진핑이 유난히 속내를 많이 드러냈다고 한다. 나중에는 호형호제하는 관계로까지 발전했다. 당연히 7세나 연상인 김 전 대사가 형으로 불린다.

류우익 전 대사는 재임 기간 시진핑이 방한한 탓에 전 일정을 수행한 인연이 깊다. 무려 3박4일의 그림자 수행을 한 만큼 베이징에서보다 더 깊숙한 대화를 나눴을 것으로 추정된다. 시진핑이 영어, 류 전 대사가 중국어가 안 돼 중간에 통역이 끼는 탓에 관계에 비해 더 깊숙한 대화를 나누지 못한다고 한다.

시진핑은 이외에 반기문 유엔 사무총장, 김형오 전 국회의장, 정운찬 전 총리, 신정승 전 주중 대사, 신봉길 전 주중 공사, 이상희 전 국방부 장관, 이세기 한중친선협회 회장 등과도 면식이 있다. 또 손학규 전 민주당 대표와는 가장 최근인 2011년 7월 초에 회담을 갖고 의기투합한 것으로 알려져 있다. 당시 시진핑은 제1 야당의 대표 예우를 깍듯하게 해 손 전 대표에게 깊은 인상을 남긴 바 있다.

중국과 혈맹 관계인 북한에도 시진핑의 인맥이 없다면 이상하다. 아니 혈맹인 탓에 오히려 인맥의 질이 한국보다 더 좋다고 해도 크게 틀리지는 않는다. 역시 부친의 돌연한 사망으로 젊은 나이에 최고 지도자 자리를 물려받은 김정은과의 관계가 밀접한 듯하다. 때문에 시진핑이

북한에도 시진핑의 인맥은 있다. 중국을 방문한 김정일 국방위원장을 안내하는 시진핑 부주석.

2011년 세밑을 앞두고 김정일 국방위원장이 타계하자 즉각 베이징의 북한 대사관을 찾아 애도를 표한 것은 단순한 외교 관례 이상의 의미를 부여할 수 있다. 더구나 이때 시진핑은 다음 날인 20일 베트남과 태국 방문을 앞두고 있었다. 결코 쉽지 않을 조문이었다. 당초 당정 조문단 대표로까지 유력하게 거론됐던 것 역시 크게 다르지 않다. 단순하게 차기 지도자 내정자이기 때문이 아니라 중국 내에서는 그보다 더 김정은과 관계가 밀접한 인물을 찾기가 어려운 탓이었다고 해야 한다. 이런 관계를 맺은 것은 역시 2008년 5월의 방북 때부터라고 보면 틀리지 않는다. 당시 그는 부친과 함께 나타난 김정은과 상당 기간 진지한 대화를 나눈 것으로 알려져 있다. 사진도 함께 찍었다. 둘의 공식 만남은 이때가 처음이자 마지막이었다. 그러나 만남의 회수보다는 질이 중요하다는 사실을 감안하면 둘의 밀접한 관계는 의심할 여지가 없다. 또 양국의 사이로 볼 때 비공식 접촉이나 중간에 가장 믿을만한 측근을 끼워놓고 했음직 한 교류 등은 얼마든지 가능했을 수도 있다. 실제로 시진핑은 멍젠주 국무위원 겸 공안부장을 2011년 2월에 북한에 보내 김정일 위원장 부자를 면담한 다음, 둘의 동반 방중을 물밑 조율하기도 했다. 이해 5월에 이뤄진 김정일의 방중이 한때 김정은의 방중으로 잘못 알려져 전 세계적인 오보가 난 것도 다 이때 멍 국무위원 겸 공안부장의 은밀한 행보와 관련이 있었다. 이로 볼 때 시진핑은 2012년에 한 번은 방중할 것으로 예상되는 김정은의 카운터파트로서 더욱 끈끈한 교류의 끈을 이어갈 것으로 예상된다.

2010년 10월 부임한 지재룽(70) 주중 북한 대사 역시 북한의 손꼽히는 시진핑의 인맥으로 봐도 무방하다. 공식적으로는 시진핑을 두 차례 만난 것으로 알려져 있다. 2008년 6월 시진핑이 방북했을 때와 2011년 4월에 김정일 위원장의 방중과 관련한 실무 협의 차 만났을 때였다. 모두 군이 상당한 의미를 부여할 특별한 만남은 아니었다. 하지만 지 대사가 김정일의 수차례 방중 때마다 밀착 수행했다는 사실을 감안하면 얘기는 조금 달라진다. 시진핑과 자주 조우했을 가능성이 없지 않은 것이다. 더구나 지 대사는 노동부 국제부 부부장 출신이다. 중국 공산당과 교류하는 과정에서 시진핑과 실무적인 차원 이상에서의 교분을 나눴을 가능성이 없지 않다. 시진핑의 외교부 내 직계 인맥으로 통하는 류훙차이 주북한 대사와 밀접한 관계를 맺고 있다는 사실 역시 둘의 관계를 단순하게 보기 어렵게 만드는 요인이라고 해도 좋다.

시진핑의 북한 내 인맥으로는 이들 외에, 공식적인 만남의 횟수는 가장 많은 김영남(84) 최고인민회의 상임위원장을 비롯해 강석주(73) 내각 부총리, 대중 외교를 총괄하는 김영일(65) 노동당 국제부장 등 역시 손꼽힌다. 모두 많게는 5~6차례, 적게는 2~3차례 이상 만나 양국의 현안을 깊숙하게 논의했다는 것이 정설로 통한다.

시진핑은 남북한의 각계 인사들을 만날 때마다 한반도의 남북은 모두 중국의 친구라는 정말 틀에 박힌 말을 한다. 실사구시를 중요하게 생각하는 중국의 미래 최고 지도자의 입에서 나올 수밖에 없는 말이라고 해야 할지도 모른다. 하지만 남북한을 가능하면 대등하게 대하려는 중국의 최근 태도를 보면 나름 상당한 진정성도 느껴지는 말이라고 해도 좋다. 앞으로도 그의 한반도 인맥이 더욱 부단히 확대될 것이라는 관측은 그래서 너무나 당연할 수밖에 없다.

10 _
어메이징 미국 인맥

미국은 중국의 가상 적국이라고 해도 괜찮다. 중국 역시 내심으로는 이렇게 생각한다. 인민해방군이 첨단 IT 기기와 무기 및 장비를 총동원해 내부적으로 시뮬레이션 워 게임을 할 때마다 상대가 당연히 미국이 되는 것은 다 까닭이 있다고 할 수 있다. 그렇다고 양국의 외견적인 관계가 과거 미국과 구소련이 그랬듯 핵미사일을 놓고 상대에게 공갈을 치는 험악한 관계는 아니다. 어떻게 보면 구밀복검(口蜜腹劍. 입에는 꿀, 가슴에는 칼을 품는다는 의미), 불구사심(佛口蛇心. 부처의 입, 뱀의 마음)이라는 말이 어울릴만한 태도를 상대에 대해 가지고 있다고 해도 크게 틀리지 않는다. 양측의 정치, 경제 교류 역시 마찬가지 아닐까 싶다. 서로 으르렁거리면서도 각각 서로의 가장 큰 무역 상대국 중 하나로 꼽히고 있을 뿐 아니라 정상들은 꾸준하게 만면에 웃음을 띤 채 정기적인 교류를 하고 있다. 시진핑이 2012년 2월 중순에 미국을 방문, 버락 오바마 대통령과 회담을 가진 것은 다 이런 양국의 관계를 보면 별로 이상하게 보이지 않는다.

시진핑이 가상 적국 미국에 나름의 상당한 인맥이 있는 것 역시 크게 다르지 않다. 중국의 미국에 대한 시각과 관계를 보면 고개가 끄덕여진다. 가장 먼저 꼽혀야 하는 인맥은 역시 손으로 헤아리기 어려울 만큼 많은 만남을 가진 헨리 폴슨 전 재무부 장관이 아닐까 싶다. 2006년 7월 골드만삭스 회장에서 재무부 장관으로 말을 갈아탄 폴슨은 그 이전 중국을 무려 70여 차례나 드나든 중국통으로 유명했다. 2001년에는 푸젠 성장으로 있던 시진핑과 투자 문제로 몇 차례 회담을 하기도 했다. 이후부터 둘은 그야말로 의기상통, 이른바 국경과 민족을 초월하는 우정을 나눴다. 특히 폴슨은 대머리에 안경을 쓴 예리한 독수리 같은 인상에서 보듯 시진핑이 조만간 리커창과 함께 중국을 이끌 최고 지도자가 될 것이라는 사실을 직감했다. 또 CIA 등으로부터 미리 관련 정보도 입수하고 있었다. 이어 지속적으로 관심을 가진 것은 당연할 수밖에 없었다. 그의 생각은 말할 것도 없이 그대로 들어맞았다. 때문에 그는 장관 취임 후 처음 방중한 2006년 9월 19일 옛 친구 시진핑을 생각하고 베이징이 아닌 저장성의 성도 항저우를 처음 방문지로 선택할 수 있었다. 당시 시진핑이 저장성에서 서기로 일하고 있었던 것이다. 둘은 이른바 오랜 친구답게 항저우의 아름다운 호수 시후(西湖) 주변을 거닐면서 회포를 풀었다. 미국의 『월스트리트 저널』에는 둘의 박장대소하는 사진이 실리기까지 했다. 시후에서 회동해 사적인 회포를 푼 다음부터 둘의 사이는 더욱 긴밀해졌다. 하기야 둘의 화끈한 만남은 이른바 윈-윈이었으므로 그럴 수밖에 없었다. 무엇보다 폴슨으로서는 중국의 차세대 지도자로 떠오른 시진핑과의 관계를 한껏 과시할 수 있었다. 그는 심지어 언론에 "시진핑은 골 넣는 방법을 잘 아는 사람이다."는 상당히 괜찮은 촌평까지 했다. 시진핑으로서도 나쁠 것은 없었다. 『월스트리트 저널』이 차세대 지도자로 주목한 것은 그야말로 '감히 청하지는 않으나 진실로 바라는 바'였던 것이다. 둘의 만남은 항저우 회동을 계기로 더욱 끊임없이 이어졌다. 2011년에만 모두 세 번을 만났을 정도였다. 또 중국이 다보스 포럼처럼 야심을 가지고 매년 봄에 주최하는 보아오(博鰲) 포럼에서는 거의 해마다 만나다시피 했다.

물론 가상의 적국을 대표하는 리더들인 만큼 만남의 분위기가 항상 좋았던 것은 아니다. 2011년 12월 초순에 만났을 때는 서로의 입에 가시가 돋쳤다고 해도 좋았다. 폴슨이 미국의 입장을 대변해 "중국이 위안화의 평가 절상 속도를 늦출수록 미국과의 갈등은 점점 더 깊어갈 수밖에 없다."고 강조하자 시진핑이 "경제 문제의 정치화 경향을 줄이는 것이 좋다."면서 맞받아 친 것이다. 그러나 『월스트리트 저널』을 비롯한 세계 유수 언론의 전언에 의하면 공적인 입장을 떠난 두 사람의 관계는 그럴 수 없이 좋다. 필요할 때는 수시로 전화 연락도 가진다고 한다. 이 때문에 버락 오바마 대통령이 재선될 경우 폴슨을 중용하지 않을 수 없다는 말까지 나오고 있다.

오바마는 시진핑의 미국 인맥이라고 하기에는 다소 부적절하다. 그러나 친밀도 측면에서 보면 절대 간단치 않다. 2012년 2월 중순 시진핑이 방미, 양국의 현안을 놓고 공식적으로는 날선 공방을 벌였으나 개인적으로는 상호에 대한 신뢰가 없지 않다. 2009년 11월 오바마가 방중했을 때는 시진핑이 직접 공항 영접을 했을 뿐 아니라 댜오위타이 만찬에

바이든 미 부통령과 시진핑. 카운터파트로서의 상호 신뢰가 끈끈한 관계로 이어졌다.

까지 참석, 교분을 나누기도 했다. 오바마가 재선에 성공할 경우 둘은 상당히 괜찮은 카운터파트가 될 가능성도 크다.

시진핑은 자신의 카운터파트인 미국의 넘버 2 조 바이든 부통령과의 관계도 상당히 좋다. 2011년 8월 방중한 바이든의 5박6일 일정 동안 중국의 넘버 2 자격으로 시종일관 동행하면서 친분을 쌓았다. 미국을 떠나기 전까지만 해도 "방중의 목적 가운데 하나가 시 부주석 이해하기라고 해도 좋다."고 공공연하게 밝혔다가 일정을 마친 후에는 "그는 강하고 실무적인 사람이다. 향후 평탄한 미중 관계가 기대된다."는 요지의 우호적인 느낌을 밝힌 것만 봐도 둘이 쌓은 교분의 정도는 잘 알 수 있지 않나 보인다. 50대 후반과 70대의 나이 차이는 있으나 만찬과 오찬이 종종 포함되는 5박6일의 일정을 함께 했다는 사실은 의미가 정말 간단치 않

중국을 방문한 바이든 미 부통령과 의장대를 사열하는 시진핑. 둘의 관계가 끈끈할 수 있다.

다. 한 번 맺은 인연을 소중하게 생각하는 시진핑의 성향으로 볼 때 교류는 계속될 가능성이 농후하다.

시진핑은 미국 이름이 뤄자후이(駱家輝)인 주중 미국 대사와도 면식이 많다. 오바마의 방중 때 상무부 장관으로 수행한 그와 우선 상견례를 했다. 또 바이든이 방중했을 때는 미국에서 가장 성공한 화교이자 주중 대사인 그를 주목하기도 했다. 당시 뤄 대사가 바이든의 일정을 직접 챙기면서 시진핑과 자주 조우한 탓이었다. 이때 뤄 대사는 그에 대한 좋은 평가를 미국 언론에 하기도 했다. 시진핑으로서는 호감을 가질 수밖에 없었다. 둘은 언론에 보도되지 않은 사적인 만남도 가진 것으로 알려지고 있다. 중국어를 전혀 이해하지 못하는 뤄 대사의 약점 때문에 통역이 반드시 낀 것이 옥에 티기는 했지만 말이다.

2011년 4월까지 주중 대사를 지낸 미국의 차세대 주자 존 헌츠먼 역시 시진핑의 인맥으로 거론해야 할 것 같다. 둘은 공식적으로는 단독 대면한 적이 없다. 그러나 헌츠먼이 중국을 방문한 최고 지도자나 의원들을 수행해 시진핑과 몇 차례 만남을 가지면서 서로에 대해 잘 알게 됐다. 헌츠먼이 중국어에 능통해 종종 중국어로 대화도 나눴다고 한다. 헌츠먼이 대사 자리에서 물러나 이임할 때 시진핑이 "그는 중국의 오랜 친구이다. 양국의 교류 증진을 위해 많은 노력을 했다. 중국은 그가 한 일을 잊을 수가 없다."면서 이례적인 입장을 밝힌 것은 다 이유가 있었다.

시진핑은 정말 묘한 시기에 중국의 최고 지도자가 되는 운명을 받아들여야 한다. 1992년 이후 무려 20년 만에, 2012년 11월 4일 선거에 의해 탄생할 미국의 새 대통령과 같은 해에 권좌에 오르게 되는 것이다. 또 특별한 돌발 상황이 일어나지 않는 한 중국의 경제력이 미국을 제칠 것으로 예상되는 무렵인 2022년까지 집권할 것이 확실하다. 당연히 이 기간 중국과 미국은 각종 현안으로 인해 그 어느 때보다 치열한 주도권 다툼을 할 가능성이 높다. 미국 대통령과 미국이라는 단어가 그에게 있어서는 영원한 화두가 될 수밖에 없다고 해도 과언이 아닌 셈이다. 과연 이런 그에게 미국 인맥은 과연 독이 든 성배가 될 것인가, 아니면 만병통치의 명약이 될 것인가? 현재로서는 후자가 될 가능성이 더 높아 보이나 양국의 관계가 예상보다 훨씬 더 심각하게 꼬일 경우 전자가 되지 말라는 법이 없다. 때로는 아는 것이 병이라고 상대를 너무 잘 알면 내놓을 대응 카드가 옹색해질 수도 있으니까 말이다.

chapter 6

빛과 그림자
가족

가족이라는 단어가 주는 느낌은 아주 푸근하다. 부정적이지도 않다. 천하가 두 쪽이 나도 진짜 그렇다고 해야 한다. 천하의 몹쓸 죄를 저질러 극형에 처해진 지구촌의 수많은 사형수들이 마지막 남긴 말 중에서 가장 많은 게 "어머니!"였다고 하면 더 이상의 설명은 필요 없지 않나 싶다. 그러나 가족은 때로는 어두운 그림자를 남기기도 한다. 정치인을 비롯한 유명인들에게는 이런 부정적인 상황이 더욱 자주 발생할 수 있다. 가족 중의 누군가가 비리에 연루되거나 의혹의 대상이 되면 변명의 여지가 없게 되는 것이다. 시진핑은 누가 뭐래도 가족의 덕을 많이 봤다. 아버지, 어머니의 후광을 입은 것은 누구나 다 아는 사실이기도 하다. 결혼해서는 국민 가수인 부인 펑리위안의 좋은 이미지가 대단히 긍정적인 작용을 했다. 이 점에서 보면 그에게 있어 가족은 진짜 원초적인 기능을 한다고 볼 수 있다. 그러나 깊이 들어가면 얘기는 달라진다. 가족이 그에게 그림자도 던져주고 있기 때문이다. 특히 누나들 및 남동생과 관련한 의혹은 두고두고 짐이 될 가능성이 농후하다. 그렇다면 그의 가족이 만들어내는 어둠은 어느 정도의 수준일까? 하나씩 살펴보면 정말이지 웃어넘길 일이 아니라는 사실을 알 수 있다.

1 _
옆에 있기만 해도 도움이 되는 국민 가수 아내 펑리위안

공연 중인 펑리위안.

중국에서는 최고 지도자의 부인을 퍼스트레이디가 아닌 디이푸런(第一夫人)이라고 말한다. 시진핑이 하늘이 두 쪽이 나는 횡액을 당해 낙마를 하지 않는 한 이 차기 디이푸런은 후진타오의 부인 류융칭(劉永清)에게서 펑리위안에게로 넘어간다. 그녀 역시 남편처럼 마오쩌둥, 덩샤오핑, 장쩌민, 후진타오의 부인들인 장칭(江青), 쥐린(卓琳), 왕예핑(王冶坪), 류융칭에 뒤이은 제5세대의 디이푸런이 되는 것이다.

하지만 그녀는 이전의 디이푸런들과는 많이 다르다. 우선 촌티가 물씬거렸던 쥐린, 왕예핑, 류융칭 등이 전혀 보여주지 못한 세련미를 갖추고 있다. 심지어는 남편과 달리 톡톡 튄다는 소리까지 듣고 있다. 오죽했으면 시진핑이 정치적으로 널리 알려지기 전까지만 해도 그가 펑의 남편으로 불렸을까. 그녀가 중국의 미셸 오바마나 카를라 부르니(사르코지 프랑스 대통령의 부인)로 불리는 것도 다 이유가 있지 않나 보인다. 시진핑에게 도움이 되면 됐지 폐가 되지는 않을 듯하다.

WHO에 의해 에이즈 및 결핵 예방 친선대사로 임명된 펑리위안.

　그녀는 또 완전 악녀로 낙인찍혀버린 장칭과도 반대 이미지의 인물로 알려져 있다. 권력에 대한 뜨거운 욕망을 자제하지 못해 문화대혁명 때 온갖 악행을 저지른 장칭만큼 음험하고도 정치적이지 않다는 얘기다. 이 역시 시진핑에게는 득이 되면 됐지 실이 되지 않을 성 싶다.

　그렇다고 그녀가 앞의 세 사람처럼 남편의 뒤에 꼭꼭 숨어 그림자 내조만 열심히 하는 이른바 조신한 스타일도 아니다. 나름대로 사회 활동 역시 열심히 하고 있다. 무엇보다 단순한 가수로 만족하지 않고 있다. 인민해방군의 문예선전 부서인 문공단(文工團) 소속의 소장(한국의 준장에 해당)일 뿐 아니라 총정치국의 가무단 예술 책임자로 일하고도 있다. 2011년 6월 공산당이 창당 90주년을 기념하기 위해 무대에 올린「우리의 기치」라는 베이징 공연이 바로 그녀가 감독한 작품이었다. 그녀는 또 한국의 예총에 해당하는 전국문학예술계연합회의 부주석으로도 활동

중에 있다. 약자로 원롄(文聯)으로 불리는 이 조직은 단체 회원만 무려 53개에 이를 정도로 방대하다. 유명한 문인이자 부총리급 인사 대우를 받은 궈모루(郭沫若), 마오둔(茅盾) 등이 주석으로 활약한 바도 있다. 부주석이라면 부장급에 해당한다는 말이 된다.

남편이 상대적으로 부족한 해외에서의 활동 역시 눈부시다. 2011년 6월에는 스위스 제네바에서 열린 세계보건기구(WHO) 회의에 참석, 에이즈 및 결핵 예방 친선대사로 임명되기도 했다. 아마 WHO도 세계에서 가장 많은 두 관련 질병의 환자를 보유한 중국의 차기 최고 지도자가 누가 될지에 대한 정보를 확실하게 가지고 있지 않나 싶다. 최고위급 지도자의 부인이 국제기구에서 활동한 전례가 없었던 사실에 비춰보면 시진핑이 아니라 중국의 이미지 개선에도 큰 도움이 될 것으로 보인다.

그녀는 자식 역시 오냐오냐 하면서 기르지 않은 것으로 알려져 있다. 2008년 쓰촨(四川)대지진이 발생했을 때 딸 시밍쩌를 보내 봉사활동을 하게 한 것만 봐도 이 사실은 잘 알 수 있다. 하버드대학에 다니는 딸에게 아르바이트를 하도록 강력하게 권유하기도 했다.

그녀는 행보도 당당하다. 남편이 차기 주석이 될 예정이라고 지나치게 몸을 사리지도 않는다. 아니 오히려 "남편은 남편, 나는 나다." 하는 식으로 마이 웨이를 고집한다. 최근 한 언론과 가진 인터뷰에서 "나는 집에서는 남편을 가장으로만 인식한다. 국가의 최고 지도자라는 생각을 전혀 하지 않는다. 그래서 집에서는 청소도 시킨다. 당연히 남편도 나를 스타로 대하지 않는다."면서 자신의 목소리를 분명하게 낸 것은 그녀의 성격으로 볼 때 별로 이상할 것도 없다.

유명한 가수인데도 돈을 받고 뛰는 행사를 거의 하지 않는다는 사실 역시 그녀의 이미지를 좋게 만든 결정적 요인이라고 해야 한다. 진짜 그런지는 『런민르바오』 산하의 주간지 『환추런우(環球人物)』가 발행한 2011년 6월 26일자의 특집 기사 내용을 인용해보면 가볍게 알 수 있다. 바로 "1980년대 중반에 어떤 이들은 수십 만 위안에서 수백만 위안을 벌어들였다. 이럴 때도 그녀는 음악에 대한 자신의 열정을 지키면서 수백 위안의 월급을 받았을 뿐이었다."는 내용이다. 이미 젊은 시절부터 돈독이 오른 연예인과는 본질적으로 달랐다는 얘기다. 부패 문제가 심각한 중국에서는 이 역시 큰 장점이 된다.

그녀는 산둥성에서도 벽촌에 속하는 윈청(鄆城)현의 펑(彭)씨 집성촌 출신으로 남편 시진핑과는 아예 출신 성분부터가 다르다. 아버지 펑룽쿤(彭龍坤)은 마을에서 몇 안 되는 고등학교 졸업 학력의 이른바 먹물이었다. 이 때문에 마을 야학의 교장을 지낼 수 있었다. 아직 베이징에 생존해 있는 어머니는 현 극단의 단원으로 활약했다. 이로 보면 그녀의 넘치는 끼는 아무래도 어머니에게서 물려받은 것이라고 해야 할 듯하다. 그녀의 어린 시절은 무척이나 궁핍했다. 그녀의 회상에 의하면 어머니와 함께 극단 마차를 타고 사방을 떠돌아다니면서 굶기를 밥 먹듯 했다고 한다.

어릴 때부터 가무를 가까이 했던 그녀는 문화대혁명 직후인 1977년 학생 모집을 재개한 산둥성의 5. 7 예술학교 전문부(고교 과정)에 입학하면서 예술가의 길을 본격적으로 걷게 됐다. 전공은 고음을 사용하는 민족 창법이었다. 그녀가 가수로서 비상의 날개를 펼치는 전기를 마련한 것은 고교 졸업 직후인 1980년 베이징에서였다. 경험을 쌓는다는 생각으로 참가한 전국 민족 창법 경연대회에서 덜컥 뛰어난 성적을 올린 덕에 지난(濟南)군구의 전위 가무단에 특채되는 영광을 안게 된 것이다. 이후 그녀는 베이징의 중국음악학원에 입학하는 기회도 잡았다. 그녀는 입학에만 만족하지 않았다. 피 나는 노력 역시 기울였다. 노력은 그녀를 배신하지 않았다. 82년 중국 최고 권위를 자랑하는 『CCTV』의 춘제(春節, 설) 경축 공연에 출연해 「희망의 들판 위에서」라는 노래로 수억 명 시청자들의 눈과 귀를 사로잡는 대박을 터뜨린 것이다.

그녀는 84년에 현재의 소속인 인민해방군 총정치부 가무단에 스카우트되는 영광도 누리게 됐다. 이어 90년에는 중국 최초로 민족 성악 전공의 석사 학위 취득자가 됐다.

시진핑과 펑리위안은 1986년 말 그녀 친구의 소개로 베이징에서 만났다. 그녀는 당시 샤먼시 부시장으로 일하던 그를 테스트하기 위해 일부러 첫 만남 때 헐렁한 군복 바지 차림으로 나갔다고 한다. 그가 여자의 외모를 중요하게 생각하는지를 알아보려 했던 것이다. 일이 되려고 그랬을까, 당시 시진핑 역시 비슷한 차림으로 나왔다. 그녀는 일단 그게 마음에 들었다. 나이가 많고 동안과는 거리가 먼 얼굴 등의 스타일이 눈에 거슬린 것은 아주 잠깐일 뿐이었다. 더구나 시진핑은 "출연료를 얼마나 받느냐?"와 같은 속물적 질문도 하지 않았다. 대신 "성악의 창법에는 모두 몇 가지 종류가 있는가?"라고 물으면서 상대에 대한 깊은 관심을 보였다. 그녀의 마음도 처음과는 달리 빠른 속도로 움직이기 시작했다. 시진핑 역시 훗날 "첫 만남은 40분이었다. 그러나 이때 나는 그녀를 아내로 점찍었다."고 토로한 것에서 볼 수 있듯 첫눈에 반해버렸다. 문제는 시에게 이혼의 전력이 있다는 사실이었다. 국공내전 당시 아버지의 부하로 활약한 후 주영 대사를 지낸 바 있는 커화(柯華)의 딸인 커샤오밍(柯小明)과 결혼했다 헤어진 것으로 알려져 있다. 그녀로서는 고민을 하지 않을 수 없었다. 부모 역시 반대가 심했다. 그러나 그녀의 고민과 부모의 반대는 9개월여 후인 8월 말 시진핑에게 전화를 받으면서 끝나게

시진핑 부부.

됐다. 그가 적극적으로 청혼을 한 것이다. 그녀는 즉각 샤먼으로 날아가 87년 9월 1일 오후에 결혼식을 올렸다.

그녀는 남편이 대권을 거머쥐더라도 순전히 자신의 힘으로 만들어놓은 현재의 자리를 포기하지 않을 가능성이 거의 100%에 가깝다. 현역 국민 가수로서 대중과 더욱 빈번하게 호흡을 같이 할 것으로도 보인다. 시진핑 역시 일부에서 거론되는 부인의 은퇴를 전혀 거론하고 있지 않다고 한다. 팬들은 더 말할 나위도 없다. 어쩌면 시진핑을 쳐다보는 것보다 그녀의 노래를 들음으로써 일상의 스트레스를 해소할지도 모른다.

전체적으로 보면 그녀에 대한 일반의 평가는 상당히 좋은 편에 속한다. 일일이 거론하기 어려울 정도로 많은 여러 장점에다 농촌 출신으로서 자수성가한 성공 스토리까지 더해지고 있기 때문이라고 해야 할 것 같다. 게다가 그녀는 50대의 나이에 진입했음에도 연예인답게 여전한 미모를 자랑한다. 공산당 탄생 90주년 기념 공연에서 남편을 비롯한 후진타오 등의 지도자들 옆에서 찍은 사진이 단연 돋보여 당시 거의 모든 중국인들의 입에 며칠 동안이나 오르내릴 정도였다. 확실히 시진핑에게 그녀는 인생 최대의 파트너라고 단언해도 좋지 않나 싶다. 부담이 아니라 옆에 가까이 있기만 해도 도움이 되는 그런 이상적인 파트너 말이다.

2 _
그럼에도 훤하게 보이는 옥에 티

시진핑과 펑리위안은 외견적으로는 진짜 환상의 커플로 불릴 만하다. 누가 각각의 단점을 끄집어내 둘 사이의 불화를 열심히 조성하려고 해도 도무지 쉽지 않아 보인다. 그러나 이런 부부 관계에도 옥에 티는 있을 수 있다. 본인들 외에는 잘 모르는 자신들만의 얘기가 없으라는 법이 없다.

우선 프라이버시 방면에서 보이는 옥에 티의 그림자를 살펴보는 것이 좋을 듯하다. 둘은 누가 뭐래도 프로라고 해야 한다. 한 사람은 정치, 또 한 사람은 가수로서 최고의 반열에 오른 프로로 꼽혀야 마땅하다. 당연히 각자의 세계가 있을 수밖에 없다. 활동하는 지역도 달랐다. 펑리위안은 주로 베이징, 시진핑은 2007년 10월 상하이 서기 자리에서 물러나기 전까지만 해도 삼각형의 지형을 뱅뱅 도는 식으로 오로지 푸젠, 저장, 상하이 등의 지방에서만 맴돌았다. 이 정도 되면 둘이 같이 살 기회가 많지 않았을 것이라는 분명한 단정이 나올 수밖에 없다. 각종 자료들과 두 사람의 언론 인터뷰 등을 종합하면 분명히 그렇다. 펑리위안이 친구가 남자를 소개해준다고 했을 때 망설인 이유도 여기에 있었다. 베이징에서 같이 살 사람이 아니라면 굳이 만날 필요가 없다고 생각한 것이다. 둘 사이에 자녀인 시밍쩌가 결혼한 지 무려 6년 만에 태어난 이유 역시 다른 데 있지 않았다. 이렇게 부부가 따로 떨어져 지내면 서로에 대한 그리움에 마치 견우와 직녀 같이 될 가능성이 농후하다. 더구나 중국인들은 사랑의 유효기간이 격정적인 한국인들과는 달리 상대적으로 길어 7년이나 된다고 한다. 중국어에 치녠즈양(七年之癢. 결혼한 지 7년이 되면 몸이 근질거리게 된다는 뜻. 일종의 권태기의 의미-저자)이라는 말이 있는 것도 바로 이런 사실을 감안하면 충분히 이해가 간다. 둘의 사랑의 유효기간은 100년이 될 수도 있었던 것이다. 그러나 반대가 되지 말라는 법도 전혀 없지는 않다. "아웃 오브 사이트, 아웃 오브 마인드(Out of sight, Out of mind)", 즉 "안 보면 멀어진다."는 말을 생각하면 간단해진다. 소문에 의하면 시진핑 부부는 안타깝게 전자가 아닌 후자의 경우라고 해야 할 것 같다.

우선 결혼 생활이 그다지 달콤한 것만은 아니었다. 하기야 각자의 기반이 있는 곳을 중심으로 열심히 일해야 하는 상황에서 남편과 부인을 만나기 위해 장기간 여행을 한다는 것이 어디 쉬운 일인가. 옥에 티가 생기지 않는다면 오히려 그게 이상할 일이었다. 그럼에도 펑리위안은 남편을 극진하게 챙겼다. 언론에 소개된 재미있는 일화 하나를 거론해보면 어느 정도였는지 바로 이해가 된다.

그녀는 시진핑과 결혼한 직후 더운 곳으로 유명한 푸젠성의 겨울이 유난히 춥다는 사실을 비로소 알았다. 게다가 남편이 잠을 잘 때 덮고 자는 이불은 변변치가 못했다. 그녀는 즉각 남편에게 겨울을 날 이불을 만들어줘야 하겠다는 생각을 했다. 고향인 산둥성의 솜이 좋다는 사실 역시 그녀의 뇌리를 스쳤다. 생각은 곧 행동으로 이어졌다. 친정어머니와 함께 무게가 6킬로그램이나 나가는 이불을 만든 것이다.

그녀에게는 마침 이 무렵 동북 지방에서의 순회공연이 예정돼 있었다. 그녀는 그러나 아무렇지도 않다는 듯 무거운 이불을 챙겼다. 이어 이불을 메고 선양(瀋陽), 창춘(長春), 안산(鞍山)을 순회하는 공연을 마친 다음 푸젠으로 향했다. 무려 1000Km 이상에 이르는 여정이었다. 유명한 가수였던 만큼 당연히 그녀를 알아보는 사람들이 주위에 있었다. 사람들은 대놓고 수군거렸다.

"저 사람 펑리위안 아니야? 맞는 것 같지."

"맞아. 연예인이 발산하는 분위기는 뭐가 달라도 달라. 분명해. 어제도 TV에서 봤잖아."

"그런데 도대체 무슨 일로 이불을 싸 들고 공연을 다니지?"

펑리위안과 동행하는 배우들 역시 그녀가 선글라스를 쓴 채 이불을 메고 있는 모습이 우스꽝스러웠던 모양이었다. 모두들 웃음을 멈추지 못하고 한마디씩을 토해냈다.

"천하의 펑리위안이 이런 모습을 하고 있다니."

"남편이 좋기는 좋은 모양이군. 같이 덮을 이불이겠지."

그러자 펑리위안이 웃으면서 대답했다.

"나 펑리위안이라고 남편을 위해 이불을 들고 다니지 말라는 법이 있어요? 또 이 이불은 남편하고 같이 덮으면 안 되나요? 우리는 부부인데."

이런 펑리위안의 지극정성과는 달리 둘의 사이가 진짜 좋지 않다는 소문이 한때 파다했던 것 역시 따로 떨어져 지낸 탓에 생겼으리라 싶다. 이에 대해서는 중국 언론은 거의 보도를 하지 않았다. 또 보도하는 것이 천하가 다 아는 금기사항인 만큼 일반인들에게 널리 알려져 있지 않다. 하지만 홍콩이나 대만 언론에 따르면 두 사람은 딸 시밍쩌가 태어난 다음 사랑이 급속도로 식었다. 이어 이 상태에서 상당한 기간 동안 떨어져 살았다. 급기야 한 차례 쉽게 넘기기 어려울 냉각기가 찾아왔다. 이혼이라는 생각도 두 사람의 뇌리에서 맴돌았다고 한다.

2000년은 두 사람에게 있어 최대 위기의 해로 기록될 수 있다. 이때 푸젠성 성장으로 있던 시진핑은 40대 후반 나이에 흔히 겪기 마련인 외로움을 달래기 위해 그랬는지 한 여성과 다소 부적절한 관계에 빠지고 말았다. 시진핑 부부에게 치명적인 옥에 티가 된 이 스캔들의 여주인공

한때 시진핑과 부적절한 관계였던 멍쉐.

은 멍쉐(夢雪)라는 30대 초반의 유명 인기 아나운서였다. 당시 푸젠성의 『둥난(東南)위성방송』에서 일하고 있었다.

지금도 『둥난위성방송』의 스타 아나운서 겸 PD로 근무 중인 멍은 동북 지방인 랴오닝성 선양 출신으로 라디오 방송을 주로 하는 『선양인민방송』에서 일했다. 그러다 능력을 인정받아 『둥난위성방송』으로 스카우트돼 시진핑과 운명적으로 엮이게 됐다. 둘이 엮이게 된 계기는 역시 외로움이었다. 둘 모두 객지에서 혼자 생활한 탓에 쉽게 상대에게 빠진 것이다.

둘이 첫 대면한 장소는 멍이 일하던 방송국이었다. 당시 시진핑은 성장의 자격으로 방송국을 시찰하고 있었다. 바로 이때 누가 시키지도 않았는데 멍이 그의 앞에 나타나 안내를 자처했다. 멍이 더 적극적으로 대시를 했으므로 둘이 엮이는 것은 필연일 수밖에 없었다.

둘의 관계는 얼마 후에 푸젠에 사는 사람은 다 알 정도가 됐다. 펑리위안 역시 얼마 후 상황이 상당히 심각하다는 사실을 알게 됐다. 시진핑은 그래도 멍과의 관계를 과감하게 정리하지 못했다. 그러나 이때 그는 리커창과 함께 더욱 본격적으로 주목을 받기 시작하고 있었다. 아무리 중국이 남녀 관계에 관대하다고 해도 최고 지도자로서 적절하지 못한 행동은 자제할 필요가 있었다. 그는 그제야 정신을 차렸다. 게다가 두 사람의 관계를 눈치 챈 펑리위안이 슬기롭게 대처하는 지혜를 보였다. 그녀는 심지어 은퇴해 가정으로 돌아오겠다는 폭탄선언까지 했다. 얼마 후에는 자연스럽게 시진핑이 저장성 서기로 발령이 났다. 두 사람의 관계는 완전히 종지부를 찍어야 했다. 외견상으로는 불행한 해피엔딩으로 끝이 나기는 했으나 시진핑 부부는 큰 상처를 입었다. 그렇다고 멍이 괜찮았던 것은 아니다. 하기야 멍에게도 부적절한 관계의 책임이 있었던 만큼 그래야 공평하기도 했다. 어쨌거나 이 사건은 지금도 두 사람의 가정에 앙금을 남길 수밖에 없는 그림자였다고 해도 좋을 듯하다.

두 사람은 상호 절제와 어쩔 수 없는 정치적인 선택으로 인해 한때 가정에 드리웠던 어두운 그림자는 일단 거둬냈다. 상처는 남았겠으나 둘의 현재 위상으로 볼 때 당분간 이 일은 크게 문제가 되지는 않을 전망이다. 또 설사 상처의 실밥이 터지더라도 중국 당정 차원에서 다시 봉합하기 위해 적극적으로 나설 수밖에 없다.

하지만 그렇다고 둘의 가정에 옥에 티를 만들 그림자의 출현 가능성이 전혀 없다고 하기는 어렵다. 현재 이런 우려를 현실로 잉태시킬 수도 있는 요인으로 꼽히는 것은 다소 강한 펑리위안의 성격적 성향이다. 지금까지 펑리위안은 남편 시진핑과 딸 시밍쩌에게 정말 헌신적인 최고의 현모양처는 아니었다. 차선의 현모양처 정도라고 하면 되겠다. 하지만 사회 활동을 한다는 사실과 유명 연예인이라는 현실에 비춰보면 가정에서 더 이상의 역할을 그녀에게 기대하는 것은 곤란할 수 있다. 이에 대해서는 시진핑 역시 "그녀는 군과 당에서 키워줬다. 그 은혜를 잊지 않고 열심히 활동해야 한다. 나는 그녀가 나를 위해 온전히 자신을 희생하기를 바라지 않고 있다."는 요지의 말을 토로하면서 현실로 받아들인 바 있다. 지금의 펑리위안이라는 존재에 대만족하고 있다는 얘기라고 해야 한다. 그러나 그녀는 이 차선의 현모양처에서도 달라질 가능성이 다분히 있다. 우선 그녀는 어린 시절 고생을 많이 했다. 연예인으로 출세한 것도 순전히 자수성가라는 표현이 적당하다. 본인이나 주위에서는 몰라도 이럴 경우 대개 이에 따른 잠재적인 보상 심리가 강한 성격으로 연결될 가능성이 높다. 드러나지 않아 그렇지 그렇게 됐을 가능성도 농후하다. 더구나 그녀는 40대 중반의 나이에 장군으로 승진했다. 연한이 더 차고 남편의 후광을 입을 경우 중장 승진도 가능하다. 본인도 모르게 계급이나 자신이 이뤄놓은 성과에 대한 자부심이 강한 성격을 형성할 수 있다. 장칭처럼 연예인으로 날렸다는 요인 역시 무시하기 어렵다. 여기에 남편의 한때 부적절한 처신에 따른 배신감 등이 복합적으로 작용할 경우 현재 보이는 모습에서 다소 다른 방향으로 나타날 수 있다. 홍콩이나 대만 언론계에서 둘의 관계가 굉장히 원만해 보이나 언제라도 충분히 터질 수 있는 불발탄이 내재된 상태라고 관측하고 있는 것은 따라서 그렇게 무리한 것만은 아니다. 물론 설사 그렇더라도 정치적 이유로 인해 둘의 갈등은 재빨리 봉합될 가능성이 높다. 또 모든 것을 다 이룬 것처럼 보이는 이 촌뜨기 총서기와 유명 연예인 출신 디이푸런의 가정에 드리워질 예상 외의 어두운 그림자는 중국의 일반인들은 알기가 어려울 수도 있다.

3 _
두고두고 혹 덩어리인 동생 시위안핑의 의혹

시진핑에게 있어 부인 펑리위안은 이미지 면에서 분명 실보다 훨씬 많은 득을 가져다주는 가족이다. 아무리 눈에 두드러지는 옥에 티가 있다고 해도 긍정적인 이미지가 상당 부분을 상쇄하는 작용을 한다. 그러나 동생 시위안핑은 전혀 그렇지 않다. 긍정적인 이미지보다는 부정적인 이미지를 많이 줘 그의 입장을 난처하게 만들고 있다. 앞으로 그럴 가능성도 높다. 두고두고 혹 덩어리가 될 개연성이 농후하다는 얘기다.

시위안핑은 태자당의 당당한 성원임에도 불구하고 문화대혁명 때 형 못지않은 고생을 했다. 초등학교를 졸업한 이후에 공장의 선반공으로 일했을 정도였다. 나중에 고등 교육을 받는 기회도 순조롭게 얻지 못했다. 공부를 하고자 하는 의욕 역시 크게 불태우지 않았다. 각고의 노력으로 이른바 먹물이 된 형과는 출발선이 다를 수밖에 없었다. 자연스레 형과는 달리 태자당으로서의 권리를 적극적으로 주장하기가 어렵게 됐다. 그래서 어찌어찌 들어간 전문학교를 졸업한 다음, 학력보다는 태자당의 지위가 많은 영향을 미치는 인민해방군에 입대는 했으나 적성에 맞지 않아 곧 그만 뒀다고 한다. 이후 잠깐 무역회사 및 정부 부문에서 일하다 한평생 거의 제대로 된 공직이나 괜찮은 직업을 가지지 않은 채 지낸 것으로 알려지고 있다.

이런 상황이 되면 웬만한 사람은 완전 룸펜이 돼야 한다. 나이 들면 한 성깔 하는 부인들에 의해 집밖으로 쫓겨나기도 한다. 물론 그는 문화대혁명이 끝나고 아버지가 복권된 이후인 청년 시절부터 이런 삶과는 더 이상 인연을 맺지 않았다. 무엇보다 그에게는 기본적으로 태자당

시진핑 동생 시위안핑.

에게 주어지는 보편적인 특권이 있었다. 호구지책 정도는 가볍게 해결될 수 있었던 것이다. 그러나 아무리 태자당이라고 해도 변변한 직업도 가져보지 못한 사람이 출처가 불분명한 막대한 자금이 들어가는 기업을 운영하거나 하면 의혹의 눈초리가 쏠릴 수밖에 없다. 더구나 형이 잘 되고부터는 주변에 권력에 빌붙어 이권을 챙기는 그다지 질이 좋지 못한 사람들이 꼬이기 시작했다. 실제로도 그는 바이위(白羽) 부동산회사의 오너로 알려져 있다. 현재 이 회사는 베이징을 비롯한 상하이, 선전 쑤저우, 항저우 등의 대도시를 무대로 대대적으로 토지개발 사업에 뛰어들고 있다. 최종적인 목적은 골프장 건설을 통한 대형 빌라 및 맨션 분양으로 알려져 있다. 베이징을 비롯한 전국에서 영업을 하는 수많은 중국의 골프장들은 주변에 대형 빌라나 맨션을 짓는 것이 거의 일반화돼 있다. 골프장 사업만으로는 수지타산이 안 맞아 이를 미끼로 부동산 사업을 하는 것이다. 실제로 골프장 주변에 위치한 빌라나 맨션은 주변 공기가 좋을 뿐 아니라 교통도 그다지 나쁘지 않아 부유층들에게는 상당한 인기가 있다. 더구나 이런 사업 프로젝트는 유력 인사들이나 그들의 친, 인척들이 개입되면 거의 대부분 성공한다. 한마디로 바이위의 사업 역시 다른 케이스와 마찬가지로 골프장이 아닌 대형 빌라나 맨션 분양을 주 사업으로 하고 있다고 해야 한다. 비슷한 실례 역시 있다. 장쩌민의 여동생인 베이징의 유력 여성

시위안핑과 막역한 사이인 자윈.

인사 장쩌후이(江澤慧. 74)가 베이징 인근 랑팡(廊坊)에 금세기 초에 오픈한 골프장 둥팡다쉐청(東方大學城)이 이런 케이스에 해당한다. 골프장 건설은 평계에 지나지 않고 기본적으로 인근에 대대적으로 조성되는 이른바 대학촌 빌딩과 빌라 및 맨션 분양이 주목적이라고 보면 된다. 그렇다면 바이위가 시위안핑의 소유라는 소문은 정말일까 하는 의문이 들어야 한다. 베이징의 호사가들에 의하면 바이위를 거꾸로 읽으면 증명이 된다고 한다. 위바이(羽白)의 각각 글자를 위아래에 배치시키면 시(習)자가 된다는 것이 이들의 주장이다.

시위안핑에 대한 의혹은 부정한 자금으로 회사를 설립한 다음 온갖 특혜로 이권을 챙긴다는 차원 정도에 그치지 않는다. 그의 또 다른 거대 의혹은 대단히 질 나쁜 사업가로 널리 알려진 자윈(賈雲. 47) 피카왕(皮卡王)국제지주회사 이사장 겸 총재와의 밀접한 인연과 관계가 있다. 진짜 그런지는 자윈에 대해 알아봐야 이해가 된다. 저장성 둥양(東陽) 출신인 자윈은 원래 인민해방군 해군 출신이다. 제대 후인 31세 때인 1986년에는 고향인 둥양시의 공무원으로 근무하기도 했다. 이어 87년부터 91년까지는 금융인으로 변신을 한다. 둥양의 인민은행 지점에 근무한 것이다. 홍콩 언론의 전언에 의하면 이때 금융 기법을 이재에 이용하는 노하우를 광범위하게 습득했다고 한다. 은행에 근무하면서 눈앞에 돈이

둥둥 떠다닌다는 사실을 깨달은 그는 당시 유행하던 이른바 샤하이(下海. 바다로 나간다는 의미로 창업을 뜻함-저자)에 본격적으로 투신하게 된다. 눈앞 카드의 패를 완전히 훑어보고 감행한 그의 도박은 당연히 성공할 수밖에 없었다. 특히 부동산과 영화, TV 드라마 제작 방면에서 엄청난 성공을 거두게 됐다.

애매한 사이라는 판빙빙과 자원. 영화배우로도 활동했다.

그가 93년에 설립한 피카왕이 저장성 일대 굴지의 그룹으로 도약하는 것은 그야말로 순간이었다. 그는 이후 사업을 건설, 건축 및 무역, 제조업, 문화, 방송 방면으로 더욱 확충, 피카왕을 명실상부한 종합 그룹으로 키웠다. 이때부터는 자신이 제작하는 영화나 TV 드라마의 주인공을 종종 맡아 영화배우로도 명성을 날리게 됐다. 심지어 2010년에는 『디이쥔구이(第一軍規)』에서 마오쩌둥 배역을 실감나게 연기, 제10회 창춘영화제에서 최우수신인상을 받기도 했다. 2007년에 광둥성에서 가장 매력적인 10대 저장 비즈니스맨으로 선정된 것이 절대 우연이 아니었던 것이다. 지금은 칭화대학 MBA 석사 과정 출신답게 민영기업국제합작촉진회, 부동산기업가협회전국이사회 등의 각종 단체 회장단으로도 맹활약하고 있다. 그룹 역시 20여 개 이상의 자회사, 종업원 1만 5000여 명, 매출액 20억 위안(3600억 원)의 덩치로 커졌다.

그러나 그는 사업적으로는 엄청나게 성공했으나 비리 역시 많이 저질렀다. 2003년 3월에는 저장성 둥양시에 추진하던 종합 레저타운인 난

산궈지(南山國際)문화공원 프로젝트와 관련한 국유지 불법 투기 혐의로 구속되기도 했다. 물론 그는 당시 1000만 위안(18억 원)의 보석금을 내고 풀려나기는 했다. 하지만 이전부터 불법을 일삼았다는 소문이 무성한 탓에 중앙 당정의 요시찰 인물로 찍혀 있다. 더구나 행실 역시 좋지 못하다. 연예 사업을 한다는 구실로 월드 스타이자 스캔들 제조기로 유명한 판빙빙(范氷氷. 31)과 추문을 남긴 것으로도 유명하다. 시위안핑은 바로 이런 자원과 어울리면서 영화 제작 등에도 참여했다. 또 형이 차기 지도자로 확실하게 뜨기 전에는 그의 회사 고문으로도 일한 바 있다. 아무래도 뭔가 있지 않겠느냐는 의혹의 대상이 될 수밖에 없었다. 더구나 자원이 구속이 됐을 때는 묘하게도 시진핑이 저장성 서기로 재임할 시기였다. 시위안핑이 형에게 모종의 청탁을 했을 가능성 역시 완전히 부인하기 어렵다.

　행실이 별로 좋지 않은 자원과 어울리는 것에서도 알 수 있듯 시위안핑은 사생활 역시 주변의 의혹을 받고 있다. 물론 이혼하거나 별거하는 사실이 흠은 아니다. 남녀 관계가 비교적 자유분방한 중국에서는 더욱 그렇다. 그러나 본인에게 문제가 있다면 얘기는 달라진다. 곱지 않은 시선을 받을 수 있다. 그래서일까, 그에게는 시밍정(習明正. 25)이라는 아들이 있다는 사실만 알려져 있을 뿐 부인 문제를 비롯한 다른 사생활은 거의 베일에 가려져 있다. 홍콩 소식통들이 상당한 플레이보이라고 흘리는 소문이 꽤 신빙성이 있는 것으로 미뤄볼 때 의혹은 아무래도 진실에 가깝지 않을까 보인다.

　시진핑은 사실 두 살 아래의 동생이 주변으로부터 의혹의 눈길을 받고 있다는 사실을 모르지 않는다. 또 이 의혹이 두고두고 자신의 발목을 잡을 가능성 역시 있다는 사실 잘 알고 있다. 그가 공식적인 자리에서 거의 동생 이름을 언급하지 않는 것은 이런 현실과 무관하지 않다. 또 그의 주변에서는 고도의 공작 차원에서 동생이 이미 1997년 이전에 홍콩으로 이주했다는 소문을 외국 정보기관에 공공연하게 흘리고도 있다고 한다. 외국에서 언젠가는 흘러들어올 정보를 중국인들이 믿을 것이라고 생각한다는 얘기다. 이는 위키리크스에 폭로된 미국 대사관의 정보 보고에도 시위안핑의 홍콩 이주 소문이 인용됐다는 사실에 비춰보면 완전 허무맹랑한 얘기는 아닌 것 같다.

그러나 그는 홍콩으로 이주하지는 않은 것 같다. 이 사실은 중국 언론의 부음 기사를 보면 잘 알 수 있다. 시위안핑이 당정 원로들이 세상을 떠날 때마다 종종 형 시진핑을 대신해 조문을 갔다는 뉴스가 보도되고는 하니까 말이다. 게다가 그는 지금 형의 후광으로 거의 룸펜이나 다름 없던 얼마 전과는 완전히 다르게 반관반민 기구인 국제에너지절약환경보호협회의 회장 자리에도 올라 있다. 홍콩에 가 있다는 말이 성립이 되지 않는 상황이다. 위키리크스에 의해 폭로된 대로 시위안핑이 홍콩으로 이주했다는 얘기를 미국이 진짜 믿었다면 완전히 한 방 먹은 것이라고 해도 크게 틀리지는 않을 듯하다.

시위안핑의 향후 행보는 전적으로 자신의 선택에 달려 있다. 마음만 먹으면 과거처럼 이권에 개입하는 방식으로 상당한 축재를 할 수도 있다. 그러나 이 경우 구설에 휘말리는 것은 각오해야 한다. 규모를 전망하기 어려운 후폭풍이 덮칠 가능성도 적지 않다. 이 경우 시진핑은 상당히 곤란한 입장에 처할 수도 있다. 시위안핑이 피를 나눈 단 하나뿐인 동생이 아니라 아무 짝에도 쓸 모 없는 혹과도 같은 골치 덩어리가 되지 말라는 법이 결코 없다.

4 _
동생과 오십보백보인 누나들이 던져주는 그림자

중국은 전족이라는 구시대의 악습을 보면 여성의 인권이 형편없는 나라 같으나 실상은 전혀 그렇지 않다. 5000년 역사를 돌아볼 경우 전통적으로 여풍이 거셌다는 사실을 아는 것은 그다지 어렵지 않다. 굳이 생전에 나라를 쥔 채 마구 흔든 한(漢)나라 개국 군주 유방(劉邦)의 부인 여치(呂雉), 당(唐)나라 때의 측천무후, 청나라 말기의 서태후(西太后) 등 중국의 3대 여걸을 들먹일 필요도 없다. 오죽하면 여권이 더 세진 지금 중국을 여인천하라고까지 부를까. 가정에서는 더 말할 필요조차 없다. 장쩌민이나 후진타오 전 현직 총서기 겸 국가 주석도 집에서는 청소를 하지 말라는 법이 없다. 조금 심한 경우는 부인이나 가족을 위해 요리를 할 수도 있다. 물론 아직도 일부 농촌에서는 젠더사이드(Gendercide)라고 해서 여아를 살해하는 폐륜이 자행되고 있으나 이는 문명사회에서는 도저히 이해 불가능한 특이 현상으로 이해하면 된다.

때문에 조금 내로라하는 집안에 조금이라도 튀고 싶어 하는 여성이 있으면 상당히 복잡해진다. 단속하거나 제어하기가 곤란해진 상황이 마치 고삐 풀린 망아지, 브레이크 없는 포르쉐가 따로 없게 된다. 이 사실은 장칭으로 인해 말년에 오명을 뒤집어 쓴 마오쩌둥 집안을 실례로 들면 크게 어렵지 않게 이해가 된다.

최근에도 이런 한다하는 집안이 많다. 다 빼놓고 덩샤오핑 집안의 딸들만 봐도 일목요연해진다. 중국 최고의 명문 집안으로 불려도 그다지 이론이 없는 이 집안에는 딸들이 3명이나 있다. 장녀 덩린(鄧林. 70), 차녀 덩난(鄧楠. 67), 3녀 덩룽(鄧榕. 62)이 바로 주인공들이다. 하나 같이 자신이 평생을 바친 분야에서 최고 자리에 올라갔다. 예컨대 유명 화가인 덩린은 미술계, 과학기술부 부부장을 지낸 덩난은 과학계, 외교관과 출판사 사장을 지낸 덩룽은 문화계에서 단연 내로라하는 전문가로 꼽힌다. 그러나 더 중요한 사실은 이들이 공직이나 사회생활에서도 나름 올라갈 수 있는 데까지 오른 다음에도 여전한 영향력을 발휘한다는 사실에 있다. 이중 덩린은 미술계의 인사와 미술 경매 산업의 큰손으로 불린다. 또 덩난은 아직도 당 중앙위원회 중앙위원의 자격으로 당정 과학계의 인사를 막후에서 쥐락펴락 조종하고 있다. 덩룽은 실속을 차리는 편에 속한다. 10대 원수로 불리는 허룽(賀龍)의 아들이자 인민해방군 소장 출신인 남편 허핑(賀平. 63)과 전국의 부동산 산업과 문화재 경매 산업을 떡 주무르듯 하고 있다. 그 유명한 바오리(保利) 그룹이 그녀와 남편의 소유로 돼 있다. 이 정도 되면 아무리 여권이 센 중국이라고 해도 주변으로부터 의혹의 시선을 받을 수밖에 없다. 요즘에는 항간에서 세상을 떠난 덩샤오핑이 딸들 간수를 상당히 잘못했다는 욕까지 먹는다고 한다.

 남동생으로 인해 고초를 겪을 가능성이 다분한 시진핑 역시 이 점에서는 대선배 덩샤오핑과 크게 다를 것이 없다. 기가 센 여성 가족 구성원이 누나들, 딸들이라는 차이가 있을 뿐이다.

 한마디로 남동생과 오십보백보인 시진핑의 누나들은 바로 치차오차오와 치안안이다. 둘은 중고교를 다닐 때만 해도 모두 시중쉰의 딸들이라는 사실을 가능하면 숨기라는 교육을 받고 자랐다. 그래서 성도 시씨가 아니라 어머니 쪽을 따라 치씨가 됐다. 그러나 둘은 약속이나 한 듯 부모의 노블레스 오블리주 의중보다는 자신들의 욕심을 먼저 생각했다. 특히 시진핑이 잘 나가기 시작한 다음부터는 더욱 그랬다는 것이 홍콩과 대만 식자층들의 시각이다. 행보를 보면 진짜 그렇다는 사실을 알 수 있다.

우선 큰누나 치차오차오의 거침없는 행보를 봐야 한다. 그녀는 나이가 환갑을 훨씬 넘었다. 그렇다면 은퇴를 서서히 준비해야 한다. 그러나 전혀 그렇지 않다. 베이징의 핑구(平谷)에 본사를 둔 대형 부동산 회사인 중민신(中民信)부동산개발주식회사의 오너로 현역에서 맹활약하고 있다. 설립은 그녀가 50세를 넘긴 나이인 2001년 8월에 했다. 현재 사장은 남편인 덩자구이(鄧家貴. 65), 법인 대표는 치롄싱(齊蓮馨)이라는 정체불명의 인물로 돼 있다. 홍콩의 호사가들은 이름으로 볼 때 여성인 이 법인 대표가 치차오차오가 아닌가 의심하고 있다.

고작 10년의 연륜 밖에 쌓지 않았는데도 사업은 순풍에 돛을 단 듯 기가 막히게 잘 되고 있다. 이미 베이징의 요지인 시청(西城)구 일대에 신축한 최고급 맨션인 징차오(京橋)와 관위안(觀緣) 등을 성공적으로 분양해 완전 떼돈을 벌었다고 한다. 웬만한 베이징의 고급 아파트의 평방미터 당 분양 가격이 2만 위안(360만 원)도 채 하지 않는데도 이들 맨션은 처음부터 가볍게 6만 위안(1040만 원)을 호가했다는 소문이 파다하다. 주변에 정부 기관이 많은 데다 지하철 노선이 두 개나 지나가는 고급 주택가인 탓에 일부 단지는 분양과 동시에 엄청난 프리미엄까지 붙었다. 현재 시세는 분양가보다 훨씬 더 높다고 주변 부동산 업계에서는 추산하고 있다.

이 정도에서 그치지 않는다. 치차오차오는 산시(陝西)성 시안과 선전에도 남편 덩자구이와 자신의 이름으로 모두 10여 개 이상의 부동산 회사와 통신, 건설, 무역 회사 등 역시 보유하고 있다. 특히 선전의 부동산 시장에서는 단연 발군의 실적을 거두고도 있다. 베이징에서와 마찬가지

치차오차오 부부(왼쪽 두 번째가 남편 덩자구이).

로 지하철 부근에 고급 맨션 분양 사업을 펼쳐 대박을 터뜨렸다.

이렇다 보니 넘치는 돈을 주체하지 못하는 등의 구설수에도 적지 않게 올랐다. 대표적인 사례를 꼽아 봐도 그렇다. 2009년 10월 말 즈음 홍콩의 언론에 아주 묘한 뉘앙스를 풍기는 듯한 기사가 실렸다. 연초에 홍콩 소재의 1억 5000만 홍콩 달러(당시 시세로 약 200억 원 이상)짜리 초호화 맨션 두 채가 중국 본토에서 온 모 재력가에게 팔렸다는 기사였다. 여기까지는 그래도 그나마 괜찮았다. 그때나 지금이나 그다지 깨끗하지 못한 본토의 자금으로 홍콩에 부동산을 구입하는 식으로 투자하는 재력가들이 없지 않으니까 말이다. 그러나 그 다음의 내용은 독자의 눈을 번쩍 뜨이게 만들기에 부족함이 없었다. 두 채를 구입한 이들이 덩자구이를 비롯한 시진핑의 친척들이라는 내용이었다. 현재 이 기사는 거의 정설로 받아들여지고 있다. 당연히 중국 내에는 잘 알려져 있지 않다. 그럼에도 언젠가는 부담이 될 가능성이 없다고 하기 어렵다.

시진핑 작은 누나 치안안.

둘째 누나 치안안이라고 언니나 남동생에게 뒤질 이유가 없다. 아니 오히려 시씨 집안에 대해 호기심이 많거나 내막을 잘 아는 홍콩의 언론인들로부터는 언니보다 더 절묘한 사업 수완을 발휘했다는 비아냥인지 찬사인지 모를 소리까지 듣고 있다. 성공 스토리를 보면 진짜 그럴지도 모른다는 생각이 든다.

그녀는 원래 외교관이 꿈이었다. 아버지의 후광으로 세계 곳곳을 누빈 다음 여성 대사로 깃발을 날리겠다는 야심이 외교관 양성 대학인 와이자오(外交)학원을 다닐 때까지만 해도 분명히 있었다고 한다. 프랑스어에 대단히 뛰어난 능력을 발휘한 것도 다 이런 야심과 관련이 있었다. 하지만 그녀는 대학을 졸업하던 1970년대 말부터 돈이 최고라는 생각을 하면서 이재에 본격적으로 눈을 돌리기 시작했다. 화려해 보이기는 해도 돈과는 별 관계가 없는 허울뿐인 외교관이라는 직업은 어느새 그녀의 뇌리에서 사라지고 없었다. 물론 그래도 그녀는 대학의 관례에 따라 외교부 산하 어학 전문 기관으로 배치되기는 했다. 당연히 만족할 까닭이 없었다. 이처럼 완전히 바람이 들어 무료한 일상을 보내던 그녀에게 전혀 예기치 않은 기회가 83년에 찾아올 뻔한 적도 있었다. 류사오치의 처남이자 나중 전인대 부위원장까지 지내게 되는 유명한 홍색 자본가 왕광잉(王光英. 92)이 지금은 괄목할만한 종합 금융 그룹으로 성장한 광다(光大)공사를 설립하고 그녀를 스카우트하고자 한 것이다. 아마도 시중쉰의 후광을 보고자 하는 생각이 있지 않았나 싶다. 시중쉰은 하지만 이상한 소문이 들리자 즉각 왕의 호의를 정중하게 거절했다.

"부시장 동지(왕광잉은 광다공사를 설립하기 직전까지 톈진시 부시장으로 있었음-저자), 내 딸은 부시장 동지가 있는 곳으로 가서는 안 됩니다. 광다공사를 쳐다보는 눈이 많습니다. 다른 사람의 아이들은 갈 수 있습니다. 하지만 내 딸은 가서는 안 됩니다. 부시장 동지도 왜 그러는지 아시겠죠?"

얼마 후 시중쉰은 딸에게도 이 일에 대해 조심스럽게 언급을 했다. 당연히 절호의 찬스를 놓친 치안안은 반발했다.

"나는 외교부 산하 기관의 외국어 담당 간부예요. 광다공사에 갔었다면 내 능력을 발휘할 수 있었어요. 국가의 개혁, 개방에 도움이 되면 됐지 나쁘지는 않았을 거예요."

그러자 시중쉰은 심하다 싶을 정도로 딸을 질책했다.

"능력이 있으면 어느 곳에서도 발휘할 수 있어. 너는 시중쉰의 딸이야. 꼬리를 감춰야 하는 사람이라고."

그녀는 아버지의 말을 일단 듣기로 했다. 하지만 사업을 통해 돈을 벌겠다는 뜻을 완전히 굽힌 것은 아니었다. 그녀는 야심 실현을 위해서는 우선 글로벌 비즈니스에 대한 안목을 키워야 한다는 생각을 하게 됐다. 그녀는 고심을 거듭하다 얼마 후 상무부 산하의 경제지 『궈지상바오(國際商報)』에 기자로 들어가는 용단을 내렸다. 이후 그녀는 기자로 눈부신 활약을 한다. 해외 취재도 여러 번 다녀오면서 국제 비즈니스에 대한 감각을 익혔다. 그러자 시중쉰이 다시 쌍지팡이를 들고 나섰다. 사단은 가족들끼리 밥을 먹을 때 일어났다. 그가 먼저 딸을 꾸짖었다.

"너는 뭣 때문에 자꾸 해외 취재를 가는 거냐. 설마 내 이름을 팔고 다니는 것은 아니겠지?"

치안안은 이번에는 지지 않았다.

"저는 기자예요. 외국어도 잘한다고요. 해외 취재는 우리 신문사의 고유의 일이예요. 저는 절대로 아버지의 후광을 입고 해외로 나가는 게 아니에요. 또 가서도 관광이나 하는 것도 아니에요."

치안안의 말은 아버지를 설득시키지 못했다. 시중쉰은 딸의 말을 들은 다음 한참을 씩씩거리면서 분을 참았다. 그러다 갑자기 벌떡 일어나더니 젓가락으로 식탁의 모서리를 탁탁 치면서 고성을 터뜨렸다.

"도대체 왜 그렇게 일이 많이 필요한 거야? 일 핑계를 대고 절대 나돌아 다니지 말아야 해! 앞으로는 이 애비하고 말싸움할 생각은 하지 마. 다시 한 번 말하는데 절대로 사사로운 이익을 추구하면 안 돼. 또 필요한 일만 해야 한다고."

치안안은 아버지의 성질을 너무나 잘 알고 있었다. 그녀는 바로 속에서 치밀어 오르는 말을 꾹 눌러 삼켰다. 이어 조용히 머리를 숙였다. 그러나 그녀는 마음으로부터 승복한 것은 아니었다.

이후 그녀의 행적은 그 어떤 기록에도 나오지 않는다. 일부에는 그녀가 홍콩에 이주했다는 동생처럼 호주로 이민을 갔다는 소문이 있으나 전혀 그렇지 않은 것만은 확실하다. 꼬리를 감추면서 조용히 사업을 벌였을 가능성이 훨씬 더 크다. 바로 이 때문에 그녀와 함께 황금알을 낳는다는 통신 사업을 하는 남편 우룽(吳龍. 65. 인민해방군 장교 출신으로 알려져 있음-저자)이 '통신업계의 다크호스', '신비한 귀족'이라는 별칭으로 불리고 있지 않을까.

그러나 치안안과 우룽의 이름은 시중쉰이 세상을 떠난 2002년 이후부터 다시 조금씩 세간의 입에 오르내렸다. 이어 2005년부터는 본격적으로 언론에도 등장했다. 앞에 언급한 통신 사업 관련 업체인 신유통(新郵通)을 통해서였다고 할 수 있었다.『징지관차바오(經濟觀察報)』등의 중국 언론 보도에 의하면 이들은 2007년 대박을 터뜨린다. 이동통신 사업 분야의 국영 기업인 차이나 모바일로부터 150억 위안(2조 7000억 원) 규모의 설비 공급 계약을 따낸 것이다. 이때 한국 업체인 삼성전자와 LG전자가 30억 위안(5400억 원) 규모의 계약을 따냈다는 사실을 상기하면 어느 정도의 기적을 일궜는지는 굳이 설명을 필요로 하지 않는다. 이후에도 이들의 행보는 거침이 없었다. 2008년 300억 위안(5조 4000억 원), 2009년 580억 위안(10조 4000억 원) 규모의 설비 공급 계약을 더 따냈다. 이 과정에서 신유통은 엄청난 이익을 챙겼다. 오너인 치안안과 우룽의 지갑에도 상상을 불허하는 돈이 들어갔다. 당연히 아는 사람들의 입에서는 비판의 소리가 쏟아졌다. 그러자 이후 신유통은 회장을 슬그머니 위둥밍(余東明)이라는 정체불명의 인물로 바꿨다. 다시 황급히 꼬리를 감췄다고 할 수 있었다. 하지만 치안안과 우룽이 신유통의 실질적 오너로 향후에도 엄청난 이권 사업에서 특혜를 누릴 가능성은 얼마든지 상존하고 있다고 단언해도 틀리지 않는다. 시진핑으로서는 언제 터질지 모르는 화약고를 옆에 두고 있다고 해도 크게 과한 말은 아니라고 할 수 있다.

역설적인지는 모르나 시진핑에게 그나마 다행인 것은 이복 첫째 누나 시허핑이 요절하고 둘째 누나 시첸핑이 명절 때마다 손자, 손녀에게 줄 용돈이나 걱정하는 평범한 할머니로 살고 있다는 사실이 아닐까 싶다. 그러나 이 사실도 두 누나가 누리는 엄청난 특혜를 바라보는 중국 장삼이사들의 의혹의 눈길을 불식시키기에는 완전 역부족이긴 하다.

chapter 7

시진핑 그가 포석할 대 한반도 관계

역사적으로 볼 때 한국과 중국의 관계는 그야말로 일의대수라는 말이 잘 어울린다. 강 하나를 사이에 두고 있는 가까운 사이였다는 말이다. 중국의 입장에서 봐도 그랬다. 문화적, 지리적으로 한국만큼 중국에 가까운 나라는 별로 없었다. 일본도 이 점에서는 차이가 다소 있다. 유럽에서의 독일과 프랑스의 관계가 이럴까 싶다. 이런 관계는 한국 전쟁 이후 40여 년 가까이 단절되다 1992년 한중 수교로 다시 원 위치됐다. 그러나 질적으로도 그렇다고 하기는 어렵다. 무엇보다 양국의 체제가 다르다. 또 중간에 중국의 동맹국인 북한이 끼어 있는 것도 중요한 이유가 될 수 있다. 말로는 전략적 협력 동반자 관계이나 실질적으로 그렇지는 않은 듯하다. 더구나 최근에는 언행을 신중하게 해야 할 최고 지도자가 자주 수준 낮은 실언을 함으로써 양국 관계를 더욱 악화시키는 우를 범했다. 이로 인해 양국 관계는 수교 이후 최악의 상황에 처해 있다. 중국의 입장에서는 현 정부와 대화다운 대화를 하려고도 시도하지 않고 있다. 다행히 2012년에는 양국의 최고 지도자가 모두 권좌에서 내려올 예정으로 있다. 새로운 양국 관계를 재정립할 기회가 주어지게 된다.

물론 양국의 지도부가 바뀐다고 해서 관계가 획기적으로 개선될 가능성은 크게 높지 않다. 지난 5년 동안의 앙금이 너무 큰 탓이다. 또 중국의 경우는 정권이 시스템 하에서 움직이기 때문에 큰 변화를 기대하기 어렵다. 하지만 전혀 변화가 없을 수는 없다. 특히 시진핑은 현 정권에 혀를 내두르는 후진타오와는 달리 한국에 대해 별로 나쁜 인상을 가지고 있지 않다. 그의 시대에 전개될 양국 관계를 조명해보는 것은 그래서 나름의 의미가 꽤 있을 듯하다.

1 _
남북한에서 줄타기하는 양다리 정책 더욱 확실하게 추진할 듯

중국인들은 생래적으로 양다리 걸치기를 해야 할 운명을 타고 났다고 해도 좋다. 5000년 역사를 살아오면서 겪은 무수한 정변과 혼란으로 인해 딱 부러지는 자신의 입장을 확실하게 피력하는 것은 바로 죽음을 의미한다는 사실을 깨달았기 때문이 아닌가 싶다. 한마디로 이것도 좋고 저것도 좋다고 생각하는, 어떻게 보면 다소 음흉한 스타일이 몸에 밴 민족이라고 할 수 있다.

지난 세기의 여러 현상을 살펴봐도 이런 중국인들의 특징은 그대로 드러난다. 예컨대 두 차례에 걸친 국공합작을 보면 보다 알기 쉽다. 외세에 저항해 국가를 반석 위에 올려놓는다면 공산당도 좋고 국민당도 좋다고 생각한 탓에 가능했다고 할 수 있었다. 이 과정에서 당시 양 당을 마치 꿀단지를 찾아가는 생쥐처럼 왔다 갔다 한 정치인들 역시 무수히 많았다. 당연히 욕도 별로 먹지 않았다. 중국인들이 한국인들과는 판이하게 더블 크로스, 이른바 이중 스파이 기질에 관한 한 가히 천부적이라는 소리를 듣는 데에는 이처럼 다 이유가 있다. 지금이라고 다를 까닭이 없다. 겸직을 많이 하면 할수록 능력 있는 사람인 것처럼 보이는 풍토가 그렇다고 해야 한다. 한국이라면 도저히 용납이 되지 않을 일이 중국에서는 아무렇지 않게 여기지는 것이다. 중국인들의 평균 섹스 파트너가 무려 19명이라는 경악스러운 비공식 통계가 있는 것은 이런 현실에 비춰보면 솔직히 그다지 놀랄 일도 아니라고 해야 한다. 국민들이 이러니 나라는 더할 수밖에 없다. 대표적인 케이스를 우리는 지난 세기의 한중 수교 과정에서 분명하게 볼 수 있었다. 한국에게는 대만과의 단교

중국의 한반도 양다리 정책을 그대로 보여주는 단둥(丹東)의 항미원조 기념 조상.

를 요청하면서 자신들은 북한과의 단교는 아예 말도 꺼내지 못하게 하지 않았던가. 전형적인 양다리 외교라고 할 수 있었다. 다시 말해 내가 하면 로맨스, 네가 하면 불륜이라는 공식이 따로 없었다.

이런 남북한에 대한 양다리 정책은 시진핑이 대권을 잡더라도 별로 달라지지 않을 것이 분명하다. 아니 어쩌면 보다 강화될 가능성이 더 농후하다. 의리와 감정적으로는 북한, 실리적으로는 한국에 더욱 기울고 있는 현실을 상기하면 고개가 자연스럽게 끄덕여지게 된다. 전자의 단정이 틀린 말이 아니라는 사실은 시진핑의 성향을 거론해봐야 할 것 같다. 다른 최고 지도자와 마찬가지로 골수 공산당원이라는 사실을 굳이 들 필요도 없다. 그보다는 그의 한국전쟁에 관한 인식을 보는 것이 훨씬 더 낫다. 2010년 10월 25일 거행된 인민해방군의 한국전쟁 참전 60주년 기념식에서 "항미원조(抗美援朝. 한국전쟁의 중국식 표현. 미국에 대항해 북한을 지원한다는 뜻임-저자)는 중국의 안위를 지키고 미국을 비롯한 제국주의의 침략을 막아내기 위해 중국이 북한을 지원한 정의로운 전쟁이었다."라고 언급한 바 있는 것이다. 한국의 입장에서는 정말 기가 막힐 발언이었다. 일부 보수 진영에서는 그래서 적반하장도 유분수라면서 중국을 성토하는 분위기가 조성되기도 했다. 그러자 중국의 일부 언론은 급거 "한국전쟁은 내전이다. 남북한이 싸운 전쟁으로 봐야 한다. 반면 항미원조 전쟁은 국제전으로 중국은 이에 참전했다. 한국전쟁과 항미원조 전쟁은 따로 구분해야 한다. 중국은 한국을 적으로 생각하고 싸우지 않았다."면서 묘한 레토릭으로 시진핑을 적극 두둔하고 나섰다. 중국은 남북한의 내전에 부당하게 간섭한 미국을 물리치기 위해 참전했을 뿐이라는 논리였다. 그러나 항미원조에 나선 인민해방군 사령관이 그의 아버지 시중쉰과 가까웠던 펑더화이였다는 사실을 감안하면 얘기는 확 달라진다. 그가 아버지로부터 지금의 자신의 머리를 채우고 있는 인식을 고착화시킨 교육을 받았을 가능성은 거의 100%에 가깝다. 북한을 보는 그의 눈이 어떻다는 사실은 더 이상의 설명을 필요로 하지 않는다.

더구나 북한은 중국의 오랜 혈맹이다. 북한이 외부의 침략을 받을 경우 중국이 자동 개입하는 이른바 '북중 우호 협정 및 상호 원조 조약' 역시 사문화됐다고 하나 공식적으로는 폐기되지 않고 있다. 문서상으로 보면 2021년까지 유효하다. 당연히 시진핑으로서는 이 협정과 조약을 자신이 최고 지도자로 있을 때 깨려고 하지 않을 것이다. 과거의 혈맹 관계까지는 아니더라도 상호 신뢰할 수 있는 사회주의권의 최고 우호국으로 북한을 생각하려고 할 가능성이 농후할 것이라는 단정은 절대 과하다고 하기 어렵다.

시진핑이 실리적으로는 한국에 기울고 있다는 평가 역시 시진핑의 일생을 다시 한 번 반추해보면 틀리지 않다는 사실을 알 수 있다. 그는 주지하다시피 청년 시절 아버지가 광둥성의 서기로 재임할 때 선전을 비롯한 4대 경제 특구를 자주 방문했다. 이때 색깔이 검든 희든 아니면 흑백이 뒤섞인 점박이든 쥐를 잘 잡는 고양이가 좋은 고양이라는 덩샤오핑의 「흑묘백묘론」을 분명하게 자각했다. 또 먼저 부자들이 생겨나야 중국이 발전의 길을 걷게 된다는 이른바 「선부론(先富論)」 역시 같은 맥락에서 파악했다. 이어 허베이성의 정딩현과 푸젠성, 저장성, 상하이 등의 이른바 정치보다 경제를 더 중요하게 생각하는 지방을 옮겨 다니면서는 아예 자신의 생각을 실천에 옮겼다. 이 과정에서 무수히 많은 국내외 기업인들을 만나 경제 발전 없는 정치 발전이 있을 수 없다는 사실을 분명하게 재인식했다. 당연히 실사구시의 입장에서 자신이 책임지는 곳의 경제 발전에 전력을 다 기울였다. 또 이때 한국과 적극적으로 경제 교류를 하지 않으면 중국의 경제 발전을 더욱 확실하게 촉진시키지 못할 것이라는 사실을 분명하게 뇌리에 새겼다. 그가 2005년과 2009년 두 차례의 방한에서 정치인보다는 기업인들에게 더 많은 관심을 갖고 회동을 가진 것은 이로 보면 너무나 당연하다고 볼 수 있다. 한국에게는 마음을 주지 않아도 경제 교류를 통한 실리를 챙겨야 한다는 생각을 분명히 가지고 있는 것이다.

마음은 확 주지 않으면서 한국과의 경제 교류를 통해 실리를 챙기고자 하는 그의 생각은 두 번째 한국 방한 때 언급한 한중 해저터널 추진에 대한 긍정적인 발언에서도 잘 드러난다. 당시 그는 박삼구 한중우호협회 회장을 비롯한 한국 기업들인과의 조찬 모임을 가진 바 있다. 이때 박 회장은 시진핑이 다소 부담스러울 수 있는 질문을 던졌다.

"지금 한일 간에는 해저터널을 뚫는 계획이 추진되고 있습니다. 이에 대해 일본은 긍정적이나 한국은 상당히 부정적입니다. 그렇다면 한중간

한중우호협회 박삼구 회장과 만나는 시진핑.

에도 해저터널이 추진될 수 있지 않을까요? 어떻게 생각하십니까?"

시진핑은 그러나 다소 곤란할 수도 있는 질문에 전혀 부담스러워하지 않았다. 오히려 박 회장이 놀랄 정도로 시원스럽게 대답했다.

"좋은 질문이십니다. 지금 중국과 대만 간에도 해저터널이 추진되고 있습니다. 중국과 한국이라고 못할 이유가 없습니다. 한국은 중국의 가장 중요한 무역 상대국 중 하나 아닙니까? 충분히 실무적인 검토가 가능할 것으로 봅니다."

이뿐만이 아니다. 그의 생각은 한중일 3개국 FTA에 관한 입장에서도 파악이 가능하다. 한국과 일본이 원할 경우 중국이 마다할 이유가 없다는 입장을 가지고 있는 것으로 알려져 있다. 심지어 그는 기회 있을 때마다 이에 대한 긍정적인 입장을 한국 측에 적극적으로 전달하고 있다고 한다.

시진핑은 국가 주석에까지 취임해 행정부의 모든 대권을 움켜쥐는

2013년 3월 12기 전인대 1차 회의 이후부터는 자신의 색깔을 확실히 드러내면서 중국을 이끌어갈 것이 확실하다. 다시 말해 실사구시에 입각한 사회주의 시장경제를 더욱 오른쪽으로 클릭해 거의 자본주의화 하는 방향으로 말이다. 이 경우 한국과의 경제 교류는 지금보다 더욱 덩치가 커지면서 급물살을 탈 것으로 보인다. 시진핑 지도하에서의 중국이 마음은 북한에게 주고 실리는 한국에서 챙기는 양다리 정책을 더욱 확실하게 추진할 것이라는 결론은 그래서 과하다고 하기 어려울 듯하다.

산업자원부 장관을 지낸 한국 관계의 대표적 중국통인 정덕구 니어재단 이사장은 최근 펴낸『한국을 보는 중국의 본심』이라는 책에서 중국에게 있어 한국은 이성적 친구, 감성적 타인이라고 했다. 그렇다면 북한은 이성적 타인, 감성적 친구라고 해야 한다. 정말 정곡을 찌른 평가가 아닌가 보인다. 따라서 시진핑 시대의 중국에게 있어 한국은 더욱 확실한 이성적 친구, 감성적 타인이 되지 않을까 여겨진다. 북한과는 같은 사회주의 국가로서의 끈끈한 동지의 정을 나누면서도 실리는 한국과의 교류, 협력을 통해 챙기는 양다리 걸치기가 중국에게는 최선의 절묘한 선택이라는 말이 된다.

2_
한중 경제 협력의 르네상스 시대 개막

한국과 중국의 지난 20년 동안에 걸친 경제 협력은 그저 눈부시다는 진부한 단어로 표현하기에는 조금 모자라는 감이 없지 않다. 그보다는 상전벽해라는 자극적인 말이 훨씬 더 피부에 와 닿지 않나 보인다. 또 무에서 유를 창조하는 기적을 일궜다고 해도 크게 지나치지 않을 듯하다. 1992년 수교 당시에 63억 달러에 불과한 교역액이 2011년에 2000억 달러를 돌파한 사실만 상기해도 충분히 이렇게 표현할 수 있다. 여기에 개인 사업자, 기업 주재원들을 포함한 교민이 고작 1000여 명에서 20년 만에 무려 70만 명으로 늘어난 사실을 더 하면 현지 진출 기업이 4만 개 전후에 이른다는 현실은 그다지 놀랄 일도 아니다.

그러나 시진핑 시대에는 이런 경제 협력의 속도가 지난 20년보다 훨씬 더 빨라질 것 같다. 시쳇말로 빛의 속도로 진행될 가능성이 높아 보인다. 2012년 1월 초의 한중 정상회담을 계기로 상반기부터 본격 논의되기 시작한 한중 FTA(자유무역협정)가 우여곡절을 겪기는 하더라도 아무리 늦어도 시진핑 집권 초반기에는 타결될 가능성이 높은 탓이다. 더구나 시진핑은 한중일 FTA 추진에까지 관심을 가지고 있는 데에서 보듯 자유무역 신봉자로 불리기에도 부족함이 없다. 한중 FTA 체결이 한중일 FTA로 가는 지름길이라는 사실을 아는 만큼 집권 이후 조속한 타결을 위해 직접적으로 적극 나설 가능성 역시 농후하다.

이 정도에서 그치지 않는다. 현재 중국 재계는 이른바 저우추취(走出去. 3조 2000억 달러가 넘는 외환보유고를 활용해 해외에 대대적으로 투자한다는 의미-저자) 전략을 국가 정책으로까지 추진하고 있다. 해외로 본격 진출하지 않을 경우 중국이 팍스 시니카의 주역이 되기는커녕 G2를 지나 G1으로 올라가는 길이 험난할 것이라는 사실을 너무나도 잘 인식하고 있다는 얘기이다. 시진핑은 바로 이 전략에 대한 이해 역시 대단히 깊다. 또 가까운 한국에 적극적인 투자를 하는 것이 저우추취 전략의 실패를 최소화하는 지름길이라는 사실 역시 모르지 않는다. 지리적으로 가까운 데다 문화가 비슷한 한국에서 가볍게 투자 시뮬레이션 게임을 해본 다음 더 넓은 세계로 나가는 것이 패착의 시행착오를 줄이

한중 경제의 르네상스 시대는 대륙 전역에서 열리는 각 기업들의 기념식에서 실감할 수 있다.

는 방법이라는 사실을 훤하게 꿰고 있는 것이다. 시진핑의 이런 생각은 이미 여러 방면의 사업에서 현실로 나타나고 있다. 대표적인 것이 아마도 중국 부동산 개발업계 1위 기업으로 유명한 뤼디(綠地)그룹이 2012년부터 제주도에서 추진하는 투자 프로젝트가 아닌가 싶다. 총 9억 달러를 투자해 헬스타운을 건설하는 이 프로젝트는 일단 총 110만 평방미터 규모로 추진될 예정으로 있다. 타운 내에 관광휴양 시설, 의료 서비스 센터, 쇼핑 몰, 호텔 및 주거 시설 등이 세워지는 사업으로 이미 뤼디 그룹과 제주도 간에 본 계약이 체결돼 첫 삽만 뜨면 된다. 빠를 경우 2012년 여름부터 본격 시작될 가능성이 농후하다. 사업이 본궤도에 올라갈 경우 프로젝트의 확대도 검토될 수 있다. 사업의 전망이 상당히 좋은 것으로 평가되는 만큼 다른 중국 대기업들의 한국 투자를 유인하는 역할 역시 톡톡히 할 것으로 보인다. 시진핑이 집권한 이후에는 봇물이 터질 가능성도 없지 않다. 이 경우 한국 기업들의 중국 진출보다는 상대적으로 미미했던 중국 기업들의 한국 진출은 빅뱅이라는 말이 무색하게 될 수도 있다.

시진핑 시대에는 그동안 한중간에 말로만 수없이 논의돼 왔던 최대 50개에 이르는 양국 대표 기업들의 상호 교차 상장이 이뤄질 수도 있을 전망이다. 시진핑이 상하이 서기로 있으면서 상하이 증권거래소를 자주 방문하는 등 증시에 대한 이해를 알게 모르게 넓혔다는 사실에 비춰보면 확실히 이런 단정은 무리가 아니다. 만약 교차 상장이 빠른 시일 내에 이뤄진다면 이후에는 한국과 일본이 2012년부터 상호 증시에서 허용하고 있는 교차 거래 역시 장기적으로는 이뤄질 전망이다. 늦어도 시진핑의 집권 1기 말인 2017년까지는 가능할 것으로 보인다.

시진핑 시대에는 그동안 잠시 주춤했던 한국 기업들의 중국 공략 역시 공격적으로 이어질 수밖에 없을 것 같다. 특히 오염을 유발하는 섬유, 완구 등의 노동 집약적인 사양 사업 분야보다는 중국이 적극적으로 요구하는 고부가가치의 첨단 기술 분야에서 이런 행보가 빨라질 전망이다.

수교 이후 지난 세기 말의 IMF 금융 위기 발생 이전까지만 해도 사실 한국 자본은 그 질과는 관계없이 중국에게는 거의 하나님이라고 해도 좋았다. 그래서 가발을 만들어 미국 등에 내다파는 소형 자영업자들까지 현지에서는 한동안 회장님 소리를 들었던 것이 현실이기도 했다. 또 이들은 이렇게 해서 번 돈으로 축첩을 하거나 중국인들 앞에서 "이렇게 큰돈 본적이 있느냐?"면서 100달러짜리 뭉칫돈을 흔들어대는 등의 천박한 자본주의자의 속성을 적나라하게 드러냈다. 그러나 이제는 달라졌다. 중국인들이 100달러 뭉칫돈을 봐도 눈 하나 까딱하지 않을뿐더러 정부 당국에서도 노동집약적 산업에 대해서는 자국 업체들에게까지 혹독하게 대하는 것이 현실이다. 심한 경우는 현지에서 성공적으로 안착한 일부 한국 업체들에게도 철수를 종용하고 있다고 한다. 회장님이라는 언감생심의 호칭은커녕 김씨, 이씨라는 말만 듣지 않아도 다행인 상황이 됐다. 이런 상황은 시진핑 시대가 본격 도래하면 더욱 고착될 수밖에 없다. 그가 중국 산업이 나아갈 길이 어느 방향이라는 사실을 모른다는 것은 상상할 수조차 없는 까닭이다.

당연히 고부가가치 업종의 한국 업체들에게 있어 이런 현실은 먼 나라의 얘기이다. 덩샤오핑 뺨치는 시장경제주의자가 될 것으로 보이는 시진핑에 대한 기대감이 부풀어 벌써부터 투자가 활성화될 조짐을 보이고 있다. 대략 살펴보면 일목요연해진다. 우선 삼성전자의 경우 2012년에는 낸드플래시 반도체 부문의 진출을 확정지을 것으로 보인다. 이는 하이닉스반도체에 이은 사상 두 번째의 진출로 중국 정부의 승인 절차와 협상이 원만할 경우 2013년에 가동에 돌입할 개연성이 농후하다. 삼성전자에 대한 시진핑의 시각이 상당히 호의적인 만큼 허가가 나지 않는다면 오히려 그게 이상할 상황이다. 삼성전자는 이외에 장쑤성 쑤저우에 건설하고 있는 7.5세대 LCD공장을 8세대로 변경하는 것도 신중하게 검토하고 있다. 시진핑 시대 중국 경제 당국의 요구에 부응하자는 취지에서라고 해야 할 것 같다.

중국이 질적인 면에서 아직 한국에 뒤지고 있는 유화 부문에서는 LG화학이 먼저 깃발을 날릴 것으로 보인다. 톈진과 저장성 닝보, 광저우 등지에 석유화학 공장을 이미 두고 있으나, 2012년부터 ABS수지 신규 공장을 건설하기 위한 투자를 시작할 예정으로 있다. 중국해양석유총공사와 합작으로 전개하는 사업으로 LG화학이 총 투자비 3억 6500만 달러 중 50%를 출자한다. LG화학은 이를 통해 2013년까지 총 연 160만 톤 생산체제를 구축, ABS분야 세계 1위 지위를 다질 계획으로 있다. 시진핑이 직접 챙기는 사업이라 성공 가능성이 높다.

　SK이노베이션의 경우는 시노펙과 합작 프로젝트를 진행할 방침으로 있다. 후난성 우한(武漢)에 2012년 연말까지 연산 80만 톤 규모의 에틸렌 공장을 짓는 것이 사업의 핵심 내용이다. 양사는 이 사업 합작을 계기로 각종 화학제품 공장을 신규 증설하는 분야에서도 협력을 진행할 예정으로 있다.

　닝보에 연산 30만 톤 규모의 PVC 공장을 짓는 등 중국 진출에 적극적인 한화케미칼은 차세대 동력 사업인 태양광 사업을 추진하고 있다. 현지법인인 한화솔라원이 태양전지소재 증설 투자와 공장 신설 계획을 병행 중에 있다. 2GW 규모의 태양전지와 모듈 생산설비를 짓는 프로젝트로 2012년 말 우선 1GW 설비가 완공될 예정으로 있다.

　중국이 절대적으로 필요로 하는 산업 분야인 자동차 및 타이어 쪽에서는 역시 현대기아자동차의 공격적 진출 계획이 돋보인다. 밀접한 관계인 자칭린 정협 주석이 적극 후원하는 시진핑이 대권을 움켜쥐는 것이 확실한 상황에 고무돼 있다고 해도 좋다. 2010년 말 착공한 연산 30만 대 규모의 베이징현대 3공장이 2012년 하반기께 완공될 경우 곧 4공장의 신축에도 나설 계획으로 있다. 또 2013년 말에는 장쑤성 옌청(鹽城)시 기아자동차의 3공장을 지은 다음 4공장의 신축 계획을 확정할 예정으로 있다. 이렇게 되면 2015년까지 현대기아자동차의 중국내 총 생산 규모는 200만대 가까이로 늘어나게 된다. 이에 대해서는 자칭린 정협 주석으로부터 각종 조언을 듣고 있는 시진핑이 흡족해 하는 만큼 향후 현대기아자동차의 중국 내 행보는 더욱 탄력을 받을 가능성이 농후하다. 잘하면 시진핑이 두고두고 내세울 주요 업적이 될 수도 있다.

　타이어업계에서는 중국 시장에서 18%의 점유율로 시장 1위 자리를 달리고 있는 한국타이어의 행보가 남다르다. 2013년부터 중국 내 세 번째 공장인 충칭 공장을 완공해 본격 가동할 예정으로 있다. 2011년 재생 타이어 논란으로 어려움을 겪은 금호타이어 역시 2012년 하반기부터는 시설을 증설, 판매량을 늘일 것으로 보인다. 넥센타이어는 700만 개 전후인 칭다오 공장의 생산량을 2012년부터 본격적으로 증산해 2018년까지 2000만 개로 늘릴 방침으로 있다. 2013년 상반기 중에는 상하이에도 판매 법인을 설립할 예정이다.

유통, 화장품업계에서는 롯데백화점이 단연 선두를 달리고 있다. 베이징과 톈진점을 개점한 이후 2012년 톈진 2호, 웨이하이(威海)점, 2013년에는 선양점의 문을 열 예정으로 있다. 또 중국 내에 21개의 점포를 운영 중인 이마트는 향후 서부 내륙과 화베이(華北) 지역 출점을 통해 재도약에 도전한다는 전략을 세워놓고 있다. 시진핑의 부인 펑리위안이 써본 다음 극찬을 했다는 아모레퍼시픽 제품은 본거지인 선양 일대를 넘어 향후 상하이까지 진군할 것으로 보인다. 2013년에 아시안 뷰티 생산연구기지가 신축될 예정으로 있다.

시진핑 시대에 양국 FTA가 체결되는 것은 시간문제일 것이 분명하다. 이 경우 양국의 경협은 지금까지와는 질적으로 다른 방향으로 흘러갈 수밖에 없다. 우선 교역액이 폭발할 것으로 보인다. 수년 내에 2000억 달러를 넘어 3000억 달러 달성이 가능할 전망이다. 꿈의 1조 달러를 시진핑의 2기 임기 내인 2022년까지 달성하지 말라는 법도 없다. 양국에서 활동하는 교민의 수 역시 공히 100만 명 시대에 진입할 것이 확실하다. 한마디로 한중 경협 르네상스의 시대가 열린다고 단언해도 좋다. 중국 최고 지도자로는 드물게 경제인의 DNA가 피 속에서 흐르고 있는 시진핑 역시 이런 상황의 도래를 대단히 기꺼워할 것 같다.

3 _
친구도 적도 아닌 애매한 한중 정치 관계

한중간의 정치적 관계는 경제 관계에 비하면 많은 차이가 난다. 그럴 수밖에 없다. 무엇보다 체제가 다르다. 우선 한국의 경우 암울한 독재의 시기가 오랜 동안 있기는 했으나 누가 뭐래도 자본주의를 근간으로 하는 민주주의 국가라고 해야 한다. 또 중국은 아무리 고도의 시장경제를 도입하고 있다고 하더라도 쿠데타 같은 대동란으로 인해 새판이 짜이지 않는 한 공산주의 국가라는 정체성을 탈피할 길이 없다. 더구나 양국의 국민들은 교육도 지금 생각하면 정말 엉뚱하게 받았다. 공산주의 국가에 사는 사람들은 뿔 달린 괴물, 자본주의 국가에 사는 사람들은 특권층 일부를 제외하고는 짐승과 크게 다를 바 없는 노예로 형상화한 냉전 시대의 교육을 당연한 듯 무비판적으로 수용했다. 게다가 양국은 아직도 완전히 해결했다고 하기 어려운 구원(舊怨) 역시 없지 않다. 지금도 반공 세대의 한국인들이 중국 하면 고량주 냄새를 풍기고 꽹과리를 치면서 방망이 수류탄을 던지는 구석기 시대의 중공군을 떠올리는 것은 다 이런 현실과 무관하지 않다. 중국이라고 크게 다를 까닭이 없었다. 한국 전쟁 이후에도 이런저런 이유로 중국을 떠나지 못하다 남북이 완전히 분단된 다음에야 비로소 한국 귀환을 원하는 이들을 남조선의 특무, 즉 간첩이라고 탄압한 사실만 봐도 그렇다고 해야 할 것 같다. 하기야 그랬으니 수교를 한 이후에도 한동안 한국을 남조선이라고 부르지 않았나 싶다.

물론 양국의 정치 관계는 서로 중공, 남조선으로 부르던 과거나 수교 당시에 비한다면 엄청나게 발전했다고 해도 좋다. 양국 정상이 서명을

한국을 방문했을 때 어린이들로부터 환영받는후진타오. 그러나 양국 관계는 눈에 보이는 것과는 전혀 다른 길을 가고 있다.

한 공식 문서상으로 봐도 확실히 그렇다고 해야 한다. 1992년 수교 당시 중국이 규정해놓은 5단계 친밀도 정도에 따르면 양국의 외교 관계 수준은 그저 단순한 외교 관계였다. 필요에 의해 상대를 인정한다는 정도의 관계에 지나지 않았다. 이 관계는 이후 경제 협력이 본격화됨에 따라 선린 외교 관계로 격상됐다. 이어 1998년 김대중 전 대통령의 방중으로 제3단계인 동반자, 즉 파트너 관계로 발전하기에 이른다. 이후 2003년 노무현 정권 때는 전면적 협력동반자 관계, 이명박 정부에서는 한 단계 더 올라가 거의 혈맹 전 단계인 전략적 협력동반자 관계가 됐다. 외면적으로만 보면 현재 한국은 중국에게 러시아, 인도, 파키스탄 정도로 대단히 중요한 나라라고 할 수 있다.

각론으로 들어가도 그동안의 양국의 행보 역시 크게 나쁘지 않았다. 2001년은 중국 공산당의 건당 80주년을 기념하는 해였다. 이해에 당시 한나라당 이회창 대표는 이례적으로 중국 당 중앙에 축하 메시지를 보냈다. "수교 이후 양국 관계는 급속도로 발전하고 있다. 한나라당과 공산당 간의 관계 역시 날로 강화되고 있다. 한중 관계 발전에 더욱 기여할 수 있도록 양 정당의 관계를 발전시키기를 바란다."는 요지의 내용이었다. 한나라당이 빨갱이라는 단어를 입에 달고 살면서 영원히 레드 콤플렉스를 벗어날 수 없는 태생적 운명을 타고난 정당이라는 사실에 비취보면 너무나 괄목할만한 관계 증진의 제스처였다고 할 수 있었다. 이어 2006년 11월에는 박근혜 전 대표가 공산당 초청으로 27일부터 4박 5일 일정으로 베이징, 산둥성 칭다오 및 옌타이(烟臺)를 방문했다. 이 기간 중 박 전 대표는 중앙당교를 방문해 새마을운동과 중국 신농촌운동의 공통점에 관해 연설하는 기염까지 토했다. 시진핑이 현 교장을 맡고 있는 데에서 보듯 공산당 이론을 집대성하는 싱크탱크에서 향후 대권을 노리던 공당의 대표가 연설하는 파격을 보인 것이다. 더구나 박 전 대표는 이를 전후한 시기인 2005년 5월과 2008년 1월에도 각각 방중에 나서 양국 교류 폭의 확장에 적극 나서기도 했다. 수구보수, 심지어 꼴통이라고 불리는 이미지가 공산당과는 전혀 맞지 않는 한나라당의 파격은 이 정도에서 그치지 않았다. 양당의 교류 10주년을 기념하기 위해 2005년과 2006년 양국에서 번갈아 엉뚱하게도 축구 시합을 가진 것을 상기하면 박 전 대표의 파격이나 세 차례의 방중은 별로 놀랄 일도 아니다.

　2009년 11월에는 아예 양당이 공식적으로 문서를 주고받기까지 했다. 한나라당의 장광근 사무총장이 베이징의 댜오위타이에서 왕자루이 공산당 대외연락부장과 양당 교류 및 협력강화에 관한 양해각서를 체결한 것이다. 각서 내용도 상당히 놀라웠다. 양당 고위급 정치인과 지도자 간의 상호 방문 활성화, 세계 평화와 안정을 위한 공동 노력, 한중 우호관계 강화, 다자적 정당 간 대화 메커니즘 구축 등의 내용을 포함하고 있었다. 이외에 양측은 양당 간 교류 채널을 한나라당 국제 업무 담당 부서와 중국 대외연락부로 지정해 매년 적당한 방식으로 협의를 진전시키기로도 합의했다. 한중 수교 이후 한국의 집권 여당과 중국 공산당 간에 공식적 교류 협력을 위한 양해각서가 체결된 것은 당시가 처음이었다. 2010년 3월 정몽준 대표가 중국의 초청으로 3박 4일 일정으로 베이징과 상하이를 공식 방문한 것은 그래서 당연했다고까지 해야 한다.

한나라당보다는 그래도 레드 콤플렉스가 상당히 덜한 한때의 집권당 새천년민주당이나 민주당 역시 비슷했다. 김대중, 노무현 두 전직 대통령이 당선 이후 대대적인 관계 증진을 위해 가장 먼저 방문할 중요한 나라로 중국을 꼽았다는 사실만 봐도 잘 알 수 있다. 두 전직 대통령은 자신들의 생각을 적극적으로 행동에 옮기기도 했다. 2003년 후진타오 주석 겸 총서기가 베이징에서 당시 새천년민주당 대표단을 접견한 자리에서 "중국 공산당은 한국의 각 정당과 함께 노력해 양국 우호를 증진하고 지역과 세계의 평화안정을 위해 공헌하고자 한다. 정당 교류는 양국 우호관계의 주요 내용이다. 향후 계속 교류를 강화해 서로에 대한 이해와 신뢰를 쌓아야 한다."고 강조한 것은 바로 이런 노력과 무관하지 않다고 해야 한다.

이 정도 되면 양국의 관계는 진정한 전략적 협력 동반자 관계라는 단정을 내려도 크게 과하지는 않다. 그러나 내면으로 들어가 보면 상황은 달라진다. 여전히 구원에 대한 앙금, 체제가 다른 데에서 오는 근본적인 상호 불신 등이 존재하는 것이다. 심지어는 이런 눈에 보이지 않는 불편함이 개인의 삶 등에도 부정적인 영향을 미치기까지 한다. 몇 가지 사례를 들면 고개가 끄덕여지지 않을까 보인다.

관영 『신화통신』의 서울 특파원을 지낸 Z모 씨는 한때 정말 잘 나가던 젊은 언론인이었다. 그대로 페이스를 이어가면 중국 언론계를 이끌어나갈 중진으로 성장할 것으로 상당한 기대도 모았다. 하지만 그의 인생은 서울에서 한 한국 여성과 사랑에 빠지면서 어긋나기 시작했다. 당원인 그가 한국 여성과 결혼하는 것을 당과 회사에서 반대한 것이다. 하지만 그는 젊은 사람답게 단호하게 마이 웨이를 선택했다. 결과는 그가 우려했던 대로 정확하게 나타났다. 결혼 직후 해직 통보를 받은 것이다. 지금 그는 모든 기득권을 버리고 귀국해 모 잡지사의 기자로 겨우 생활을 이어가고 있다. 어쩌면 분명한 적성 국가일지도 모르는 한국 여성과 결혼한 죄 아닌 죄 탓이었다.

반대의 케이스가 없을 까닭이 없다. 2011년 상반기에 터져 한국 언론을 떠들썩하게 만든 이른바 상하이 스캔들이 대표적이지 않을까 싶다. 나중에는 상하이의 마타하리라는 별명으로까지 불린 덩신밍(鄧新明)이라는 여성과 성적(性的)으로 얽힌 3, 4명의 한국 영사관 직원들은 분명 공직자로서는 해서는 안 될 일들을 했다. 한국 언론에 의해 미모로 보도된 유부녀인 한 여성을 사이에 두고 혀가 찰 치정에 얽혀 서로 지지고 볶았다는 사실 자체부터가 공직자로서의 품위를 이미 잃었다고 해야 한다. 사건이 수면 위로 드러났던 만큼 해직을 당한 것 역시 입이 두 개라도 할 말이 있을 까닭이 없다. 일부가 당한 이혼의 비극 역시 크게 다르지 않다. 하지만 만약 이와 유사한 사건이 일본이나 미국에서 터졌다면 과연 이 정도로 이른바 난리 부르스의 평지풍파를 일으켰을까? 답은 전혀 그렇지 않았을 것이라고 해야 할 듯하다. 코미디보다 웃기는 탓에 더욱 슬픈 느낌을 주는 상하이 총영사관 비리 공직자들의 비극은, 한마디로 상하이 스캔들은 양국이 마치 적성국을 대하듯 색안경을 낀 채 상대국을 늘 보는 탓에 불거진 일종의 해프닝이라고 해도 크게 틀리지 않는다.

사족일지는 몰라도 중국에 주재하는 한국 언론사 특파원들의 입지 역시 부처님 손바닥 위에 올라간 손오공 같은데 여기서 거론해도 나쁘지는 않을 것 같다. 양국의 서로에 대한 좁혀지지 않는 정치적, 감정적 간극을 보여주는 비극으로 부족함이 없는 까닭이다. 중국은 기본적으로 개인이 언론사를 운영할 수 없다. 또 언론인은 거의 당원인 경우가 많다. 반면 한국은 정 반대의 케이스에 해당한다. 정부가 운영하는 언론사가 드물다. 또 당원이 되면 그게 어떤 당이든 법적으로는 언론인으로서의 활동을 할 수 없다. 이처럼 처해진 상황이 완전히 서로 다르니 중국에서 한국 특파원들을 정상적인 시각으로 볼 턱이 없다. 한국의 첩보기관에서 내보낸 에이전트 정도로 해석해도 할 말이 없게 된다. 실제로 일반 중국인들은 대체로 이렇게 생각한다. 한국에서 중국 특파원들을 보는 눈은 오히려 반대인 경우가 많지만 말이다. 물론 중국이 한국 언론인을 보는 시각이 나름 좋을 때가 없지는 않다. 항상 경찰이나 정보기관으로부터 주목의 대상이 되는 탓에 갑자기 일어날지 모르는 사고 등으로부터 안전이 확실하게 보장되기 때문이다. 이 정도 되면 한국 언론사 특파원들은 웃어야 할지 울어야 할지 아주 애매하게 된다.

친구도 아니고 그렇다고 적도 아닌 애매한 상호 정치적 관계는 결정적일 때 드러나기 마련이다. 2010년 발생한 천안함 사건과 관련한 양측의 물밑 갈등이 대표적이라고 볼 수 있다. 당시 한국은 끈질기게 북한이 저지른 것이라고 한마디만 해달라는 식으로 거의 애걸복걸을 하다시피 했다. 하지만 중국은 러시아와 마찬가지로 한국의 손을 들어주지 않았다. 양국이 문서상이 아닌 정서상, 감정상으로도 진짜 전략적 협력 동반자 관계라면 아마도 이렇게까지는 되지 않았을 것으로 보인다.

중국은 공산당 주도 하의 시스템으로 움직이는 나라다. 시진핑이 최고 지도자가 된다고 해서 갑자기 양국의 애매한 정치적 관계가 하늘에서 넝쿨이 떨어지듯 확 변할 것이라고 기대하면 완전 오산이다. 완전히 남의 다리 긁는 격이라고 해도 좋다. 더구나 시진핑은 공산주의 사상에 대해서는 나름 일가견도 있다. 사상검증을 완벽하게 받은 정도가 아니라 본인이 다른 지도자들의 검증을 해야 할 수준에 있다. 공연히 장쩌민과 쩡칭훙으로부터 제5세대 그룹의 황태자로 간택을 받은 것이 아니다. 항미원조 운운하는 말 역시 갑자기 입에서 툭 튀어나온 것이 절대로 아니다. 그가 2009년 12월 두 번째 한국을 방문하고 출국할 때 "한국의 발전상과 국민들의 열정에 대해 정말 좋은 인상을 갖고 간다. 한중간 전략적 협력동반자 관계가 앞으로 한층 더 공고하게 발전할 것을 확신한다. 이번 방문을 통해 한중 관계와 지역 문제, 국제 문제 등에 대한 양국의 공동 인식도 확인했다."면서 한국과 한중 관계의 발전을 높이 평가한 것을 두고 립 서비스 정도로 보지 않고 진심이라고 인식한다면 한국은 완전 바보가 된다고 해야 하는 것이다. 친구도 적도 아닌 애매한 한국과 중국의 정치적 관계는 비교적 사상해방이 된 제5세대 지도부인 그의 등장에도 불구하고 앞으로도 죽 이어질 것이라는 단정은 때문에 절대 과한 것이 아니다.

4 _
한반도 통일에 대해서는 긍정도 부정도 아닌
NCND 스타일을 지향할 듯

중국의 한반도 정세에 대한 일관된 생각은 5000년 역사 내내 거의 분명했다고 해도 좋다. 서로 치고 박고 머리 터지도록 싸우면서 시끄럽게 하면 절대로 안 된다는 것이다. 물론 예외는 있었다. 종주국이라고 생각하는 자신들이 한반도로 들어가 이른바 속국의 버릇을 고쳐준다고 생각할 때는 분명히 달랐다. 이유는 당연히 있었다. 밖이 시끄러우면 드넓은 대륙이 알게 모르게 부정적인 영향을 받기 때문이었다. 지금이라고 크게 다를 까닭이 없다. 한반도 정세가 안정을 찾지 못할 경우 내부의 안정적인 시스템이 흔들거리면서 지난 35년여에 걸친 개혁, 개방을 통해 겨우 쌓아올린 경제, 정치적 성과가 타격을 받을 수도 있다고 생각한다. 그러나 그렇다고 해서 한반도가 통일을 통해 다시 하나가 돼 완벽하게 안정을 되찾는 것도 원한다고 하기 어렵다. 쉽게 말해 중국은 한반도의 불행이 중국의 행복은 아니나 한반도의 행복은 중국의 불행이 된다고 분명하게 생각하고 있지 않나 싶다.

물론 중국은 말로는 늘 한반도의 평화통일을 지지한다고 강조한다. 특히 수교 이후에는 최고 지도자들뿐 아니라 현장의 당정 실무자들도 이런 말을 아예 달고 살았다. 또 기회만 있으면 중국 당국의 기본 입장이라는 사실을 강조해 마지않는다. 중국 최고 지도부가 가능하면 마주치지 않으려고 노력하는 이명박 대통령이 2012년 연초 베이징을 방문했을 때 역시 당연히 이런 자세는 변함이 없었다. 카운터파트인 후진타오 총서기 겸 주석 대신 원자바오 총리를 전면에 내세워 발표한 공동발표문을 통해 "남북한 양측이 대화와 협상을 통해 관계를 개선하고 화해와 협력을 추진, 최종적으로는 평화통일을 실현하는 것을 지지한다."는 입장을 분명하게 밝힌 바 있다.

그러나 모두에서 언급했듯 본심은 전혀 그렇지 않다고 해도 틀리지 않을 것 같다. 한반도의 통일이 자국에게는 그다지 좋은 국면이라고 하기 어려운 까닭이다. 일차원적으로 단순하게 생각해도 그럴 수 있다고 생각된다. 만약 한반도가 한국 주도로 통일이 되면 중국은 미국과 국경을 맞대는 애매한 형국에 직면하게 된다. 안보에 상당한 위협을 받을 수도 있게 된다. 한국전쟁 때 구소련의 스탈린이 아닌 중국의 마오쩌둥이 항미원조라는 명분을 내건 채 미국에 대항하려고 결심한 것도 바로 이

평양을 방문한 후진타오. 한반도의 현상유지를 바라는 중국의 마음을 대변하는 듯한 모습이 물씬 느껴진다.

런 맥락에서 파악하면 충분히 이해가 되지 않을까 싶다. 지금도 미국이 껄끄러운데 당시에는 오죽했을까 하는 생각을 하면 아예 마오의 선택은 외통수였다고 해도 좋을지 모른다. 더구나 한반도가 한국 주도로 통일이 될 경우 많든 적든 북한에서는 난민이 발생할 가능성이 상당히 농후하다. 당연히 이들은 압록강과 두만강 일대의 군사 접경 지역을 넘어 중국으로 흘러들 수밖에 없다. 100만 명 이상이 될 것이라는 주장도 나름의 설득력을 얻고 있다. 이 경우 중국은 이들을 먹여 살려야 하고, 결국 막대한 돈이 들어가게 된다. 경제에 충분히 부담이 될 수 있다. 중국으로서는 안보와 경제가 동시에 불안해지게 되는 것이다.

경제적 이익 역시 중국이 북한을 포기하면서까지 한반도의 통일을 지지하지 않을 것이라고 생각할 수 있는 이유로 꼽혀야 한다. 현재 중국은 한국 정부의 어정쩡한 자세로 인해 완전히 중단된 지난 몇 년 동안의 남북 대화 공백을 적절하게 잘 활용하고 있다. 북한의 지하자원을 싹쓸이하고 있다고 단언해도 괜찮다. 이를 위해 지금까지 거의 총액 100억 달러 이상을 쏟아 부었다. 특히 나진, 선봉을 비롯한 북중 국경 지대의 경우는 웬만하면 자신들의 손때를 묻혔다. 게다가 중국은 현재 북한에 경제 협력을 통해 각종 지원을 하고 있다. 무상 원조도 매년 상당한 액수를 퍼붓고 있다. 만약 자신들의 말대로 한반도의 통일을 용인한다면 이에 들어간 막대한 자금을 포기해야 한다. 돈에 관한 한 유태인 찜 쪄 먹는다는 중국인들이 이렇게 할 까닭은 절대로 없다. 자신들의 이익이 침해당한다는 판단이 설 경우 북한에 무력 진주할 것이라는 전망까지 미국의 신보수주의 매파인 네오콘에서 일찍이 한 것은 따라서 다 이유가 있다고 하겠다.

사회주의권 국가의 몰락을 지켜봐서는 안 된다는 종주국의 입장 역시 중국이 한반도의 통일을 원하지 않을 것이라는 단정을 하게 만드는 요인이다. 그럼에도 통일을 용인한다면 중국 내부의 정체성은 심하게 흔들릴 위험성이 농후해진다. 동류의식을 가질 나라라고는 고작 쿠바와 베트남 정도만 꼽게 되는 상황에서 사실 이런 위험은 절대로 감수해서는 안 된다. 또 이 경우 이미 자본주의 단물의 세례를 흠뻑 맞았다고 해도 좋은 중국인들이 심리적으로 흔들릴 가능성 역시 없지 않다. 사회주의를 하기 어려운 수준인 1인당 GDP 5000달러를 이미 돌파하고 있는 중국의 현실과 중국인들이 사회주의 체제 하에서 살기에는 너무나도 자본주의적이라는 사실을 상기하면 더욱 그렇다.

이렇게 볼 때 분명한 결론이 하나 나온다고 해도 좋다. 중국이 말로는 평화통일을 지지한다고는 하나 실제로는 한반도의 통일도 극단적인 분쟁도 전혀 바라지 않는다는 사실 말이다. 달리 말하면 중국의 본심은 스테이터스 쿼(Status Quo), 즉 현상유지 쪽으로 기운다는 결론을 내려도 좋지 않나 싶다.

그럴 수 있다는 사실을 말해주는 증거들도 없지 않다. 대표적으로 김정일 국방위원장 사망 이후 김정은으로의 3대 세습을 적극적으로 용인하는 자세를 꼽을 수 있다. 특별한 상황의 변화가 생기지 않는 한 2012년 내에 그를 방중 초청할 가능성도 농후하다. 이런 자세는 북한 노동당 창당 65주년인 2010년 10월 10일을 전후한 시기에 이미 분명하게 보이기도 했다. 당 권력 서열 9위인 저우융캉(周永康) 정치국 상무위원이 축하 사절단을 이끌고 이례적으로 평양을 방문, 김정은의 권력 승계를 사실상 인정한 것이다. 또 이때 후진타오 총서기 겸 주석은 "중조 우의가 대대로 전해져 내려가야 한다."는 짤막하나 강력한 메시지가 담긴 내용의 축전 역시 전달했다. 만약에 북한을 버릴 카드로 생각한다면 이렇게 공을 들일 이유는 단연코 없다.

중국이 베트남의 통일 이후 자신들의 생각과는 전혀 다르게 입게 된 트라우마를 다시 한 번 경험해서는 안 된다는 원칙을 당정 최고위층 내부에서는 확정했다는 사실 역시 거론해야 할 것 같다. 지금은 은원이 묘하게 엇갈리는 사이이나 중국과 베트남 통일의 대업을 완수한 북 베트남(월맹)은 40여 년 이전까지만 해도 공동의 적이 분명하게 있었다. 바로 미국이었다. 그래서 중국은 어려운 살림에도 베트남의 통일을 위해 북 베트남에 인적 및 물적 지원을 대대적으로 할 수 있었다. 하지만 통일 후 상황은 엉뚱하게 변해버렸다. 공산주의 국가로 재탄생한 베트남이 형제 국가인 중국은 외면한 채 엉뚱하게 미국과 관계를 증진시킨 것이다. 이후 지금까지 양국은 과거와 같은 관계를 회복하지 못하고 있다. 심지어 이겼다고 하기 어려운 국경 지대에서의 전쟁도 치러야 했다. 중국으로서는 값비싼 교훈을 얻은 것이다. 한반도의 통일이 충분히 부담스러울 수 있다고 단언해도 괜찮다. 더구나 한국 주도로 통일이 될 경우 통일 한국이 중국과 미국 중 어느 나라와 더 가까워질지를 생각하면 중국이 입은 트라우마가 어떤 자세로 연결될지는 굳이 골치 아프게 전망하지 않아도 명약관화해진다.

하지만 분위기가 무르익을 경우 한반도 통일을 용인할 가능성이 전혀 없지는 않다. 말할 것도 없이 이 케이스는 중국이 진심으로 원하는 바는 아니나 어쩔 수 없이 떠밀려서 하게 될 것이다. 이렇게 본다면 한반도 통일에 대한 중국의 기본적인 입장은 긍정도 부정도 아닌 입장을 일컫는 이른바 NCND라는 애매한 자세와 맥락이 닿아 있다고 봐도 크게 틀리지는 않을 듯하다. 기본적으로는 현상 유지가 좋으나 자국의 이익이 철저하게 보장된다는 전제 하에 상황을 도저히 어쩌지 못할 경우에 한해 통일을 용인할 수 있다는 얘기가 되겠다.

시진핑은 2012년 2월 중순 미국을 방문해 오바마와 회담했을 때 한반도의 현안과 관련한 중국과 미국의 상호 긴밀한 조율을 유독 강조했다. 아마도 미국이 지원하는 한국 중심 통일에 대한 거부감을 은근하게 피력한 게 아닌가 보인다. 따라서 그는 총서기에 취임한 이후에도 이런 사고의 프레임에서 크게 벗어나지 않을 것이 확실하다. 더군다나 그는 중난하이에서 1년에 7~8차례 열리는 당정 최고 지도부 대상의 집단 학습을 통해 이런 생각을 더욱 공고히 하고도 있다. 중국의 한반도 통일에 대한 특유의 NCND 스타일의 자세는 그의 집권 기간으로 예상되는 10년 동안 시종일관 유지될 수밖에 없을 듯하다.

5 _
죽 이어질 혐한 감정과 동북공정

시진핑이 푸젠성에서 용이 되기 위해 은인자중의 노력을 기울이고 있을 때인 1992년에 이뤄진 한중 수교 당시 양국의 상호간에 대한 인상은 크게 나쁘지 않았다. 아니 양국이 분명한 적성 국가였다는 사실을 감안하면 대단히 좋았다고 할 수도 있다. 수교를 전후해 한국에 밀려든 조선족들이 지금과는 달리 대단한 환대를 받은 것만 상기해봐도 이 사실은 잘 알 수 있다. 이후에도 크게 나쁘지는 않았다. 지금 전 세계로 확산돼가는 K-POP 열풍의 진원지가 중국이었다는 사실은 그래서 별로 이상할 것도 없다. 실제로 지금은 이미 전설이 되다시피 한 김희선이나 안재욱, 핑클 등은 중국에 나타났다 하면 구름 관중을 몰고 다닌 전력이 있었다. 물론 지금도 이런 열기가 완전히 죽었다고 할 수는 없다. 곧 시진핑에게 모든 자리를 물려주고 역사 속으로 사라질 후진타오 총서기 겸 국가 주석이 방한했을 때인 2008년 8월 청와대 만찬에서 『대장금』의 주인공 이영애를 만난 것은 다 이런 분위기를 반영한다고 할 수 있다. 더구나 이때의 만남은 이영애의 열혈 팬인 후 총서기 겸 주석이 은근하게 요청한 탓에 전격적으로 성사된 것으로 알려지고 있다. 더 재미있는 사실은 당시 네티즌들을 비롯한 중국인들의 반응이었다. 이영애가 세계 최강대국으로 부상하는 중국의 최고 지도자를 만나 영광이었을 것이라는 게 아니라 이영애를 만난 후 주석 겸 총서기가 좋겠다면서 부러워한 것이다. 이 정도 되면 양국의 관계를 우려하는 것은 완전 기우라고 할 수 있을지도 모른다.

하지만 최근 들어서는 분위기가 묘하게 변하고 있다. 각각 상대를 보

이영애를 만나는 후진타오. 진정한 한중 관계 발전이 불가능하지 않다는 사실을 말해준다.

는 눈에 경멸 내지는 혐오의 눈초리가 없지 않은 것이다. 특히 한국을 싫어하거나 반대하는 중국인들의 혐한(嫌韓) 내지 반한(反韓) 감정은 심각한 양상으로 치닫고 있는 느낌이 없지 않다. 그러나 한때 한류 열풍에서 헤어 나오지 못하던 중국에서 이런 분위기가 형성된 데에는 다 나름의 이유가 있다.

무엇보다 그동안 한국인들이 보여준 오만함과 관련이 있다고 해도 좋을 듯하다. 지금은 뜸해졌으나 한국의 기업들과 기업인들은 수교 직후부터 마치 엘도라도라도 찾은 듯 중국으로 몰려갔다. 하기야 당연할 수밖에 없었다. 외환위기 이전까지만 해도 한국 원화 대 중국 위안화의 환율이 1대 90 전후로 지금의 절반 정도도 되지 않았으니 말이다. 지금은 한화 10만 원으로 500위안 남짓 환전하는 게 고작이나 당시에는 무려 1000위안 이상을 가볍게 손에 쥘 수 있었던 것이다. 더구나 암시장에서 인민폐의 시세는 더 엉망이었다. 기업들이나 기업인들로서는 매일 매일이 거의 신나는 달밤이라고 해도 과언이 아니었다. 이뿐만이 아니었다. 지난 세기 말까지만 해도 중국인들의 임금은 대단히 낮았다. 대학을 졸업한 고급 인력이라 해도 월급 3000위안 이상을 받는 경우가 드물었다. 채 30만 원도 안 되는 돈으로 고급 인력을 활용하는 게 가능했던 것이다. 이런 상황에서 사실 교만해지지 않기는 대단히 어렵다. 대부분의 한국인들은 교만해졌다. 가라오케 같은 곳에서 4000-5000위안을 물 쓰듯 해봐야 40-50만 원이 채 되지 않았으니 일면 당연했다. 심지어 일부 한국인들은 이성적으로 적절하지 않은 일탈도 자행했다. 아예 내놓고 축첩 행각에 나서는 이들도 없지 않았다. 양식이 있거나 자존심이 강한 중국인들이 한국인이라고 하면 두고 보자면서 이를 악문 것은 따라서 너무나 당연하다고 해도 좋았다.

 양국이 너무 가까이 붙어 있는 것도 이유가 될 수 있다. 이로 인해 더욱 빈번해지는 교류 역시 크게 다르지 않다. 자연스럽게 갈등도 겪을 수밖에 없다. 다시 말하면 중국인들의 혐한 감정은 자연적인 현상이라는 얘기이다. 솔직히 이런 현상은 동서고금을 통틀어 봐도 별로 이상하다고 할 수 없다. 먼저 중국의 춘추전국시대를 볼 필요가 있다. 먼 나라와는 교류하고 가까운 나라는 공격하는 것이 외교 및 군사 전략의 기본이었다.『손자병법』에 원교근공(遠交近攻)이라는 전략이 괜히 한 자리를 떡하니 차지하고 있는 것이 아니다. 유럽의 양대 강국 독일과 프랑스의 관계를 봐도 좋다. 역사가 기록된 이후 장기간 관계가 좋았던 경우가 거의 없다. 지금도 속마음을 까놓고 관찰한다면 이웃사촌이라고 하기 어렵다. 언제 뒤통수를 맞을지 모르는 탓에 늘 상대에 대한 경계를 늦추지 않는다.

한국이 중국의 문화를 수용, 자신의 것으로 만든 것에 대한 엉뚱한 오해도 간과해서는 안 된다. 대표적인 사례를 들어봐야 알 수 있다. 단오절은 원래 중국에서 유래했다. 그러다 한국에 와서 훨씬 더 큰 명절이 됐다. 특히 강릉에서는 새로운 버전으로 변용돼 거의 독보적인 문화재로 정착됐다. 강릉시가 2007년 자신들의 버전으로 강릉단오제를 유네스코 무형 문화유산에 등록한 것은 때문에 크게 이상할 것이 없었다. 그러나 이렇게 되자 중국에서는 완전히 난리가 났다. 한국이 자신들의 문화재를 강탈해갔다는 여론이 전국적으로 일었다. 반한과 혐한 감정 역시 더욱 들끓었다. 역지사지라고 나름 이해가 가지 않는 것은 아니나 너무 극단적인 반응과 대응이 아닐까 보인다. 양국의 미래를 생각하면 보통 심각한 문제가 아니다.

혐한, 반한 감정만큼이나 심각한 현상은 이외에 더 있다. 동북공정을 통해 한국 역사를 왜곡하는 행보가 그렇다고 해야 한다. 중국은 지난 세기 70년대 이전까지만 해도 자국 외의 주변부 소수 민족 역사에 대해서는 별로 크게 눈독을 들이지 않았다. 아니 비교적 정확한 역사 인식을 가지고 있었다고 해야 옳을 것 같다. 예컨대 당나라의 지방 소수민족 정권이라고 주장하는 고구려 역사도 저우언라이 전 총리가 1963년에 일찍이 밝혔듯 대체로 분명한 한반도의 역사로 인정했다. 그러나 구소련 연방국들이 속속 독립한 이후부터는 언제 그랬냐는 듯 얼굴을 바꾸기 시작했다. 게다가 개혁, 개방에 따른 경제 발전으로 자국 역시 세계적인 강국으로 부상하면서 아킬레스건인 소수 민족 문제가 이슈로 부상하자 더욱 역사 왜곡에 본격적으로 나섰다. 55개 소수 민족에 대한 역사 내지 문화를 자국의 것으로 바꾸기 위한 노력을 기울였을 뿐 아니라 이 과정에서 동북공정, 서북공정 등을 본격적으로 추진하기 시작한 것이다. 당연히 한국은 크게 반발했다. 중국 역시 가만히 있을 까닭이 없었다. 자연스레 반한, 혐한 감정이 반작용으로 분출됐다. 2008년 베이징올림픽 성화봉송 때 서울에서 중국 유학생들이 일으킨 일종의 난동이 대표적인 사례가 아닌가 보인다.

최근에도 이런 중국의 인식은 분명하게 드러난 바 있다. 『CCTV』가 2011년 말부터 6부작 다큐멘터리 『창바이산(長白山)』을 방영하면서 발해를 중국으로부터 책봉 받은 말갈족 정권이라고 주장한 것이다. 특히 제4부 「산하이샹왕(山海相望)」편에서는 "당나라 현종이 713년 진국(震國. 발해의 다른 이름-저자)에 사신을 보내 발해를 건국한 대조영을 '좌효위원외대장군(左驍衛員外大將軍) 발해군왕(渤海君王) 영홀한주도독(領忽汗州都督)'으로 책봉했다."면서 자신들의 주장에 더욱 확실하게 못을 박았다. 또 발해와 당나라의 주요 교역 루트였던 백두산 자락인 압록강 상류에서 랴오둥(遼東)반도의 뤼순(旅順)을 거쳐 당나라 수도 장안에 도달하는 구간을 발해의 조공 루트로 소개하기도 했다.

시진핑은 한국에 대해 특별하게 나쁜 감정을 가질 이유가 별로 없다. 그러나 그렇다고 해서 현재 심각한 상태로 달려가는 혐한, 반한 감정에 대해 굳이 적극적으로 나서서 브레이크를 걸 이유도 그다지 없다. 대세를 따르는 것이 정치인이 걸어야 할 길이라는 사실을 감안하면 더욱 그렇다고 해야 한다. 동북공정에 대한 시각 역시 크게 다를 것이 없다. 아버지와 각별한 사이였던 저우언라이가 고구려사가 한반도의 역사라고 했으나 그가 이에 크게 부담을 가질 까닭이 없어 보인다. 솔직히 저우언라이가 고구려사에 대해 언급했다는 사실도 모를 수 있다. 더구나 향후

10년은 중국에게 대단히 중요하다. 진정한 G2로 가는 발판을 확고하게 다진 다음 G1으로 우뚝 서게 될 수 있느냐 하는 것은 순전히 향후 10년이 좌우할 가능성이 높은 탓이다. 따라서 그 어느 때보다 국력을 결집해 흔들림 없이 일사분란하게 앞으로 나아가는 것이 중요하다. 중국이 정부 차원에서 동북공정 외에도 서북공정과 서남공정까지 추진해 전 대륙을 하나로 묶으려고 하는 것은 다 이유가 있는 것이다. 따라서 향후 10년 동안은 동북공정이 더 강화됐으면 됐지 약화되지 않을 것으로 보인다. 그의 집권 기간에 혐한, 반한 감정과 동북공정이 사라지기를 기대하는 것은 그래서 공연한 희망사항이 될 수밖에 없을 것 같다.

chapter 8

8장

간단치 않은 시진핑의 숙제

시진핑은 어쩌면 중국이 가장 중요한 순간에 대권을 거머쥐는 지도자가 된다. 자신의 임기 동안 중국이 G2를 넘어 G1으로 가는 길을 뚫어놓아야 하는 데다 이를 위해 산적한 현안들도 하나씩 정리하지 않으면 안 되기 때문이다. 특히 각종 현안은 해결되지 않고 계속 불거질 경우 하나하나가 다 미래의 세계 최대 강국을 졸지에 조락으로 몰고 갈 가능성이 크다고 할 만큼 파괴력이 강하다. 자칫 잘못하다가는 시진핑의 아킬레스건이 될 현안과 숙제들을 일별해본다.

1 _
말기 암보다 더 무서운 부정부패

중국인들이 유난히 돈을 좋아한다는 것은 새삼스러운 사실이 아니다. "돈이 있으면 귀신에게라도 연자방아를 돌리게 할 수 있다."라는 말을 무슨 불후의 진리처럼 여기는 현실은 바로 이런 국민성을 잘 반영한다. 이들이 가난뱅이를 뜻하는 충광단(窮光蛋)이라는 단어를 무슨 엄청난 욕처럼 생각하는 것도 다 나름의 이유가 있다. 한마디로 이들에게는 가난한 군자의 강직함을 간직한 유연견남산(悠然見南山. 의연히 멀리 남산을 바라봄)의 자세나 청빈한 선비의 대명사인 공자(孔子)의 제자 안회(顔回)의 꾀죄죄함보다는 어느 날 갑자기 부를 쌓은 졸부들의 재력이 더 소망스러운 것이다.

당연히 이런 금전지상주의적 국민성은 역사적으로 축재의 과정을 중시하지 않는 풍토를 조장, 오늘날에도 부정부패라는 사회악으로 이어져 오게 하고 있다. 설마하고 고개를 갸웃할 사람들을 위해 대표적 사례를 들어보자. 5000년 역사에서도 드물게 볼 부정부패의 화신인 청나라 건륭제(乾隆帝)때의 화신(和珅)이 아마 주인공이 돼야 하지 않을까 싶다. 조정의 대신으로 재직하는 기간 동안 직권을 남용, 축재한 재산이 황제보다 많았다고 하니 더 이상의 설명이 필요 없다.

그러나 그를 바라보는 중국인들의 눈은 진짜 묘하기 그지없다. 부정부패의 화신이라는 부정적 평가를 마지못해 내리기는 하나 대단한 이재 능력을 본받을만한 인물로도 평가하는 경우 역시 적지 않은 까닭이다. '돈 있으면 개도 멍첨지'라는 한국 속담을 연상시키는 사례라 해도 과언이 아닐 성 싶다.

중국인들의 자본주의적 속성이 반드시 나쁘다고 하기는 어렵다. 마냥 매도하는 것도 조금 곤란하다. 하지만 이런 풍토가 사회 전반의 부정부패를 촉발시키면서 경제 투명성에 암운을 드리운다면 문제는 상당히 심각해진다. 최근의 상황은 우려가 현실로 나타나고 있다는 사실을 잘 보여주고 있기도 하다. 특별히 어느 곳이라고 할 것 없이 사회 전반에 부정부패 등의 모럴 해저드가 만연하는데도 심각성을 절감하는 분위기는 크게 감지되지 않고 있는 것이다.

그러나 부정부패는 정말 무섭다. 이 문제를 해결하지 않고 선진국이 된 나라는 단언컨대 하나도 없다고 해도 좋다. 유럽에서 가장 부패한 국가로 불리는 이탈리아가 빛나는 역사와 전통에도 불구하고 독일이나 프랑스보다 국력이 약한 것은 괜한 게 아니다.

말기 암보다 훨씬 무섭다고 해도 과언이 아닌 중국의 부정부패는 크게 볼 때 세 군데에서 자행된다고 생각하면 별로 틀리지 않는다. 바로 공무원과 민간 사회, 군대가 온상이다. 그래서 이곳에서 벌어지는 부정부패를 각각 관다오(官倒), 민다오(民倒), 쥔다오(軍倒)라고 부른다.

우선 관다오의 사례부터 들어봐야 실감이 된다. 2010년 12월 산둥성의 국유전력기업인 루닝(魯能)그룹에서 대형 비리 사건 하나가 터졌다. 사건의 주모자는 쩡웨이(曾偉. 45)라는 인물이었다. 그가 비리를 저지르는 수법은 간단했다. 불법적으로 회사의 자금을 비자금으로 전용한 후 개인적인 투자에 나선 것이다. 당연히 그의 꼬리는 밟혔다. 중앙기율검사위원회는 즉각 고강도의 조사에 나섰다. 조사의 결과는 놀라웠다. 그가 빼돌린 공금으로 호주에 수억 호주 달러에 이르는 호화주택을 구입하는 것도 모자라 10억 호주 달러(1조 8000억 원)의 예금까지 턱하니 해놓은 사실이 확인됐다.

문제는 쩡웨이가 간단한 인물이 아니라는 사실이었다. 바로 시진핑의 따꺼인 쩡칭훙이 아버지인 것이다. 쩡웨이는 때문에 자신의 비리 사건이 폭로되기 전에 모든 정보를 입수할 수 있었다. 이어 부인인 장메이(蔣梅)와 함께 싱가포르를 통해 유유히 호주로 도피하는 여유를 보였다. 더구나 그는 교활하게도 일찌감치 전 가족을 호주로 이민까지 보내는 것도 잊지 않았다. 그의 케이스는 요즘 중국에서 뤄관(裸官)이라는 단어가 왜 유행하는지도 잘 말해준다. 이 단어는 직역하면 나체 관료라는 뜻으로 듣기만 해도 단어의 뉘앙스가 바로 이해된다. 가족을 외국에 보내놓고 언제든지 외국으로 몸만 살짝 빠져나가려고 준비하는 관료를 뜻한다.

쩡칭훙이 워낙 거물인 탓에 이 문제에 대한 중국 당국의 공식 반응은 아직 없다. 그저 당정 고위 간부들이 비공식 석상에서 쩡웨이는 동명이인의 부동산업자라면서 쩡칭훙이 아들 문제로 공연한 비난을 받고 있다고 변호하고 있을 뿐이다. 시진핑 역시 단 한 번 입에 올린 적이 없다. 그러나 여러 보도와 상황을 종합해볼 때 쩡웨이가 사건의 당사자인 것은 거의 틀림이 없는 듯하다.

2011년에도 비슷한 규모의 대형 관다오는 터졌다. 이번에는 장쩌민의 직계로 불리는 국무원 철도부의 류즈쥔(劉志軍. 59) 부장이 주인공이었다. 10억 위안(1800억 원)을 부정한 방법으로 조달해 그야말로 돈을 물 쓰듯 사용했다. 더구나 그는 부정한 돈으로 무려 18명의 정부를 둔 채 마음껏 육욕도 불태웠다. 체포되지 않았다면 그는 아마도 정부를 20명까지 늘였을 수도 있지 않았을까 싶다. 중국인들이 "탐관오리가 아닌 공무원이 없다."는 이른바 무관불탐(無官不貪)이라는 한탄을 요즘 들어 쏟아내고 있는 것은 진짜 장삼이사의 공연한 불평만은 아닌 듯하다.

부정부패 척결 없으면 중국의 미래는 없다. 철도부 부장 류즈쥔(가운데)의 부패 사건만 봐도 중국의 부정부패가 어느 정도 심각한지 알 수 있다.

민다오 역시 크게 다르지 않다. 뇌물이나 이른바 백이 없으면 되는 일이 없는 것이 현실이다. 반대로 뇌물이나 백이 있으면 안 되는 일이 없다. 다른 사례를 굳이 찾을 필요도 없다. 당장 시진핑의 누나들과 남동생이 특별한 능력이 없음에도 불구하고 상당한 부를 축적한 사실만 봐도 분명해진다. 시진핑도 이 문제에 있어서만큼은 쩡칭훙을 비롯한 다른 당정 최고 지도부와 별반 다를 게 없는 것이다.

쥔다오의 경우는 군대의 특수성 때문에 외부에 시시콜콜한 얘기가 널리 퍼져나가지 않는다. 그러나 가끔씩 퍼져 나오는 조각조각의 정보들을 퍼즐처럼 맞춰 나가보면 민간이나 공무원 사회의 부패를 찜 쪄 먹는다고 해도 좋다. 군납 비리나 공금 횡령은 기본이고 기상천외한 부정부패도 자행된다는 것이 경험자들의 전언이다. 예컨대 휘하의 병력을 대형 공사판에 동원해 건설회사로부터 병사들의 일당을 챙기는 각급 지휘관들의 행위 등이 대표적으로 꼽힌다. 여기에 오래 전에 금지됐음에도 근절되지 않고 있는 부대 내 각종 기업체 설립을 통한 축재 역시 기상천외한 부정부패의 사례로 부족함이 없다. 별을 한 번 달면 평생 떵떵거리면서 먹고 살 것을 마련한다는 군대 내의 소문은 괜한 게 아닌 듯하다.

중국이 사회 전반의 부정부패로 허공으로 날려버리는 돈은 국내총생산의 15%에 이른다고 한다. 대충 계산해도 6조 3100억 위안(1137조 원)이라는 계산이 나온다. 또 인민은행의 발표에 따르면 개혁, 개방이 더욱 본격화한 1990년부터 2011년까지 부패 관료들이 해외로 빼돌린 불법 자금도 무려 8000억 위안(144조 원)을 헤아린다고 한다. 웬만한 동남아 국가의 국내총생산을 뛰어넘는 규모라고 할 수 있다. 탐욕을 참지 못해 부패를 저지른 관료의 수 역시 만만치 않다. 2만여 명 가까이 된다는 것이 인민은행의 전언이다.

문제는 이게 모두가 아니라는 사실이다. 해외로 빠져 나가지 않은 관료들의 부패 관련 자금이 천문학적 액수에 이른다는 현실은 어떻게 보면 8000억 위안의 존재보다 더 충격적이다. 매년 국내총생산의 최소한 1% 전후인 4000억 위안(68조 원)에 이르는 것으로 추정되고 있다.

시진핑은 부정부패로 곪아가는 중국의 현실을 모르지 않는다. 아니 기층에서부터 하나씩 단계를 밟고 올라간 그이기 때문에 어떻게 보면 더 잘 안다고 해야 한다. 그는 또 가는 곳마다 반부패 드라이브를 걸기도 했다. 정딩현과 닝더 지구, 샤먼시, 푸저우시, 항저우시, 상하이시 등 거의 모든 곳에서 그랬다. 나름의 성과도 올렸다. 그러나 그는 성과를 올리는 과정에서 크나큰 벽도 절감해야 했다. 라이창싱 사건을 파헤쳤을 때가 아마 그랬을 법하다. 하기야 캐면 캘수록 고구마 줄기처럼 더욱 엄청나게 드러나는 부정부패의 실체에 그가 부담을 느끼지 않았다면 아마 그게 거짓말이었을지도 모른다.

　그는 그러나 총서기에 취임한 직후부터 숙명적으로 부정부패와 한판 승부를 벌여야 한다. 자신이 2002년『CCTV』와 가진 인터뷰에서 토로한, "부정부패로 연결되는 권력 남용을 막기 위해 권력이 유한한 정부를 만들어야 한다. 서비스형 정부도 구축해야 한다."는 말을 실천에 옮겨야 하는 것이다. 전임자들이 대부분 그랬듯 부정부패와의 전쟁을 통해 사정에 나서겠다는 의지 역시 다지고 있는 것으로 알려져 있다. 그러나 문제는 강력한 실천이 가능할 것인가에 있다.

　벌써부터 쉽지 않을 것이라는 비관적 전망도 나온다. 이유는 그야말로 부지기수라고 해야 한다. 우선 라이창싱 사건을 파헤쳤을 때 그가 실감했던 부담 같은 심리적 요인을 꼽을 수 있다. 이름만 대면 알 만한 사람들이 부정을 저지르는데 마치 포청천(包靑天)처럼 모두를 일도양단하기가 쉽겠느냐는 분석이 되겠다.

　부정부패 척결에 손을 대려면 전임자의 비리부터 캐야 하는 현실 역시 그에게는 상당한 부담이 되지 않을까 보인다. 더구나 털면 먼지가 나오기 때문에 더욱 그렇다고 해야 한다. 실제 후진타오 총서기 겸 국가주석의 경우 아들 후하이펑과 딸 후하이칭, 사위 마오다오린 등이 어떤 식으로든 부정부패와 연루됐을 것으로 얘기되고 있다. 후진타오가 자신의 전임인 장쩌민의 아들 장몐헝을 물고 늘어졌듯 그 역시 그래도 이상할 것은 없다. 하지만 이 경우 자신이 살겠다고 전임자를 막다른 골목으로 몬다는 비난에 직면할 가능성이 없지 않다. 아무래도 신중해야 할 필요가 있지 않나 싶다. 그가 추진하고자 하는 반부패 드라이브가 힘 한 번 써보지 못하고 사라질 가능성도 있다는 것이다.

　자신의 친인척을 비롯한 주변 사람들이 수없이 다치는 것을 각오해야 한다는 사실은 더 말할 것도 없다. 원래 비리라는 것은 힘을 가진 사람들이 저지른다. 솔직히 돈 없고 힘이 없으면 부정부패를 저지르려고 해도 쉽지 않다. 이런 면에서 보면 그의 반부패 드라이브의 그물에 걸릴 가능성이 높은 이들은 하나같이 그가 잘 알고 있는 사람들뿐이다. 아차 하다가는 아슬아슬한 외줄에 올라가 있는 누나들과 남동생도 타깃으로 삼지 말라는 법도 없다. 물론 중국 당정에는 25명의 당 정치국 위원들 개인과 친인척들의 비리는 웬만해서는 눈감아준다는 불문율이 있다. 이 경우 최악의 상황이 도래하는 것은 막을 수 있다. 그러나 만약 이렇게 한다면 뭣 때문에 사정은 하느냐는 비난에 직면할 수도 있다. 시진핑으로서는 진퇴양난의 어려움에 직면할 개연성이 농후해진다.

    부정부패가 고질병이 돼 도저히 근치하지 못할 지경에 이르렀다는 현실 역시 그의 부정부패와의 전쟁이 쉽지 않을 것이라는 사실을 예고하기도 한다. 그러나 바로 여기에 부패와의 전쟁의 의미가 있다는 사실을 감안하면 역시 그에게 주어진 길은 총서기 취임과 동시에 사정의 칼을 휘두르는 것 이외에는 없을 듯하다. 과연 그는 사정의 길을 걷다가 지리멸렬해버린 전임자들의 전철을 밟을 것인가 아니면 부정부패를 어느 정도라도 근절시켜 중국 역사에 새로운 기록을 남기는 지도자가 될 것인가? 미리 부정하는 것도 이르기는 하나 현재로서는 쉽지 않을 것이라는 전망이 우세하다고 단언해도 좋다.

2_
무소불위의 태자당 견제

    중국에서 태자당의 존재는 무소불위라는 단어 딱 한마디로 설명이 가능하다. 실제로 그런지는 이들의 상당수가 지금도 아버지나 할아버지의 후광을 바탕으로 중난하이에 거주하는 혜택을 받는다는 사실에서 잘 알 수 있다. 쑹런충의 아들 쑹커황, 완리의 아들 완바이아오 등을 대표적인 인물로 꼽아도 좋다. 넓고도 넓은 중하이와 난하이를 자신들의 별장 호수처럼 생각하면서 살아가고 있다. 특별한 불법을 저지르지 않고도 국영 기업에 준하는 기업 하나 정도의 경영을 맡아 경제적으로 어려움 없이 사는 경우 역시 적지 않다. 인민해방군의 10대 원수인 허룽의 아들이자 덩샤오핑의 사위인 허펑이 바로 이런 케이스에 해당한다. 아버지와 마찬가지로 군 장성 출신임에도 전공과는 완전히 다른 호텔과 문화 사업에서 단연 두각을 나타내는 바오리 그룹의 회장으로 일하고 있다. 부인이자 덩샤오핑의 막내딸인 외교관 출신 덩룽 역시 시아버지와 아버지의 후광을 등에 업고 남편에게 은근하게 힘을 보태고 있다.

장쩌민의 아들 장몐헝, 금융계의 실력자로 손꼽히는 주룽지의 아들 주윈라이(朱雲來. 55) 중국국제금융유한공사 이사장, 리펑의 딸 리샤오린, 후진타오의 아들과 딸인 후하이펑, 후하이칭 등 역시 크게 다르지 않다. 아버지의 후광이 없었다면 설사 뛰어난 능력이 있었더라도 지금처럼 특별하게 살고 있지는 않았을 것이라고 해야 한다.

태자당의 무소불위는 나이 제한도 없다. 20대나 30대의 어린 나이임에도 마치 자신이 고관인양 행세하거나 선대의 후광과 이로 인한 갖은 특혜를 등에 업고 잘 나가는 경우가 없지 않은 것이다. 이른바 관얼다이의 자제들인 관싼다이(官三代)가 이런 이들로 요즘 들어서는 홍색 귀족이라는 그럴듯한 이름으로도 불리고 있다. 대표적인 인물들을 바로 꼽는 것도 가능하다. 우선 건국 공신, 10대 원수로 불리는 예젠잉이 가장 총애한 손녀인 예밍쯔(葉明子. 33)를 꼽아야 할 것 같다. 아버지 예쉬안

렌(葉選廉. 59) 역시 태자당이었던 탓에 예밍쯔는 유년 시절 일찌감치 홍콩을 거쳐 영국으로 유학을 떠날 수 있었다. 나이 고작 13세 때였다. 그녀는 이후 세계적으로 유명한 디자인 스쿨인 세인트 마틴을 졸업하고 홍콩에서 활약했다. 이어 도쿄의 유명한 디자이너 미야케 이세(三宅一生. 75)의 문하에서 연수한 다음 현재는 베이징으로 활동 무대를 옮겨 스튜디오 리갈을 운영 중에 있다. 유명 디자이너답게 화려한 명품으로 치장하는 것을 즐기는 그녀는 중국의 페리스 힐튼이라는 그럴 듯한 별명도 가지고 있다. 가수로 활동하고도 있으나 그저 자신이 좋아 즐기는 정도 이상은 아니라는 평가를 받고 있다. 어린 시절 비행기는 2~3명이 타고 다니는 자가용인 줄 알았다는 말을 지금도 사석에서는 종종 토로한다고 한다. 할아버지의 전용기를 타고 다녔다는 얘기이다.

완바오바오(萬寶寶)로도 불리는 완잉뉘(萬瀛女. 29)도 예밍쯔 빰치는 태자당의 뉴 페이스로 손색이 없다. 아버지 완지페이(萬季飛. 64)는 국제무역촉진회 회장 자리에 있고 큰아버지 완바이아오는 체육계의 대부로 손꼽힌다. 이 정도 되면 할아버지가 전인대 상무위원장을 지낸 완리라는 사실은 어렵지 않게 알 수 있다. 그녀의 어린 시절 역시 화려했다. 집이 마오쩌둥의 집무실 바로 옆이었다는 것은 그래서 크게 이상할 것도 없었다. 다섯 살 때부터 중국을 방문한 외국 원수들과 함께 식사를 하고 할아버지의 전용기를 이용했다고 한다. 그녀는 그러나 예밍쯔보다는 늦은 나이인 16세 때에 미국 유학길에 올랐다. 이어 19세 때에는 파리 상류사회에 진출해 유명 인사가 됐다. 현재는 자신의 이름을 딴 바오바오완이라는 고급 쥬얼리 브랜드의 대표로 일하고 있다.

보시라이의 아들 보과과는 도저히 그 나이 또래의 젊은이가 하기 어려운 호화생활을 하는 플레이보이로 이름을 날리는 태자당에 해당한

태자당이 무소불위라는 사실을 행동으로 웅변해준 보과과와 천샤오단.

다. 유학지인 영국과 미국 등지에서 수많은 스캔들을 양산하는 것에 그치지 않고 덩샤오핑의 라이벌이었던 당 원로 천윈의 손녀 천샤오단(陳曉丹. 25)과 염문을 뿌린다는 소문의 주인공까지 되고 있다. 최근에는 어린 나이에 유흥비 등에 쓰는 그 많은 돈을 도대체 어디에서 조달하는지 의심스럽다는 비판의 대상이 되고도 있다.

재벌 2세를 의미하는 푸얼다이도 좋고 관얼다이, 심지어 관싼다이도 다 좋다. 이들이 즐기는 부와 지위가 공정한 경쟁과 룰을 통해 이룬 자신들의 과실이라면 인정해야 한다. 그러나 현실은 전혀 그렇지 않다. 이들에게는 출발선부터가 다르다. 한마디로 금 숟가락을 물고 태어난 행운아들이라고 해야 한다. 그러니 평균적으로 90% 이상의 평범한 중국인들은 태자당들의 대다수가 부당한 특권을 누리면서 전체 사회의 분위기를 흐린다는 불만을 토로할 수밖에 없다. 최근 각종 설문에 의하면 이 비율은 더욱 올라가고 있다. 후진타오가 지난 10년여 동안 허셰 사회를 부르짖으면서 사회의 결속을 강조했음에도 반향이 별로 없는 것은 결코 괜한 게 아닌 것이다. 더구나 일부 태자당의 멤버들은 불법과 합법 사이를 아슬아슬하게 넘나드는 줄타기 스타일의 방법으로 부를 축재하고도 있다. 『미국의 소리』 방송이 중국의 각종 인터넷 사이트에 떠도는 자료들을 모아 통계를 낸 것을 보면 어느 정도인지 아는 것은 그다지 어렵지 않다. 2900여 명에 이르는 태자당의 총 재산이 무려 2조 위안(360조 원)에 이른다고 한다. 1인당 재산이 6억 8900만 위안(1240억 원)에 이른다는 계산이 나온다. 이는 중국 억만장자의 90%에 이르는 규모이다. 고작 10%만이 자수성가했다는 얘기가 된다. 반면 태자당은 많아야 1만 명 정도로 추산되므로 셋에 하나 정도는 엄청난 재산을 보유하고 있다는 계산이 쉽게 나온다.

시진핑은 호화스러운 생활은 하지 못했으나 그 자신이 태자당으로 불릴 운명을 타고 났다. 또 아버지의 후광이 출세에 적지 않은 도움이 됐다고 해야 한다. 물론 본인은 이를 웬만하면 부인하고 싶어 한다. 2012년 2월 중순 미국을 국빈 방문했을 때 자신이 정딩현 서기 시절인 1985에 들른 바 있는 아이오와 주를 다시 찾아 옛 지인들과 추억을 나눈 것은 바로 이런 그의 생각을 은연중에 반영하지 않았나 싶다. 자신은 아버지의 후광을 입어 큰 사람이 아니라 기층에서 올라가 대권을 거머쥔 사람이라는 사실을 어떻게든 보여주고 싶어 했다는 얘기이다. 이처럼 어떻게 보면 그에게 있어 태자당이라는 어쩌지 못할 출신 성분은 계륵이라고 해도 좋을지 모른다. 애증이 엇갈린다고 봐도 크게 과하지 않다. 그가 태자당이면서도 주변의 비슷한 처지의 인물들과 별로 어울리지 않으려는 노력을 가능하면 보이는 것에는 다 이유가 있다.

실제로 그는 태자당의 선배인 보시라이에게 방미 직전 뒤통수를 한 대 맞았을 수도 있었을 것으로 알려지고 있다. 만약 그랬다면 아마 트라우마도 만만치 않았을 것으로 분석되고 있다. 그가 입게 됐을지도 모를 횡액은 다른 것이 아니었다. 보시라이가 기획하고 추진했다는 음모를 한 번 살펴보면 알 수 있다. 이 음모는 그 누구도 예상 못한 충칭시의 한 고관이 2012년 2월 6일 쓰촨성 청두의 미국 총영사관에 진입해 망명을 요청한 사건으로 인해 그 실체가 확인됐다. 이 고관은 한때 보시라이의 오른팔로 알려졌던 충칭시의 왕리쥔(王立軍. 53) 부시장이었다. 몽골족인 그는 순경 출신으로 다롄에서 근무하다 당시 시장이던 보시라이의 눈에 들었다. 이후 보의 적극적인 지원으로 그의 앞길은 훤히 트이게 됐다. 한마디로 출세의 헬리콥터를 탄 것이다. 그는 나중에는 보의 임지를 따라 충칭 시까지 따라가는 충성심을 보였다. 충칭에서도 그는 잘 나갔다. 공안국장을 맡아 보가 밀어붙인 조폭과의 전쟁에서 혁혁한 공을 세우기도 했다. 이 공로로 부시장에까지 승진한 그는 이후 한 성격 하는 보시라이와 무슨 좋지 않은 일로 인해 틀어졌다. 그 역시 괄괄한 성격이었으므로 둘은 급기야 돌아올 수 없는 강을 건넜다. 그러자 그가 극단적인 선택을 했다. 앞에서 말한 대로 1급 기밀 문건들을 들고 청두의 미국 총영사관에 진입한 것이다. 그러나 미국은 중국과의 관계를 고려해 고민 끝에 그의 망명을 받아들이지 않았다. 대신 1급 기밀 문건들은 가볍게 손에 넣었다. 이 기밀 문건들에 바로 보시라이가 추진하려고 했던 음모가 포함돼 있었다. 문건에 따르면 음모의 내용은 아주 구체적이었다. 보시라이는 연초부터 어떻게 해서든 차기 총서기 등극이 유력한 시진핑을 낙마시키려고 했다. 이를 위해 그는 권력 서열 9위인 저우융캉과 공모를 하게 된다. 첫 행보는 해외 매체들을 이용해 시진핑에 대한 부정적 여론을 퍼뜨리는 것이었다. 이어 춘제 이후에는 보 서기가 저우융캉의 자리인 정법위 서기에 등극해 무장경찰 등의 공안 병력을 모두 접수하도록 하려는 계획을 짰다. 그 다음은 거칠 것이 없었다. 시 부주석에게 계속 압력을 가해 권좌를 넘기지 않으면 안 되도록 만든다는 것이 최종 시나리오였다.

현재 이 음모가 정말로 기획되고 적극적으로 추진됐는지에 대해서는

100% 확신하기는 어렵다. 그러나 보시라이의 강한 성격, 왕리쥔이 목숨을 건 모험을 감행했을 때는 그만한 이유가 있었을 것이라는 사실 등을 감안하면 충분히 가능성은 있다. 시진핑으로서는 같은 태자당이라고 보시라이에게 결코 틈을 보여서는 안 된다는 교훈을 받았을 법하다고 할 수 있었다. 더불어 태자당을 어떻게든 손을 봐서 견제해야 한다는 의지 역시 다졌을 것으로 보인다.

물론 이 이전에도 시진핑은 태자당에 대한 모종의 조치를 취하지 않으면 자신이 부담을 지고 가게 될 것이라는 사실을 절감하고 있었다. 자칫 잘못했다가는 태자당 출신이 아니면서도 공정한 게임을 위한 허세 사회를 주창한 후진타오보다 못하다는 비난을 듣지 말라는 법이 없기 때문이다. 한마디로 그로서는 읍참마속의 심정으로 누군가를 희생양으로 만들 필요가 있는 것이다. 그러나 그렇다고 해서 이미 사회 각계각층에 완벽하게 뿌리를 내리고 있는 태자당 전체를 뒤흔드는 것은 쉽지 않다고 해야 한다. 그랬다가는 집단적인 저항에 부딪쳐 집권 내내 무시하지 못할 정치적 파워도 보유하고 있는 태자당 그룹에 의해 휘둘릴 가능성이 없다고 하기 어렵다. 따라서 그로서는 현실적인 대안으로 일종의 타협을 선택할 가능성이 있다. 다시 말해 눈에 두드러지게 나대지 않을 경우 태자당에 닥치고 인정은 아니더라도 어느 정도의 기득권은 유지하도록 해주겠다는 이른바 비공식적인 신사협정을 맺는 것이다. 그러나 이렇게 하는 것은 태자당 견제라는 근본적인 목적을 100% 달성하는 것이 아닌 만큼 절반의 성공이라고 하기조차 머쓱하다. 역시 사회 기득권 세력에 대한 견제나 발본색원은 어느 사회에서나 쉽지 않은 일인 것 같다. 더구나 태자당이 더욱 기승을 부리는 최근의 상황을 보면 그는 태자당으로 인해 골치를 가장 많이 썩을 태자당 출신 최고 지도자가 되는 최초의 진기한 기록을 남기게 될 가능성도 전혀 없지는 않을 것 같다.

3 _
시한폭탄처럼 째깍째깍 돌아가는 빈부의 양극화

중국의 태자당에게 있어 빈부의 양극화는 먼 달나라의 얘기인지도 모른다. 하나 같이 자신들만큼은 아니어도 중국인들의 대부분이 최소한 먹고 사는 문제는 신경 쓰지 않을 것이라고 생각할 테니까 말이다. '빵이 없으면 케이크를 먹으면 되지 않느냐'는 마리 앙투아네트의 불후의 명언이 이들에게는 너무나 당연한 말일 수 있는 것이다. 하기야 어린 시절부터 할아버지들의 전용기를 타고 다닌 예밍쯔나 완잉뉘 같은 경우는 마리 앙투아네트보다 더 철없는 말을 지금도 읊조리고 다닐지 모를 일이다.

물론 최고 지도자가 될 시진핑은 많이 다르다. 최소한 빈곤이 어느 정도 불편한지는 경험으로 뼈저리게 느낀 바 있다. 그것도 상당히 오랜 기간 동안 체험했다고 할 수 있다. 극단적으로 말하자면 그에게 어린 시절 하방돼 노동을 한 량자허에서 동료와 현지 농민들이 구걸하는 비참한 모습을 수없이 목도한 경험은 아마도 평생 따라다닐 가슴 아픈 추억이 되지 않았을까 싶다. 빈부의 양극화가 어느 정도 심각한지를 절감한 것은 더 말할 필요도 없다. 30여 년에 이르는 그의 정치 이력은 극빈 지역인 정딩현과 닝더 지구, 중국 최고의 경제 도시 상하이의 화려한 빌딩 숲 등을 모두 경험했다는 사실을 말해주고 있으니까 말이다.

경제적으로 엄청난 차이가 나는 양 극단의 지방들을 모두 경험한 시진핑의 이력에서 보듯 중국의 빈부 양극화는 정말 심각하다. 무엇보다

부자 중국인들의 생활 역시 상상을 초월한다. 부자들의 별장이 몰려 있는 칭다오의 해변 풍경이다.

통계가 이를 잘 증명한다. 일반적으로 빈부 격차의 심각성을 말해주는 지수로 지니계수라는 것을 든다. 0에 가까울수록 상황이 좋고 1에 가까울수록 빈부의 격차가 심하다는 사실을 말해주는 수치로 이보다 더 확실한 국제 표준은 현재로서는 없다. 그런데 중국은 이 지수가 무려 0.47에 이른다. 1%가 99% 위에 군림하면서 모든 것을 다 가진다는 말이 나도는 한국의 0.32보다도 훨씬 더 심각하다. 거의 닥치고 폭동이 일어날 수준이라고 해도 좋다.

현실로 들어갈 경우 상황은 더욱 심각해진다는 사실을 알 수 있다. 예컨대 평균적인 생활수준이 웬만한 중소도시보다는 상당히 높은 베이징의 순이(順義)라는 지역 주변을 일별해보면 잘 알 수 있다. 이 순이에는 국제공항인 서우두(首都) 공항이 바로 옆에 자리 잡고 있다. 따라서 어떻게 보면 순이는 베이징, 더 나아가서는 중국의 관문이라고 해야 한다. 그래서 그런지 순이에는 웬만큼 비싼 아파트 가격과는 비교도 안 되는 최고급 빌라들이 즐비하게 들어서 있다. 2012년 초 모 그룹의 회장인 동생을 상대로 재산을 둘러싼 법적 분쟁을 시작한 80대 이 모씨의 최고급 빌라도 이곳에 자리 잡고 있다. 한 동에 최소 1000만 위안(18억 원)은 호가하는 주택들이다. 경비원의 검문, 검색을 잘 통과해야 어찌어찌 발을 디딜 수 있는 이 빌라나 타운하우스들의 내부는 더욱 놀랍다. 공용 사우나는 기본이고 수영장, 테니스장을 비롯한 웬만한 편의시설은 다 갖춰져 있다. 그야말로 최고급 일류 호텔이 부럽지 않을 정도이다. 입주민들은 외국인들도 없지는 않으나 상당수가 중국인들이라고 해도 좋다. 거의 귀족 같은 생활을 즐기는 사람들이라고 하면 딱 맞는다.

이들은 생활도 거주하는 빌라에 걸맞게 호화스럽다. 우선 자동차가 기본적으로 외제이다. 벤츠를 비롯해 BMW, 아우디, 포르쉐 등 없는 브랜드가 없다. 한 대만 있는 것도 아니다. 가족 수대로 외제차를 굴리는 집도 있다. 자녀들이 다니는 학교는 당연히 국제 학교가 될 수밖에 없다. 인근에 있는 ISB 등의 국제 학교는 1년 등록금만 3만 달러를 넘는다. 외국인들도 정부나 회사에서 보조를 해주지 않으면 감히 자녀들을 보낼 엄두를 내지 못할 수준의 학교이다. 그럼에도 아무 부담 없이 보내고 다닌다.

이런 곳들은 베이징에서도 순이 한 지역에만 존재하는 것이 아니다. 경치나 거주 환경 좋은 지역 곳곳에는 이런 단지들이 어김없이 모여 있다. 예컨대 순이에서 나와 시내로 나오다 마주치는 쓰환루(四環路)에 인접한 순징위안(順景園)이라는 빌라 단지는 아예 두둥(獨棟)이라는 주택을 상품으로 팔기도 한다. 말 그대로 5층짜리 아파트 같은 동 하나를 통째로 주택으로 판다고 보면 된다. 판매가가 최소한 3000만 위안(54억 원)을 호가한다. 이 정도 되면 한때 빌라 단지 내부에 불법 골프장을 9홀이나 조성한 것이 이해가 되고도 남는다. 전 중국으로 시야를 넓힐 경우는 이런 곳들이 더 많이 들어온다. 시진핑이 상하이 서기 시절 손을 봐준 탕천이핀 단지가 대표적으로 꼽힌다. 단지 내에는 한화로 100억 원이 넘는 그야말로 억! 소리 나는 주택도 없지 않다.

이런 별천지에서 사는 중국인들은 당연히 먹는 것도 다르다. 중국에서 가장 비싼 레스토랑 체인 중 하나인 순펑(順峰) 같은 곳에서 1인당 1000위안(18만 원) 이상 쓰는 것은 아예 일도 아니다. 당연히 더 비싼 곳에서 식도락을 즐기는 이들도 있다. 이런 곳은 회원제인 탓에 부르는 것이 바로 가격이라고 보면 된다. 베이징의 창안(長安), 징청(京城) 구락부가 가장 대표적으로 꼽힌다.

대체로 중국의 전체를 다 보지 못하는 외국인들은 순이의 빌라 촌 같은 곳에 사는 중국인들의 생활을 얼핏만 목도해도 완전히 기가 죽는다. 중국이 과연 G1이 될 나라로 부족함이 없다는 생각도 하기 쉽다. 그러나 이들이 조금만 눈을 주변으로 돌리면 경악을 금하지 못할 광경을 목도하는 것은 그다지 어렵지 않다. 순이 인근의 허우사위(後沙浴) 같은 빈민가에는 도저히 사람이 살만한 곳이라고 보기 어려운 주택들이 지천으로 널려 있는 것이다. 이른바 워쥐(蝸居. 달팽이 집), 의거(蟻居. 개미 집)이라는 곳이다. 달팽이집이나 개미집처럼 작은 집이라는 뜻이니 일단 사람이 살만한 집은 아니라는 뜻을 가지고 있다. 그러나 엄연히 사람들이 산다. 그것도 여러 명이 모여 산다. 심할 경우는 여러 세대가 모여 살기도 한다. 시진핑이 량자허에서 거주한 동굴 집인 요동은 저리 가라고 할 만한 수준이라고 단언해도 좋다. 당연히 이런 곳에 사는 중국인들의 생활수준은 상상을 불허한다. 자녀를 학교에 보낼 수만 있어도 감지덕지할 수밖에 없다.

가난한 중국인들의 생활은 비참하다. 손자와 함께 저장성 항저우의 어느 길거리에서 잠을 자고 있는 한 할머니.

농촌 출신 도시 근로자를 일컫는 농민공들의 생활은 더 비참하다. 게다가 이들은 베이징이나 도시에 살 자격증인 호적조차 없다. 무려 2~3억 명에 이른다는 것이 보수적인 통계이다. 아차 잘못하다가는 빈곤선인 하루 1달러 이하를 버는 극빈층으로 전락할 가능성이 높은 잠재적 위험 집단이라고 해야 한다.

그렇다고 급속한 경제 발전에 따라 중산층이 두터워지는 것도 아니다. 오히려 그 반대라고 하는 것이 정답에 더 가깝다. 일반 서민들의 임금은 제자리걸음을 하고 있는데 반해 집값과 생활비 등은 폭등하면서 상대적 가처분 소득이 대폭 줄어들게 만들고 있는 것이다. 한마디로 중산층이 경제 성장의 과실을 미처 따먹지도 못한 채 빈곤층으로 전락하고 있다는 얘기이다.

중국의 빈부 양극화는 개인들 간에만 나타나는 것이 아니다. 지역적으로도 격차가 심각하다. 2011년을 기준으로 1인당 GDP가 가장 높은 톈진이나 상하이, 베이징 등과 최저인 구이저우(貴州), 윈난(雲南)성을 비교하면 일목요연해진다. 톈진을 비롯한 메이저 도시는 1만 3000달러를 가볍게 돌파한 반면 구이저우와 윈난성은 고작 2000달러에 불과하다. 시간이 갈 경우 이 격차는 더욱 벌어질 가능성이 없지 않다.

시진핑은 리커창을 비롯한 라이벌들에 비하면 상대적으로 개혁적이라고 해야 한다. 또 영어는 능숙하게 하지 못하나 미국 물도 일찌감치 먹어보는 등 국제적인 감각도 있다. 게다가 대만, 홍콩의 기업인들과 부단히 접촉한 탓에 자본주의적인 마인드도 충분하게 가지고 있다. 개인이나 지역의 빈부 격차 확대로 인해 1대 99의 사회가 정착되면서 중산층이 무너질 경우 중국을 강타할 심각한 영향을 모를 리가 없다. 월 스트리트를 점령하려고 한 99%의 미국인들처럼 중국인들이 다시 톈안먼으로 쏟아져 나올 수도 있다는 사실 역시 외면하지 못한다고 해야 한다. 따라서 총서기 자리에 오르는 순간부터 어떻게 해서든 양극화 해소에 적극 나서려고 할 것이다. 구체적인 조치들도 어느 정도 상정해볼 수 있다.

우선 빈곤선 기준을 대폭 높일 가능성이 있다. 2012년 3월 현재 극빈층 중국인들의 1인당 생계비는 연간 2300위안(41만 4000원)에 지나지 않는다. 하루 딱 1달러를 기준으로 하고 있다. 그러나 그가 본격적으로 정책을 추진할 경우 이 기준은 세계은행이 정한 국제 표준인 2910위안보다 조금 높은 3000위안 전후가 될 전망이다. 이 경우 빈곤 보조금을 받을 인구는 1억 2800만 명에서 2억 명 가까이 늘어날 것으로 분석되고 있다.

분배 구조의 개선을 더욱 다그칠 가능성도 크다. 이렇게 하기 위해서는 덩샤오핑이 주창한 선부론은 이제 쓰레기통 속에다 폐기처분해야 한다. 대신 공동 부유라는 화두는 후진타오가 강조한 허셰 사회와 함께 적극적으로 전면에 내세워야 한다. 구체적인 조치들 역시 생각해볼 수 있다. 이를테면 가난한 사람에게는 덜 걷고 부자에게는 세금 폭탄을 안기는 세제개혁이 그렇다고 단언해도 좋다. 중앙당교와 사회과학원의 측근 브레인들이 이미 이에 대한 적극 검토에 들어갔다는 소문도 없지 않다.

지역 격차 해소를 통해 양극화를 완화시키는 것도 나름의 상당히 효과적인 방법이 될 수 있다. 장쩌민과 후진타오 시대부터 추진해온 서부 대개발 전략을 그 역시 지속적으로 추진할 것이라는 얘기가 될 듯하다. 이 전략은 또 서부 고원에서 오랜 세월 진정한 민초들과 고생을 같이 해온 그의 체질과도 딱 들어맞는다. 이 경우 현재 50% 전후인 전국의 도시화 비율은 10년 내에 60% 이상으로 올라갈 것이 확실하다. 더불어 이 과정에서의 낙수 효과가 제대로 나타난다면 일자리 확보, 정보기술을 비롯한 전략적 신흥 산업 등의 새로운 성장 동력 역시 발굴이 가능할 것으로도 보인다.

그러나 세상의 모든 것이 마음먹은 대로 되는 것은 아니다. 특히 경제는 끊임없이 움직이는 생물과도 같아 컨트롤하기가 여간 곤란하지 않다. 게다가 근래 들어서는 중국 경제에 대한 비관론이 더욱 힘을 얻고 있는 양상이다. 이른바 경착륙 우려가 중국을 배회하고 있는 것이다. 심지어 누리엘 루비니 뉴욕 대학 교수 같은 사람은 아예 노골적으로 중국 경제의 연착륙 가능성을 '미션 임파서블(수행 불가능한 임무)'로 규정하기도 했다. 그는 또 경착륙 시기를 시진핑이 총서기 겸 국가 주석으로서 본격 활동할 시기인 2013년과 2014년으로 전망한 바도 있다.

중국 경제가 경착륙할 경우 상황을 미리 그려보는 것은 그다지 어렵지 않다. 우선 실업자가 급증하게 된다. 이어 기업들의 연쇄 파산 사태가 발생한다. 주식 시장은 말할 것도 없이 폭락한다. 이 정도 되면 아무리 중국 경제의 펀더멘틀이 튼튼하다고 해도 견디기 힘들게 된다. 또 경기 침체 하의 고물가 현상인 디플레이션까지 이어진다면 완전히 걷잡기 어려워진다. 여기에 꽁꽁 숨겨진 것으로 알려지고 있는 10조 위안(1800조 원)의 지방 부채까지 드러나 위기를 더욱 극단으로 몰고 가는 것은 죽어가는 사람에게 거의 확인 사살을 하는 격이 된다.

중국 경제가 루비니의 비관론대로 경착륙에 직면할 경우 빈부 양극화 해소 역시 완전히 물 건너간다고 해야 한다. 아니 더욱 빈부의 격차가 벌어지지 않으면 다행이다. 이 경우 1대 99의 갈등은 완전 폭발 직전에 이를 수밖에 없다. 이때에는 아무리 막강한 중국의 공안도 믿을 만한 바람막이가 될 것이라고 장담하기 어렵다. 더욱 코너에 몰릴 99%가 쏟아져 나와 톈안먼을 다시 한 번 시끄럽게 해도 이상할 것이 없는 것이다. 시진핑으로서는 최악의 시나리오라고 해야 한다. 따라서 어떻게 해서든 이 사태는 막아야 한다.

후진타오와 비교할 경우 시진핑의 경제 운용 실력은 한 수 위라고 해야 한다. 그러나 경착륙 운운의 얘기가 나올 정도로 그가 직면한 상황은 어렵다. 운이 없다고 할지 모르나 어쨌든 그게 그의 운명이다. 현재로서는 중국이 직면한 가장 큰 현안인 극심한 빈부의 양극화를 그가 해결할 가능성은 별로 없다고 해도 좋을 것 같다.

4 _
미국의 꼼수 통할 소수 민족과 대만 문제는
중국 미래를 삼킬 블랙홀

중국에는 55개의 소수 민족이 있다. 여기에 일반적으로 중국인이라고 불리는 한족까지 합치면 광활한 대륙에 사는 민족은 무려 56개나 된다. 인구만 따지면 소수 민족이 대략 1억 1000만 명 내외, 한족이 12억 2000만 명 정도에 이른다. 전체 인구에서 차지하는 소수 민족의 비율은 대략 8.5% 전후가 된다. 생활하는 면적은 전 대륙의 64%에 이른다. 무시해서는 안 되는 정도가 아니라 자칫 이 문제를 잘못 다루면 중국 전체가 휘청거릴 가능성이 크다는 사실을 알 수 있다. 한마디로 중국이 블랙홀로 들어가 헤매게 될지도 모른다는 얘기이다. 물론 소수 민족이 한족에 잘 동화돼 이른바 중화민족의 일원으로 확실하게 기능하게 될 경우 얘기는 달라진다. 이들이 적지 않은 장점을 통해 시너지 효과를 발휘할 경우 중국의 미래는 탄탄대로가 될 수도 있는 것이다.

그러나 눈앞의 현실은 역시 부정적인 쪽으로 흐른다고 봐야 한다. 많은 인구를 보유하고 있는 티베트의 짱(藏)족이나 신장(新疆)의 위구르족 등이 시진핑의 등극을 코앞에 둔 상황에서도 중국 정부에 저항을 계속하고 있는 까닭이다. 특히 짱족의 경우는 승려들의 저항이 너무나 거세다. 2011년 이후부터 2012년 상반기까지 무려 16명이나 연쇄 분신자살을 선택, 중국이 추진하는 동화 정책에 정면으로 대항하고 있다. 이로 인해 짱족의 폭동 역시 하루가 멀다 하고 벌어지고 있다. 한 달에 한 번꼴로 승려들의 분신자살, 뒤이은 폭동 발생은 이제 일종의 예상 가능한 패턴이 되고 있기도 하다.

짱족의 이런 극렬한 저항은 1951년 중국이 티베트를 자국 영토로 포함시킬 때부터 어느 정도 예측이 가능했다. 이후의 현실은 진짜 그랬다. 중국 정부는 티베트의 중국화 정책을 강력하게 추진했고 티베트는 처절하게 저항했다. 급기야 짱족의 정신적 지주인 티베트 불교의 수장 달라이 라마 14세는 1959년 눈 덮인 히말라야를 넘어 인도로 망명하기에 이

2009년 7월 신장위구르자치구에서 발생한 폭동의 현장. 소수민족 문제의 심각성을 보여준다.

르렀다. 망명 정부도 수립했다.

중국 정부의 탄압은 이후 더욱 거세졌다. 무엇보다 7000개를 헤아리던 사찰을 겨우 45개만 남기고 대거 폐쇄했다. 50만 명에 이르던 승려들도 대부분 강제 환속 조치했다. 이뿐만이 아니었다. 중국 정부는 남아 있는 승려들에게도 달라이 라마 14세를 부정할 것을 강요했다. 심지어는 주민들이 그를 위해 기도하는 것도 용납하지 않았다. 당연히 짱족은 저항의 불씨를 당겼다. 무장 투쟁 역시 벌였다. 그러나 그때마다 많은 인명 피해를 내면서 번번이 실패했다. 1989년 3월의 독립 요구 시위 때는 인민해방군의 무차별 발포로 수천 명이 희생되기도 했다. 이때 이 시위를 전면에 나서 진압한 인물이 바로 티베트자치구의 서기로 있던 후진타오였다. 어떻게 보면 그가 출세가도를 달린 것은 이때 철모를 쓴 채 진압봉을 휘두르면서 강력한 모습을 보였기 때문이 아닌가 싶다.

터키 계통의 민족인 위구르족의 텃밭 신장자치구의 상황 역시 시진핑에게는 괴롭기 그지없을 만큼 위태롭다. 2011년에만 민족 갈등에 따른 크고 작은 폭동으로 최대 100여 명이 사망했을 정도였다. 앞으로도 상황이 더 나빠지면 나빠졌지 좋아질 것 같지는 않다. 이 경우 현재 수감 중인 7000명 내외의 정치범들은 1만 명으로 늘어날 수도 있다. 연 100명 이상을 사망하게 만드는 폭동의 회수 역시 더욱 증가할 가능성이 높다. 터키 등에 본부를 둔 해외 망명 단체들의 지원이 계속 이어지고 있는 것도 이 분위기를 더욱 고조시킬 것으로 보인다.

티베트나 신장의 정정 불안은 당연히 다른 민족들에게 영향을 미칠 수밖에 없다. 특히 바로 지척에 자신들의 모국을 가지고 있는 민족들에게는 더욱 그렇다고 해야 한다. 이런 대표적인 민족이 바로 몽골족이다. 대부분 네이멍구(內蒙古)자치구에 거주하는 이들은 그렇지 않아도 지난 60여 년 동안 계속 분리, 독립을 요구하면서 중국 당국의 골치를 썩여온 바 있다. 민족성이 티베트의 짱족과는 달리 외향적인데다 칭기즈칸의 후예답게 거칠기 때문에 한 번 제대로 폭발하면 중국 전체를 들썩거리게 만들 가능성이 없지 않다.

이런 민족 문제는 사실 중국만의 현안은 아니다. 미국을 비롯한 세계 각국이 관심을 가지는 글로벌 현안으로 부족함이 없다. 특히 G2를 넘어 G1으로 성장할 중국이 부담스러운 미국은 이 문제에 대해 그 어느 국가보다도 많은 관심을 기울이고 있다. 당연히 이런 관심은 중국의 분열을 원하는 속내와도 긴밀한 관계가 있다. 덩샤오핑 사후 수 년 내에 중국이 구소련과 비슷한 수순을 밟아 민족, 지역적으로 분열될 가능성이 높다는 정책 보고서를 1995년에 낸 바 있는 국방부의 희망사항이 중국의 민족 문제에 대한 관심에 그대로 녹아 있다고 봐도 좋은 것이다. 미국이 CIA를 통해 티베트와 신장 등의 일부 반정부 인사들을 은근하게 지원하고 있다는 소문이 무성한 것은 이로 볼 때 무리한 단정은 결코 아니라고 해도 좋다.

현재 상황에서 볼 때 티베트나 신장에 대한 중국의 강경한 입장은 누그러들지 않을 가능성이 크다. 당연히 짱족과 위구르족 역시 승려들의 분신자살, 테러 등의 수단을 통해 격렬한 저항을 계속할 것으로 보인다. 시진핑으로서는 고민이 되지 않을 수 없다. 물론 그에게 다른 선택의 여지는 거의 없다고 해야 한다. 정면 돌파 외에는 다른 길이 있을 까닭이 없다. 티베트와 신장이 완전히 중국화할 때까지 수단과 방법을 가리지 않고 강력한 동화정책을 추진하지 않으면 안 된다. 더구나 그는 민족 문제를 해결해야 할 직접적인 책임도 지고 있다. 중앙 안정수호사업 지도소조의 산하 기구인 안정수호판공실의 일을 책임지는 자리에도 올라 있는 것이다.

외부에는 존재가 별로 알려지지 않은 이 소조가 만들어진 데에는 다 이유가 있었다. 때는 지난 세기 말인 1999년 4월 25일의 이른 아침이었다. 이날 기공의 한 유파인 파룬궁(法輪功)의 회원 약 1만여 명은 톈안먼 인근의 중난하이로 속속 모여들고 있었다. 이어 중난하이를 포위한 채 연좌시위를 벌였다. 당 중앙이 파룬궁을 사교로 규정한 결정에 항의하고 이를 취소토록 하는 것이 목적인 시위였다. 그러나 이들의 항의는 정 반대의 결과를 가져왔다. 엉뚱하게 불에 기름을 붓는 역할을 한 것이다. 1999년 6월 10일 장쩌민은 장고 끝에 드디어 파룬궁을 철저히 진압하기로 결정을 내렸다. 또 이 소조의 공식 운영에도 본격적으로 나섰다. 안정수호판공실은 원래 조직이 만들어진 날을 판공실 이름으로 했다.

그래서 처음에는 610판공실이라는 이름으로 불렸다. 그러다 2009년에는 다시 6521판공실로 이름을 바꿨다. 이 숫자에도 상당한 의미가 있었다. 우선 6은 2009년 10월 1일 중국 건국 60주년의 6이었다. 또 5는 3월 10일의 티베트 무장폭동 50주년의 5에서 뽑았다. 2 역시 톈안먼 민주화 운동 진압 20주년의 2를 의미했다. 1은 바로 파룬궁 중난하이 포위사태 10주년에서 0을 뺀 1이었다. 이로 미뤄볼 때 안정수호판공실은 주로 민족 문제나 반국가 단체의 준동에 대응하기 위한 조직이라는 사실을 분명하게 알 수 있다.

중국의 가장 민감한 문제를 다루는 기구인 만큼 조직의 구성원들 면면도 화려하기 그지없다. 우선 사실상 시진핑의 직접 지시를 받는 조장은 정법위원회 서기인 저우융캉 정치국 상무위원이 맡고 있다. 또 멍젠주 공안부장은 부조장으로 저우를 보좌하고 있다. 판공실 주임인 류징(劉京)의 직위 역시 만만치 않다. 공안부의 당위 부서기 겸 상무 부부장에 이름을 올려놓고 있다. 차기 총서기 자리를 100% 예약한 시진핑이 책임자로 일하는 것이 당연하게 느껴질 정도이다. 한마디로 웬만한 총리급 부처보다도 더 막강한 조직이라고 해도 괜찮을 듯하다. 산하의 동원 가능한 인원은 더욱 경악스럽다. 200만 명의 무장 경찰과 1000만 명의 보안 요원을 휘하에 두고 있다. 조직의 비용은 세계 최대의 공룡 군대인 인민해방군의 1년 군비를 가볍게 넘어선다.

그러나 시진핑이 이 기구의 책임자가 된 2009년 이후의 실적은 결코 좋다고 하기 어렵다. 오히려 더 나빠졌다는 평가가 지배적이다. 한족 주민 100여 명이 살해된 바 있는 2009년 7월 5일의 이른바 위구르 폭동 직후의 상황을 자세하게 살펴보면 이 평가가 정곡을 찌른 것이라는 사실은 쉽게 알게 된다. 이때 후진타오는 거의 모든 국내의 주요 정무를 원자바오와 시진핑에게 맡긴 채 이탈리아의 라퀼라에서 열린 G8 정상회담에 참석 중이었다. 당연히 안정수호 분야의 직무를 책임진 시진핑은 권력 서열 2위인 우방궈 전인대 상무위원장에게 상무위원회 긴급 임시 회의의 소집을 요구했다. 즉각 열린 회의에서 그는 상황이 상황인 만큼 강경한 어조로 주장했다.

"폭동의 확대를 방지해야 합니다. 인민해방군이나 무장경찰도 필요하다면 투입해야 합니다. 수단과 방법을 가릴 때가 아닙니다."

그러나 이때 엉뚱하게 리커창이 반대의 입장을 피력했다.

"시 부주석의 생각에는 이견이 없습니다. 그러나 방법은 조금 달리 해야 합니다. 너무 강경하게 나가면 위구르족 뿐 아니라 다른 인근의 소수민족에게도 나쁜 영향을 주게 됩니다. 이렇게 되면 평범한 한족이 피해를 보게 됩니다. 무엇보다 향후 위구르족과 한족의 평화와 융합을 위해 관대한 조치를 취해야 합니다."

두 사람의 입장은 팽팽했다. 후진타오를 제외한 회의 참석자 8명의 상무위원들의 입장도 비슷하게 엇갈렸다. 자칭린을 비롯해 리창춘, 저우융캉, 허궈창 등이 시의 입장을 지지했다. 여기에 실무를 담당한 탓에 옵서버로 참석할 수 있었던 멍젠주가 시 쪽으로 기울었다. 그러나 온건한 이미지의 원자바오는 달랐다. 리커창의 손을 들어줬다. 또 우방궈 역시 너무 강경하게 나가는 것만이 능사는 아니라고 생각했다. 굳이 따지자면 5.5대 3의 역학 구도라고 할 수 있었다. 그러나 권력 서열 2, 3위의 힘은 단순하게 딱 한 표의 위력을 가진 것이 아니었다. 더구나 우방궈는 후진타오를 대신한 임시 회의의 의장이었다. 결국 우방궈는 분위기를 톤 다운시키기 위해 후진타오의 핑계를 대는 수밖에 없었다.

"이 자리에는 후진타오 총서기가 없습니다. 내가 전화를 걸어 어떻게 해야 할지 지시를 기다리겠습니다. 대응 방침은 조금 기다렸다가 결정해도 늦지 않습니다."

후진타오는 이탈리아에서 우방궈와 심복 리커창의 전화를 받았다. 사태가 심상치 않다는 사실을 바로 느꼈다. 7월 8일 정상회담을 부랴부랴 마치고 귀국길에 오른 것은 이런 배경을 가지고 있었다.

그러나 티베트 사태를 강력하게 진압한 경험이 있는 후진타오로서도 용빼는 재주는 없었다. 그의 귀에 심복 리커창의 말보다는 시진핑의 주장이 더 믿음직스럽게 들려온 것은 어쩌면 너무나 당연한지 몰랐다. 그는 결과적으로 시진핑의 주장과 비슷한 강력한 대응 방안을 마련하라는 지시를 내리지 않으면 안 됐다. 하지만 이때 시진핑의 강경 방침은 사태의 원만한 해결로 연결되지는 못했다. 오히려 지금도 위구르족들이 이를 갈 정도의 큰 피해를 낸 채 막을 내렸다. 최고 지도자 후보로서의 그의 입지는 강화시켜줬으나 사태 해결 능력에 대해서는 의구심을 가지게 만든 것이다.

시진핑은 이 사실에 부담을 느낄 가능성이 크다. 더구나 티베트를 확실하게 장악한 바 있는 후진타오처럼 업적을 내려고 할 경우 민족 문제와 관련해서는 그답지 않게 조급함을 보일 수도 있다. 더불어 장고 끝에 악수라는 말이 있듯 최악의 무리수를 둘 가능성이 역시 있다. 이 경우 안정수호판공실을 더 강화하거나 반드시 일어나게 될 폭동이나 소요 등을 2009년 7월 당시보다도 더 강력하게 진압하지 말라는 법이 없다.

문제는 이 과정에서 지금까지와는 비교도 안 되는 심각한 유혈 충돌이 발생할 가능성이 있다는 사실이 아닌가 싶다. 이 경우 그는 국내외에서 쏟아질 엄청난 비난을 받아들여야 한다. 심할 경우는 국제 사회의 제재에도 직면하지 말라는 법이 없다. 그의 총서기 대선배인 장쩌민은 이미 톈안먼 사태 때 이런 횡액을 당한 바 있다. 더 심각한 문제는 총력을 다 기울여도 민족 문제를 해결하기는커녕 오히려 더 악화시킬 가능성이 없지 않다는 사실이 아닐까 싶다. 이 경우 그의 총서기 자리는 위태로워 질 수 있다. 더불어 중국은 G1을 눈앞에 두고 민족 문제라는 거대한 블랙홀로 빠져 들어가지 말라는 법이 없다.

시진핑을 괴롭힐 정치적 현안으로는 대만 문제도 빼놓을 수 없다. 그러나 대만 문제는 아예 대화의 가능성이 원천 봉쇄된 민족 문제에 비한다면 그래도 단순하다고 해도 좋다. 분위기 역시 최근에는 대단히 좋다. 우선 중국과의 통일을 당 강령으로 하는 국민당의 마잉주(馬英九. 62)가 2012년 초의 총통 선거에서 민주진보당의 차이잉원(蔡英文. 56) 후보를 꺾고 재선에 성공한 것이 고무적이라고 할 수 있다. 차이의 정치적 스승에 해당하는 전임 총통 천수이볜(陳水扁. 61) 집권 때와는 달리 기존의 양안 화해 무드를 계속 이어가는 것이 가능하게 된 것이다. 여기에 푸젠성에서만 17년을 봉직한 시진핑의 대만에 대한 이해도 분위기를 좋게 만드는 요인이라고 해도 좋다. 적어도 최악의 상황까지 가지는 않을 것이라는 사실을 어느 정도 유추해보는 것이 가능하다. 이뿐만이 아니다. "중국인은 중국인을 때리지 않는다."는 속담에서 보듯 양안 간에는 민족 갈등의 소지가 거의 없다. 게다가 지금은 이념적 갈등도 대만 해협에 다 씻어버렸다는 말이 나올 만큼 문제가 되지 않는다. 경제 문제로 눈을 돌리면 아예 양안이 통일이 된 것이 아니냐는 생각을 가지게도 된다. 경제협력기본협정인 ECAF가 지난 2010년 9월 발효돼 사실상 양안을 가로막는 장벽이 완전히 사라진 것이다. 실제 지금 대만인들과 중국 대륙 사람들은 아무 문제없이 상호 지역에 드나드는 것이 가능하다. 이 인원이 200만 명 가까이에 이른다. 또 대만에는 30만여 명에 이르는 중국 출신

신부들이 결혼을 해서 살고 있다. 대륙에는 100만여 명의 대만 기업인들이 활동하고 있다는 사실을 들먹이는 것은 사족에 속한다. 양안의 연간 교역액이 1500억 달러에 이르는 것은 하나 이상할 것이 없다.

이 정도 되면 양안의 통일은 시간문제라고 할지 모른다. 하지만 대만의 뒤에 미국의 그림자가 어른거린다면 얘기는 달라진다. 미국은 구소련이 역사 속으로 사라진 지금 기본적으로 중국을 주적으로 생각한다. 따라서 어떻게 해서든 양안의 관계를 긴장 국면으로 몰고 갈 필요가 있다. 그래야 브루스 커밍스 교수의 말처럼 1년에 수십 억 달러어치에 이르는 첨단 무기라는 이름의 구식 무기도 대만에 판매하는 것이 가능하고 동북아에서 자국의 이익을 주장할 명분이 서게 된다. 대만이 외부 세력에 공격을 당할 경우 미국이 즉각 개입하는 규정을 둔 이른바 대만관계법을 끈질기게 폐기하지 않는 이유도 바로 여기에 있다.

문제는 진짜 미국이 꼼수를 둬 양안의 긴장을 고조시키려고 할 경우가 아닌가 싶다. 이렇게 되면 양안이 지금까지 쌓아올린 신뢰나 교류에 급브레이크가 걸리지 말라는 법이 없다. 대만 해협의 파도는 다시 높아지게 된다. 졸지에 통일 일보 직전의 상황에서 블랙홀로 빠질 수도 있게 되는 것이다.

소수 민족과 대만 문제는 중국의 입장에서 볼 때는 정말 해결만 되면 베개를 높이 한 채 잠이 들 수 있을 정도의 가슴속 깊은 병이라고 해야 한다. 그러나 미국이 꼼수를 부리려고 하는 한 해결은 그렇게 간단하지 않다. 난마처럼 얽히지만 않아도 다행이다. 잠재적 블랙홀로 계속 남을 수밖에 없다는 얘기이다. 시진핑으로서는 전임자 이상으로 이 문제 때문에 계속 불면의 밤을 보낼 수 있다는 얘기다.

5 _

민주화와 정치 발전 요구로 일당 독재 포기할 수도

1인당 GDP가 5000달러를 넘으면 어느 국가든 사회주의 체제를 유지하기 어렵다는 통설이 있다. 이 수준에 이르면 누구나 자본주의의 단맛을 아는데다 국민의 민도 역시 어느 정도에는 오르기 때문에 통제하기가 영 쉽지 않은 것이다. 어쩌면 구소련을 비롯한 동구권은 이런 프레임에 빠져 허무하게 역사 속으로 사라지지 않았나 싶다. 2011년 1인당 GDP가 5000달러에 이른 중국으로서는 등골 서늘한 통설이라고 해도 좋을 듯하다. 물론 중국의 상황은 구소련 등과는 다소 다르기는 하다. 우선 5000달러가 인민폐의 대폭 평가 절상을 통한 착시 효과와 관련이 있다는 사실을 들어야 할 것 같다. 실제로 베이징의 경제 전문가들은 지난 10여 년 동안에 걸친 미국의 평가 절상 압력이 없었다면 중국의 1인당 GDP는 3500달러 전후 수준에 그쳤을 것이라면서 이렇게 주장을 한다. 지난 세기 말에는 공식 환율보다 낮은 1달러 당 8.28위안에 거래되던 위안과 달러의 환율이 지금은 마지노선인 6위안이 깨질 상황에 놓여 있다는 사실을 보면 이 말은 분명 틀리다고 하기 어렵다. 게다가 중국의 13억 5000만여 명의 인구 중 경제 발전의 혜택을 제대로 보는 인구는 많아도 10%에 훨씬 미치지 못하는 1억여 명 정도에 불과하다. 오죽했으면 일부 중국인들은 그래도 먹고 입을 것은 걱정하지 않던 마오쩌둥 시대가 훨씬 좋았다고 할까. 이런 상황에서 체제를 뒤흔들 국민의 민도 제고를 기대하는 것은 따라서 연목구어라고 해야 한다. 중국의 민주화는 일단 서방 세계의 희망사항이라는 얘기도 될 듯하다. 여기에 공산당이 8000만여 명의 당원을 총동원한 당정 시스템 확립을 통해 전 대륙을 확고하게 통치하고 있다는 사실까지 감안하면 중국이 혹시 구소련처럼 되지는 않을까 하는 서방 스타일의 기대는 번지수가 잘못돼도 한참 잘못 됐다고 단언해도 좋다.

그러나 그렇다고 중국인들이 거의 모두 순한 양처럼 공산당 정권에 닥치고 복종을 하고 있는 것은 아니다. 중국 당국의 희망대로 진짜 그렇게 생각한다면 오산도 그런 오산이 없다고 해야 한다. 재스민 혁명이 일어날 정도로 조직화된 것은 아니나 전 대륙 곳곳에서 민주화를 원하는 수많은 인사들이 공산당 일당독재를 타도하기 위해 노력하고 있기 때문이다. 이들 중 극히 일부는 공산당 정권의 전복을 위해 무장투쟁까지 주장하고 있기도 하다. 이름을 대면 알만한 인물들도 많다.

우선 11년 형을 선고받고 아직도 수감 중인 2010년 노벨평화상 수상자인 류샤오보(劉曉波. 57)를 꼽아야 한다. 노벨상을 받기 전까지만 해도 중국인들에게는 아주 생소한 인물이었던 그는 지난 2008년 12월 중순 세계 각국으로부터 갑자기 스포트라이트를 받았다. 세계인권선언 채택 60주년을 맞은 당시 공산당 독재 타파와 민주화 요구를 담은 '08헌장(Charter 08)' 발표를 주도, 세계의 이목을 끈 것이다. 졸지에 세계적 스타가 된 그는 그러나 중국 정부에게는 완전히 찍혀버렸다. 결국 이듬해 12월 열린 결심 재판에서 11년 형을 선고받았다. 당연히 2010년의 노벨상 수상식에는 참석하지 못했다. 옥중에 있는 만큼 그의 현재 근황은 자세하게 알려지지 않고 있다. 그러나 상당한 탄압을 받고 있는 것만은 사실인 듯하다. 예컨대 매달 한 번 법으로 보장된 가족 면회권을 박탈당하고 있다. 독서나 집필은 말할 것도 없다. 2011년 9월 아버지 장례식에 참석하기 위해 잠깐 가석방된 것이 기적이라고 할 정도이다.

시인이자 화가인 부인 류샤(劉霞. 53)가 입는 횡액 역시 극심하다. 가택 연금은 기본이고 인터넷과 휴대폰 사용도 금지당하고 있다. 남편을 정기적으로 면회한다는 것은 그래서 완전히 언감생심이다. 2011년 7월에 8개월 만에 남편을 공식 면회한 것이 서방 세계가 파악한 가장 최근의 면회인 것으로 알려져 있다. 2012년 초 지인을 통해 "나는 공안 당국의 감시에 노이로제에 걸릴 정도로 완전히 질려버렸다. 이 나라에서는 희망이 없다."고 토로, 심신이 지쳤다는 사실을 외부에 직접적으로 내비친 바도 있다.

설치 미술가인 아이웨이웨이(艾未未. 55)는 2011년 이후부터 갑자기 류샤오보만큼이나 주목받는 인물로 손꼽힌다. 2008년 베이징 올림픽의 주경기장인 냐오차오(鳥巢. 새 둥지)를 공동 설계하면서 한때는 당국과 긴밀한 관계를 유지하다 2011년을 전후해 갑자기 반체제로 방향을 선회, 서방 세계의 주목을 받기 시작한 탓이다. 2012년 이후부터는 아예 노골적으로 중국 정부를 비판, 완전히 핵심 반체제 인사의 반열에 올라섰다. 요즘에는 중국의 민주화가 화제로 오를 경우 거론하지 않으면 절대로 안 되는 인물이라는 말까지 듣고 있다. 실제로 그에 대한 당국의 통제는 기가 막힐 정도가 아닌가 보인다. 집 주변에 감시 카메라가 무려 12대나 설치돼 있다면 더 이상의 설명은 필요 없다. 예술가적인 기질을 행동에서도 전혀 주체 못하는 그는 2012년 초에는 이 카메라 중 한 대를 박살내려다 경찰에 연행되는 횡액까지 당하기도 했다. 2011년 말부터 2012년 초에는 당국으로부터 세금 폭탄을 맞아 지지자들이 모금을 벌인 바 있다. 놀라운 점은 그가 문화계의 태자당이라는 사실이 아닌가 보인다. 아버지가 지금도 많은 중국인들이 기억하고 사랑하는 유명한 시인 아이칭(艾青)이다. 이처럼 지명도 면에서는 류샤오보보다 더 높은 평가를 받고 있는 만큼 그의 움직임 하나하나는 앞으로도 중국 당국의 이

목을 집중시킬 수밖에 없을 것으로 보인다.

인터넷에 올린 시 한 수로 저장성의 항저우 법원에서 7년 형을 선고받은 주위푸(朱虞夫. 61) 역시 예사롭게 넘겨서는 안 될 반체제 인사라고 해야 한다. 그의 시는 중동 지역에 이른바 재스민 혁명이 한참 확산될 때인 2011년 2월에 쓰인 「때가 왔다(是時候了)」라는 제목의 12행 짜리 시 한 수였다. 이로 인해 그는 두 달 뒤인 4월 경찰에 체포됐다. 곧 이어 재판에 넘겨져 기가 막힌 징역형을 선고받았다. 그러나 그의 징역형은 단순한 시 때문만은 아니었다. 근본적으로는 괘씸죄와 관계가 있었다. 문화대혁명이 끝날 즈음인 1976년 그는 20대 초반 나이에 지나지 않았다. 그러나 그는 이때부터 공산당 일당 독재에 문제가 있다는 사실을 절감했다. 그의 민주화 투쟁은 곧바로 시작됐다. 1998년에는 중국 최초의 야당인 중국 민주당 저장성 주비위원회 설립 선언서를 직접 써서 외신 기자들에게 배포하기도 했다. 공산당은 깜짝 놀랄 수밖에 없었다. 그는 이듬해인 1999년 드디어 국가 전복 기도 혐의로 체포됐다. 이후 그는 꼬박 7년의 수감 생활을 견뎌내야 했다. 따라서 그는 두 번째 7년의 징역을 살고 있는 셈이다. 고생을 한 경험으로 따지면 류샤오보보다 훨씬 선배라고 할 수 있다.

류와 아이, 주 이외에도 중국 당국이 골머리를 앓고 있는 대륙 내의 반체제 인사들은 이루 헤아릴 수 없이 많다. 대강만 꼽아 봐도 2010년 10월 국가 전복 선동 혐의를 체포돼 10년 형을 선고받은 작가 리톄(李鐵. 51), 부정 식품 피해자 대표로 활동해온 사회 운동가 자오롄하이(趙連海. 38), 톈안먼어머니회를 이끌고 있는 전 베이징대학 교수 딩쯔린(丁子霖. 76)과 그녀의 남편 장페이쿤(蔣培坤. 78), 인권 운동가 후자(胡佳. 38), 인권 변호사 가오즈청(高智晟. 46) 등이 대표적으로 꼽힌다. 특히

1989년 톈안먼 사태 참상도. 앞으로도 이런 상황이 도래하지 말라는 법이 없다

이중 딩 전 교수는 1989년 발생한 톈안먼 사태 때 17세의 아들을 잃은 아픔을 지닌 반체제 인사로 유명하다. 매년 6월 4일만 되면 며칠 동안 공안에 의해 가택 연금되거나 연행되는 고초를 22년 동안이나 당하고 있다. 중국이 톈안먼 사태에 대한 재평가를 하지 않는 한 그녀는 아마도 세상을 떠날 때까지 이런 가택 연금이나 연행을 당해야 하지 않을까 싶다. 노벨평화상 후보로 매년 거론되는 것은 너무나 당연하지 않나 보인다.

해외에도 중국의 머리를 아프게 만드는 반체제 인사들이 없을 까닭이 없다. 먼저 떠올려야 하는 인물로는 류샤오보보다 훨씬 더 영향력을 자랑한 바 있는 웨이징성(魏京生, 62)이 있다. 한때 민주화 운동의 아이콘이기도 했던 그는 현재 체류 중인 미국 뉴욕에서 과거와는 비교하기 어려울 정도로 편안하게 운동을 하고 있다. 그러나 미국으로 추방되던 해인 1997년 이전까지만 해도 오랫동안 투옥 생활을 견뎌야 했다. 중국의 사하로프로 불린 것도 모두 이런 고초와 관련이 있었다. 해외의 중국인뿐 아니라 대륙에서도 상당한 영향력을 행사하는 만큼 중국 정보 당국이 그의 일거수일투족을 늘 주의하고 있다. 웨이 역시 언젠가는 귀국한다는 목표 아래 전 세계를 다니면서 중국의 민주화를 호소하고 있다. 멀지 않은 미래에 양측이 정면충돌할 가능성은 얼마든지 상존해 있다고 하겠다.

어쩔 수 없이 망명객이 돼야 했던 톈안먼 사태의 주역들도 지금은 장년의 더욱 중후한 민주화 인사로 변신해 중국 당국의 긴장을 늦추지 못하게 하고 있다. 사태 당시 베이징 대학의 운동권을 이끈 왕단(王丹. 43)을 대표적으로 꼽아야 한다. 체포된 이후 10년 동안 투옥과 석방을 되풀이하다 1998년 미국에 망명, 하버드대학에서 박사 학위를 받은

톈안먼 사태의 주역 왕단. 중국 민주화를 불러올 태풍의 눈이 될 가능성이 높다.

그는 지금은 대만에서 교수로 변신했다. 정치대학 교수가 현재의 정식 직책이다. 그러다 2011년에는 중국 청년을 대상으로 민주주의를 가르치는 사이버 학교를 설립해 민주화 운동에 다시 발을 디뎠다. 해외에 유학 중인 학생들은 중국 당국의 검열을 피해 이 학교가 운영하는 사이트에 접속할 수 있다. 능력이나 활동 장소로 볼 때 끝까지 중국 당국의 골치를 썩일 가능성이 농후하다.

신장위구르자치구 출신의 소수 민족인 우얼카이시(吾爾開希. 44) 역시 대만에서 활동하고 있다. 그는 톈안먼 시위 때에는 리펑 총리와 격론을 벌인 운동권의 맹장이었다. 이 장면은 당시 TV를 통해 생중계돼 전 세계에 그의 존재를 알렸다. 이로 인해 그는 사태가 진압된 후 수배자 보드에 처음으로 이름을 올려야 했다. 이후 망명해 프랑스와 미국에서 유학하기도 했으나 학위는 받지 못했다. 왕단과도 간혹 만나 운동의 방향에 대해 논의하고 있다고 한다.

중국의 잔 다르크로 불린 여학생 지도자 차이링(柴玲. 42)은 비록 여성의 몸이나 중국 당국이 무시하기 어려운 저력을 자랑한다. 하버드대

학 경영학 석사 과정을 마친 다음 금융 회사에서 일하고 있음에도 동료들이 부르면 언제든지 달려오겠다는 의지를 늘 피력한다고 한다.

가장 주목해야 할 인물도 있다. 바로 리커창의 베이징대학 동창이자 공청단 간부였던 왕쿤타오가 주인공이다. 1991년 체포된 다음 13년 형을 선고받고 수감 생활을 했으나 지금은 미국에서 반체제 활동을 하고 있다. 가장 중국 당국이 신경을 쓰는 인물 중 한명으로 꼽히고 있다.

자오쯔양의 오른팔이던 천이쯔(陳一諮. 66), 옌자치(嚴家琪. 65), 바오퉁(鮑彤. 79), 마오쩌둥의 비서 출신인 리루이(李銳. 80) 등은 당정 고위직을 지낸 원로 반체제 인사라고 해야 한다. 천과 옌은 미국, 바오와 리는 중국 내에서 각각 활동 공간을 달리 하고 있으나 경직된 정치 체제에 대해 가하는 비판의 강도에서는 별로 차이가 없다. 특히 바오는 자오쯔양을 실각시킨 덩샤오핑을 루이 14세로 맹비난하는 등 나이가 들어가는 데도 비판의 예봉을 꺾을 기미를 전혀 보이지 않고 있다. 또 리루이의 경우는 뜻을 같이 하는 개혁 성향의 공산당 간부 출신 23명과 함께 2010년 10월 12일 전인대 앞으로 온라인 공개 서신을 발송, 출판 심사 제도의 폐지 및 공민의 진정한 언론 출판의 자유 보장을 촉구하기도 했다. 그가 마오쩌둥의 비서에다 부부장까지 지낸 고위층이었다는 사실을 감안하면 대단히 파격적인 저항이었다고 해도 과언이 아니다.

중국의 민도는 경제 발전 만큼 빠른 속도는 아니겠으나 앞으로도 꾸준히 높아질 수밖에 없다. 따라서 민주화 운동 역시 지금보다는 한 차원 더 높은 단계로 진입할 가능성이 거의 100%에 가깝다. 심지어는 공산당에 정면으로 대항할 정당의 출현까지 점쳐지고도 있다. 사실 불가능할 것도 없다. 톈안먼어머니회나 대부분 지하에 숨어 있는 기존의 운동 단체들이 중국에서도 거의 통제불능이 되고 있는 SNS를 통해 더욱 조직화

할 경우 당국의 탄압을 뚫고 머리를 내밀 수 있는 것이다. 이는 중국 정부 당국이 가장 우려하는 대목이기도 하다. 최근 공안 당국에 의해 불법 정당일 수밖에 없는 중국사회민주당이 적발된 사실을 감안하면 이런 가능성은 충분히 상존한다고 봐도 좋다.

그러나 중국의 공산당 당국은 무슨 수를 써서라도 이 싹을 확실하게 자르려고 할 것이 분명하다. 최악의 경우는 대량의 유혈을 각오할 가능성도 없지 않다. 마치 톈안먼 사태 때 덩샤오핑이 민주화를 요구한 청년, 학생들을 탱크로 밀어버렸듯이 말이다. 게다가 시진핑은 2009년 위구르 사태가 터졌을 때 강경 진압을 주장한 것에서 보듯 의외로 폭력적인 성향도 가지고 있다. 정권이 위태롭다고 생각할 경우 최고 책임을 지게 될 그로서는 극단적인 선택을 할 가능성이 충분히 있는 것이다.

물론 시진핑에 대해 좋은 감정을 가지고 있는 서방 세계 일각에서는 이런 시나리오에 대해 그렇지 않을 것이라는 입장을 강하게 피력한다. 특히 미국의 네오콘 일각에서는 시진핑이 중국의 고르바초프라면서 정반대의 결과가 나타날 것이라고 은근하게 기대하기도 한다. 2012년 2월 중순 그가 미국을 방문했을 때 온 나라가 호들갑을 떨어가면서까지 환영한 것은 다 이런 생각과 관련이 있었다고 단언해도 좋다.

실제로 외신에 의하면 미국인들은 진짜 후진타오보다 시진핑에 대해 훨씬 더 높은 호감을 가지고 있다고 한다. 예컨대 제프리 와더스톰 캘리포니아대 교수 같은 이는 "시진핑은 후진타오보다 훨씬 코스모폴리탄에 가까운 이미지를 주고 있다."면서 그에게 높은 점수를 주기도 했다.

시의 외면만 보면 미국인들의 이 생각은 틀리지 않을지 모른다. 1980년대에 이미 미국을 두 차례 방문한 것이나 외동딸 시밍쩌가 하버드대학에 재학한다는 사실은 확실히 미국인들에게 그에 대한 동류의식을 가지도록 하기에 부족함이 없다. 어디 이뿐인가. 그는 미국 프로농구를 즐겨 보는 것에서 더 나아가 할리우드 영화까지 좋아한다. 이 정도 되면 미국인들의 환대에는 그가 고르바초프가 돼 공산당을 해체시키고 중국 대륙을 분열시켜주기를 바라는 엉뚱한 심리가 읽힌다고 해도 그다지 틀리지 않는다.

하지만 시진핑의 내면을 알면 중국의 고르바초프 운운이 얼마나 웃기는 소리인지는 그다지 어렵지 않게 알 수 있다. 무엇보다 그는 칭화대학에서 박사 학위를 받았을 정도로 공산주의 사상 전문가로 꼽힌다. 이론적인 바탕이 확고한 것이다. 더구나 2009년 멕시코를 방문했을 때는 중국의 인권과 민주화에 대해 비판적인 입장을 밝힌 미국과 유럽에 대해 "배부르게 밥만 먹을 줄만 알고 빈둥거리는 외국인들이 중국의 결점을 들추고 있다."는 요지의 신념에 가득 찬 듯한 말을 한 바도 있다. 가슴 저 밑바닥에 인권이나 민주화에 대한 거부 반응이 분명히 있는 것이다. 그가 고르바초프가 절대 될 수 없는 이유는 본인이 설사 그렇게 하고 싶어도 그럴 수 없다는 데에 있다. 집단 지도체제를 유지하는 중국에서 그렇게 하는 것은 바로 정치적 실각을 의미하기 때문이다. 그가 그렇게 바보 같은 자살행위를 할 까닭은 정말 없어 보인다.

물론 세상에 영원한 것은 없다는 말처럼 최악의 경우가 도래하지 말라는 법도 없다. 역사의 도도한 물줄기에 의해 도저히 공산당의 힘으로는 어쩔 수 없게 되는 상황이 말하자면 그렇다. 굳이 예를 든다면 페레스트로이카에 의해 되돌리기 어려워진 구소련의 해체와 독일의 통일이 그렇다고 할 수 있다. 그러나 이 경우에도 중국은 상황이 최대한 극단으로 치닫지 않도록 만들기 위해 노력할 가능성이 크다. 지난 2007년 원자바오 총리가 "중국의 민주화는 필요할 수도 있다. 그러나 시간이 문제라고

톈안먼 광장 모습. 민주화가 되면 시끄러워질 가능성이 높다.

해야 한다. 어쩌면 향후 100년이 더 필요할 수도 있다."면서 최악의 경우 그동안의 완강한 자세에서 벗어나기는 해도 시간을 벌고자 하는 듯한 모습을 보인 것은 바로 이런 가능성을 말해주지 않나 싶다. 이뿐만이 아니다. 공산당은 하늘이 무너지는 최악의 경우 당명을 바꿔 생존을 유지하는 타협적인 방법도 수년 전부터 검토한 것으로 알려지고 있다. 그게 바로 전민당(全民黨)이다. 어떻게 보면 공산당의 이복형제 같은 느낌을 주는 당명이 아닌가 보인다. 더불어 이때에는 복수 정당도 허용, 민주화로 가는 문제에 대해서도 주판알을 튀겼다고 한다.

그러나 자신들의 힘이 여전히 막강하다고 생각할 경우 계속 밀어붙이는 방법을 더 선호할 가능성이 크다. 최소한 당 창당 100주년이 되는 2021년까지는 이렇게 하고 싶어 할 것이다. 묘하게도 이때는 시진핑이 두 번 총서기가 된다고 가정할 경우 마지막 임기를 마감하는 해의 바로 직전의 해가 된다. 시진핑이 중국의 고르바초프가 되기보다는 공산당 창당 100주년을 기념하는 역사적인 자리에 총서기로 서 있고 싶어 할 것이라는 단정은 때문에 너무나 당연하다고 할 수 있다. 하지만 그때까지 가는 길이 지금까지 공산당이 그랬던 것처럼 그리 순탄할 것 같지만은 않다.

6 _
중국을 명실상부한 G1으로 이끄는 길에는 가시밭길도 많아

팍스 시니카라는 말이 요즘 그야말로 지구촌을 배회하고 있다. 하기야 회원국 각국의 심각한 재정 위기로 미증유의 위기에 봉착한 유럽연합이 막대한 외환보유고를 어떻게 좀 풀지 않을까 하는 심정으로 침을 흘리면서 중국만 쳐다보는 작금의 현실은 진짜 그럴 수도 있다는 생각을 가지게 만든다. 여기에 미국이 무려 국채 1조 달러 이상을 판 원죄로 인해 덜미를 확실하게 잡혀 있는 현실까지 더하면 팍스 시니카라는 말은 별로 이상하게 들리지조차 않는다.

아프리카 국가들의 현실에 눈을 잠깐 돌려봐도 크게 다르지 않다. 차이나 머니에 눈이 멀지 않은 나라가 없다시피 하다. 심지어 아프리카 자체에서도 중국이 보유한 달러에 너무 집착해 자존심이고 뭐고 다 팽개치고 있다는 소리까지 나오는 사실을 감안하면 불과 수년 전 미국의 모습은 이제 중국의 얼굴에서 분명하게 어른거린다고 해도 좋을 듯하다.

내친 김에 세계 유수의 언론에서 즐겨 쓰는 신조어를 봐도 좋다. 친디아(중국과 인도의 합성어)니 차이메리카(중국과 미국의 합성어)니 하는 말이 아무 부담 없이 쓰이는 것이 현실이 됐다. 미래의 세계를 투톱 국가가 분할한다면 어떤 경우에도 중국은 그 중 한 국가가 된다는 얘기라고 할 수 있다.

시진핑은 이 점에서 보면 운이 무척이나 좋은 것 같다. 길면 미래 10년 동안 짧아도 5년 동안은 G2 내지는 G1 국가의 원수로서 세계적으로 최고의 귀빈 대접을 받을 테니까 말이다. 하지만 그는 충분히 그럴 자격이 있는 듯하다. 경제 운영 면에서 하루아침에 짝퉁 국가, 거지 국가에서 세계 최강국의 반열에 올라선 중국을 이끌 능력도 충분히 보유한 인물로 보이는 것이다. 베이징에 입성하기 전인 2007년까지 무려 30년 가까운 세월 동안 크고 작은 지방 정부의 살림을 책임 진 경험은 무엇보다 이 단정을 분명하게 웅변한다. 게다가 그는 2008년부터 국가 부주석 자리에 있으면서 꾸준히 국정 운영을 익혀왔다. 국제 감각이 떨어지는 약점 역시 부단한 해외 순방으로 적극적으로 보완했다. 지금은 어느 정도 글로벌 리더로서의 자격과 능력이 언행 전체에서 엿보이기도 한다. 결과론적으로 보면 중국이 먼 미래를 내다보고 국가적 차원에서 잘 키웠다고 할 수 있다.

본인 역시 자신의 임기 내에 중국을 G1으로 올려놓고 명실상부한 글로벌 리더가 되고자 하는 의지가 강하다. 그렇지 않았다면 태자당으로서의 특권을 굳이 포기하면서 기층으로 내려가 하나부터 차근차근 익히려는 생각을 하지 않았을지도 모른다. 원대한 생각이 있었기 때문에 오랜 세월의 절차탁마를 감수하는 것이 가능했다는 얘기이다.

이런 그의 자세는 사실 아버지의 훈도(訓導)에 영향을 입은 바 컸다. 시중쉰은 주지하다시피 일찌감치 참가한 공산 혁명에서 혁혁한 공을 세운 탓에 남보다 어린 나이에 고속 출세를 했다. 그러나 정치적으로 반대급부의 박해도 많이 받았다. 때문에 정치에 환멸을 느낄 수도 있었다. 자식들에게 정치를 멀리 하라는 당부를 해도 별 이상할 것이 없었다. 그러나 그는 큰아들에게는 그렇게 하지 않았다. 유명 정치인의 아들로 중국에서 살아가려면 정치를 떠날 수는 없다고 일찌감치 판단했다. 또 자신이 이루지 못한 최고 지도자의 꿈을 자식이 실현해줬으면 하는 개인적인 비원 역시 없지 않았다. 그가 늘 시진핑에게 실사구시와 후도관용(厚道寬容), 다시 말해 실용적인 입장에서 매사를 대하고 사람들에게 후덕한 자세로 관용을 베풀라는 당부를 잊지 않은 것은 바로 이 때문이었다고 할 수 있었다. 심지어 그는 이 당부를 2002년 세상을 떠나는 순간에 유언으로도 남겼다. 자식에게 자신의 덕을 보기보다는 기층에서 일하도록 권유한 것은 그래서 너무나 당연하다고 해도 좋았다. 시진핑으로서도 아버지의 이 당부를 평생 가슴에 새길 수밖에 없었던 것이다.

　　글로벌 리더가 되겠다는 시진핑의 의지는 그가 2008년 3월 국가 부주석으로 선출돼 본격적으로 국정에 관여했을 때부터 분명한 실적으로도 나타나고 있다. 우선 베이징올림픽이 개막되기 직전 시기의 상황을 봐야 할 것 같다. 당시 서방 세계를 중심으로 한 일부 선진국들은 중국의 인권과 신장 위구르족을 비롯한 소수 민족의 문제 등을 거론하면서 중국을 압박했다. 미국과 유럽연합 일부 국가들은 올림픽을 보이콧하겠다는 험악한 여론을 조성하기도 했다. 올림픽을 무사히 치러야 하는 책임을 맡은 시진핑으로서는 생각지도 못한 위기였다. 또 잘만 하면 능력을 인정받을 수 있는 시험이기도 했다. 그는 이때 그 누구도 예상 못한 레토릭으로 세상을 놀래게 만들었다. "세계는 넓다. 또 각양각색의 사람들이 존재한다. 새장도 마찬가지이다. 여러 새가 함께 있는 경우가 많다. 그러나 새장 속에서 한 마리 새가 시끄럽게 떠든다고 해서 문제의 새를 밖으로 끌어낸다면 새장에는 활기가 사라진다."는 말을 한 것이다. 시비를 거

미국을 방문해 연설한 시진핑. 앞으로도 계속 이런 모습을 보이려면 적지 않은 장애물을 극복해야 한다.

는 일부 서방 국가들을 새에 비교해 완전히 머쓱하게 만들었다고 해도 좋았다. 그의 놀라운 언변에 중국인들은 열렬한 환호를 보냈다. 더불어 그의 능력에 대한 의구심을 가볍게 떨칠 수 있었다.

2012년 2월 중순에 진행된 방미에서 보여준 언행 역시 그가 글로벌 리더로 이미 확실하게 자리매김했다는 사실을 말해준다고 볼 수 있다. 이때 오바마는 공식적인 시진핑의 카운트파트인 바이든 부통령 대신 일부 의전을 직접 챙겼다. 이는 국제 외교의 관례로 볼 때 지극히 이례적인 일이었다. 그러나 근래 들어 보기 드물었던 파격을 보여준 오바마의 머리에는 다른 분명한 목적이 있었다. 2012년 11월의 대선에서 재선될 경우 카운터파트가 될 것이 확실한 그에게 홈그라운드의 이점을 빌려 미리 교육을 단단히 시키겠다는 생각이 없지 않았던 것이다. 실제로 오바마는 그와의 85분 동안에 걸친 정상회담이 시작되자마자 바로 티베트 및 대만, 인권, 무역 불균형 문제 등의 단골 레퍼토리를 보란 듯 거론했다. 이어 점잖게 중국이 대답하기 다소 곤란할 세계 금융 위기 대응과 북한 핵 문제 역시 화제로 올렸다. 그러나 시진핑은 "양국이 대등한 입장에서 상호 이익 관계를 발전시켜 나가야 한다."고 응수하면서 신중하고 온화한 자세와 매너로 그의 예봉을 노련하게 비껴나갔다. 방미하기 직전만 해도 과연 달변의 오바마의 공격을 잘 막아내지 못하지 않을까 하고 생각한 중국인들의 기우를 일거에 날려버린 상당히 노련한 레토릭이었다고 할 수 있었다.

그의 언행은 정상회담 다음 날인 미중경제위원회 오찬 석상의 연설에서도 빛났다. "대만 문제는 중미 관계의 가장 핵심 이익이자 민감한 문제이다. 본인은 귀국이 대만과 티베트의 독립을 반대해줄 것을 귀국에 요청한다."면서 역공을 날린 것이다. 또 그는 인권 문제에 대해서도 "양국은 역사적 배경이 다르다. 양국이 인권 향상을 위해 선택한 서로 다른 길을 존중해야 한다."는 입장을 피력, 작심하고 대답을 미리 준비했다는 사실을 분명하게 보여줬다. 오바마와는 얼굴을 붉히지 않으면서 할 말은 다 하겠다는 절묘한 전략적 시차 전략이라고 할 수 있었다.

30여년 가까운 세월 동안 기층에서 몸에 익힌 경제 목민관으로서의 경험, 국가 부주석 등의 요직에서 자연스럽게 체득한 학습 효과 등으로 미뤄볼 때 그가 중국을 G1으로 이끄는 것은 불가능하다고 할 수는 없다. 더불어 중국의 현재 국제적 위상도 그의 앞길을 더욱 탄탄대로로 닦아줄 가능성이 다분하다. 심지어 그로 하여금 미국에게 단호하게 "노!"라는 말을 하도록 만들어줄 것으로도 보인다.

그러나 장애물이 전혀 없을 수는 없다. 나아가 이 장애물들이 그에게 의외로 강력하게 태클을 걸 가능성 역시 없다고 자신하지 못한다. 심지어는 그의 정치적 행보에도 결정적으로 부정적 타격을 줄 수도 있다고 봐야 한다.

따라서 우선 그는 국내적으로 자칫하면 큰 장애물로 돌변할 적지 않은 문제들을 해결해야 한다. 역시 가장 큰 문제는 경제라고 해야 한다. 말할 것도 없이 무엇보다 먼저 경제의 전체적인 체질을 더욱 튼튼하게 만들어야 한다. 중국은 지난 35년여 동안에 걸친 개혁, 개방을 통해 기본적으로 규모의 경제는 확실하게 다져놓았다. GDP가 이미 일본을 가볍게 제치고 미국을 바짝 뒤쫓고 있다. 하지만 질적으로는 세계적으로 내로라하기에는 그렇지가 못하다. 일부 양식 있는 전문가들은 얼굴이 화끈거린다고도 한다. G1으로 부상하려면 당연히 이 문제를 그 무엇보다 중요하게 생각해야 한다. 예컨대 부가가치가 낮은 임가공 수출 산업에서 무궁무진한 시너지 효과를 발휘할 전략 신흥 산업에 눈을 돌리지 않으면 안 되는 것이다. 다행스럽게도 시진핑에게는 2011년부터 출범한 제12차5개년계획에서 에너지 절약 및 환경보호, 차세대 정보 기술, 바이오, 신재생 에너지, 신에너지 자동차, 첨단장비 제조, 신소재 등의 분야가 이미 이런 산업으로 확정돼 2016년까지 본격 개발이 추진될 예정으로 있다. 한마디로 경제 선진화를 통해 전통적인 굴뚝 제조업은 서서히 포기한다는 얘기이다. 그러나 솔직하게 말해 그동안 세계의 공장으로 불린 중국의 입장에서 볼 때 이렇게 하기는 쉽지 않다. 일단 용단을 내리면 뼈를 깎는 구조조정을 가장 먼저 실시해야 하기 때문이다. 이 경우 경쟁력 약한 업종의 많은 기업들은 문을 닫아야 하고, 또 많은 실업자가 쏟아지는 현실을 감내해야 한다. 시진핑이 아무리 경제에 밝고 강단이 있는 지도자라고 해도 선뜻 용단을 내리기가 쉽지 않을 가능성이 높다. 현재로서는 그를 가장 강도 높게 짓누를 큰 고민이 아닐까 보인다.

경제 분야에서는 선진화 못지않게 산업 분야 과학 기술력의 고도화 역시 필요하다. 지난 세기의 각고의 노력 결과 중국은 어느 정도 이 목표를 달성하는 데는 성공했다. 하지만 아직도 일부 제품 분야에서는 끝마무리가 부족한 것이 현실이다. 가짜에 관한 한 필적할 나라가 없는 짝퉁 국가라는 비난도 사고 있기도 하다. 유인 우주선을 쏘아 올리면서도 라면 봉지의 디자인이 조악하다거나 바늘 하나 제대로 못 만든다는 비웃음을 듣는 것은 바로 이런 이유 때문이라고 할 수 있다. 게다가 GDP 대비 연구, 개발 투자가 아직 목표치인 2%에 미치지 못하고 있다. 한마디로 경제에서의 창조와 혁신 능력을 기르지 않으면 탄탄대로로 보이는 미래가 어느 순간 울퉁불퉁하게 변하지 말라는 법이 없다. 시진핑이 마냥 행복할 수만은 없는 이유이기도 하다.

이외에 시진핑은 금융 개방과 국제화 및 시장화를 통해 금융 대국으로 부상해야 하는 필요성도 외면해서는 안 된다. 여기에 인재, 산업, 시장 자본 등의 국제화 등까지 감안하면 그가 걸머진 중국 경제의 앞날은 비교적 밝기는 하나 그래도 갈 길은 아직 멀다. 한마디로 키와 덩치는 크면서도 체력과 실력은 뒷받침되지 않는 기형적인 구조를 빨리 개혁해 전체적인 수준이 미국과 어느 정도 어깨를 나란히 할 명실상부한 거인으로 중국 경제를 이끌어야 한다는 얘기이다.

사회 분야에서도 그가 치워버려야 할 걸림돌은 적지 않게 상존한다. 이를테면 지역 및 계층 간의 양극화 해소, 도덕 및 철학 부재의 금전 만능주의 타파, 국민들의 전반적인 민도 제고 등이 대표적으로 꼽힌다. 현재로서는 전혀 개선될 기미조차 보이지 않고 있다. 그로서는 장기 과제로 이 현안들의 개선에 노력하지 않으면 글로벌 리더가 되겠다는 야심은 만사휴의가 될 수도 있다.

시진핑은 중국을 명실상부한 G1으로 이끌면서 자신을 글로벌 리더로 자리매김하기 위해 대외적으로도 적지 않은 현안을 해결해야 한다. 국제 사회에 대한 책임에 눈을 돌리는 노력은 굳이 언급할 필요조차 없다. 이 말은 단순하게 졸부처럼 두둑한 외환보유고를 꺼내 물 쓰듯 돈을 마구 뿌리는 것만을 의미하지는 않는다. 이런 천박한 자본주의적 행태는 누구라도 다 취할 수 있다. 과거 일본이 한참동안이나 그랬다고 해도 좋다. 하지만 이렇게 해서는 진정한 G1으로 인정받지 못한다. 일본이 돈을 엄청나게 쓰고도 고작해야 넘버 투 국가로밖에 인식되지 못했던 이유를 시진핑은 명심해야 한다. 국제 사회는 철학과 비전을 가진 글로벌 리더 국가와 리더를 원하는 것이다.

국익만 우선 하는 민족주의적 사고에서 탈피, 국제적 조정자 역할을 자임하는 자세 역시 요구된다고 할 수 있다. 지금처럼 영토 문제로 주변 국가들과 치사하게 싸우는 모습을 보여줬다가는 단박에 신뢰를 잃는 것이 가능하다. 이 경우 글로벌 리더 국가가 되기는커녕 왕따만 당하지 않아도 다행이다.

시진핑은 이처럼 국내외적으로 많은 가시밭길을 헤쳐서 걸어가야 한다. 그래야 G1으로 명실상부하게 부상하고자 하는 중국에게도 지구촌에도 미래가 있다. 신이 아닌 인간인 그로서는 상당히 부담스러울 수 있다. 그러나 이제 와서 포기할 수도 없다. 그렇게 하기에는 그와 중국이 너무 멀리 와 버렸다. 더 이상 세계 경찰국가로서의 역할을 자임하려고 하지 않는 미국이 2012년 2월 중순 그의 방미 때 열렬히 환대한 것은 괜히 그랬던 것이 아닌 듯하다.

chapter 9

9장

포스트
후진타오 시대

후진타오 총서기 겸 국가 주석은 공식적으로는 2013년 3월 5일 출범하는 12기 전인대의 1차 회의 때까지 국가 최고 지도자로 남는다. 그러나 이미 모든 것은 시진핑에게 넘어갔다고 해야 한다. 심지어는 섀도 캐비닛의 명단까지 서방 세계 언론에는 흘러나오고 있는 것이 현실이다. 그래서 지금 포스트 후진타오 시대를 운운해도 크게 무리는 없다. 더불어 미리부터 예상되는 권력 시프트에 대해 알아보는 것도 너무 성급하다고 하기 어렵다. 과연 그의 시대에는 누가 떠오를 것인가? 또 그는 과연 제6세대를 대표할 차차세대의 후계자로 누구를 낙점하고 후진타오처럼 역사의 무대 뒤편으로 표표히 사라질 것인가?

1 _
특별한 돌발 변수가 없는 한 시진핑의 시대는 10년

지난 세기 말 이후부터의 중국의 권력 구도는 과거와는 완전히 달리 사전에 어느 정도 예측이 가능하다는 점에서 나름의 상당한 특징이 있다. 예측이 종종 빗나가는 서방 세계 스타일의 선거보다는 누구라도 공감하는 공산당 내의 합의가 권력 구도에 우선적으로 영향을 미치기 때문에 그렇지 않나 싶다. 시진핑 역시 이에 따라 일찌감치 리커창과 함께 차기 지도자로 낙점을 받은 다음 고강도 수업을 받은 바도 있었다. 물론 막판 뒤집기를 통해 차기 권력 넘버 투에서 명실상부한 최고 지도자로 우뚝 올라서면서 다소의 이변을 연출하기는 했지만 말이다.

예측이 가능하다는 전제를 깔고 보면 시진핑의 시대는 향후 10년이 간다고 자신 있게 말해도 크게 틀리지 않는다. 무엇보다 관례가 그렇다고 볼 수 있다. 전임인 장쩌민, 후진타오 모두가 10년을 보장받았다. 장쩌민의 경우는 자오쯔양의 임기까지 덤으로 채우는 행운을 누리기도 했다. 또 5년으로는 아무 것도 하지 못한다는 중국인들 특유의 느긋한 특징 역시 그의 10년 임기를 보장하지 않을까 싶다. 치녠쯔양(七年之癢. 칠년이 되면 간지럽다는 의미-저자)이라는 말에서 보듯 사랑의 유효 기간도 3개월에 불과하다는 소리를 듣는 한국인들과는 달리 무려 7년이나 될 만큼 느긋한 중국인들이 그에게 5년 만에 뭔가를 이뤄낼 것을 기대하지는 않을 것이라는 말이다. 하기야 직업이 총리인 저우언라이는 중국 건국 이후 세상을 떠나던 1976년까지 27년 동안 거의 총리 자리에서 내려오지 않았으니 10년도 중국인들에게 짧다면 짧다고 할 수도 있다.

그러나 세상에 예외 없는 법칙은 결코 없다. 그가 두 선배의 전례를

2012년 2월 중순 아일랜드를 방문했을 때의 시진핑. 건강한 모습에서 10년 권좌를 지킬 것이라는 분위기가 읽힌다.

깨고 달랑 5년 만에 권좌에서 내려올 가능성도 전혀 없다고 하기는 어렵다. 당연히 이렇게 되려면 여러 가지 전제 조건이 있어야 한다. 우선 정치적으로 문제가 되는 시나리오를 예상할 수 있다. 사례를 드는 것도 가능하다. 측근인 왕리쥔의 뒤통수를 갈기는 것과 다름없는 배신으로 손 안에 들어온 정치국 상무위원 자리를 거머쥐기는커녕 실각의 가능성까지 점쳐지는 보시라이의 불운이 대표적이라고 할 수 있다. 그 역시 전혀 예기치 못한 상황에서 정치적으로 문제가 되는 사건이 발생할 경우 자의든 타의든 총서기 자리에 연연하지 못하게 될 수 있는 것이다. 물론 다혈질의 보시라이와는 달리 신중한 것으로 말하면 단연 타의 추종을 불허하는 그의 스타일로 볼 때 가능성은 거의 제로에 가깝기는 하다.

경제가 일반적 예상과는 달리 경착륙을 통해 엉망이 되는 등의 상황이 도래할 때 역시 총서기 자리는 그의 손에서 빠져나와 엉뚱한 곳으로 훨훨 날아갈 수 있다. 설사 경제가 연착륙을 하더라도 빈부의 양극화가 심각한 사회적 갈등을 야기, 폭동이나 소요가 빈발할 경우 역시 자리를 보존하는 것이 쉽지 않게 된다.

인력으로는 어떻게 할 수 없는 자연사 등의 천재지변 역시 상정이 가능하다. 하지만 이 역시 가능성은 상당히 낮다. 비만형인 탓에 건강에 조금 문제가 있다는 마타도어가 없지는 않으나 젊은 나이, 축구 등을 비롯한 스포츠를 즐기는 성격 등을 고려하면 그가 쓰러진다는 것은 거의 기적에 가깝다고 해야 한다. 더구나 최고 지도자가 되면 당정에서 철저하게 건강을 체크한다는 사실까지 상기하면 건강 등의 이유로 인한 조기 퇴진은 어부지리를 노리는 측의 희망사항일 수밖에 없다.

두 태상황인 장쩌민, 후진타오의 눈 밖에 나 낙마할 개연성 역시 간과할 수 없다. 지난 세기에 비슷한 케이스가 없었던 것도 아니다. 불운의 총서기들로 불리는 후야오방과 자오쯔양이 주인공이다. 모두들 약속이나 한듯 당시의 태상황이던 덩샤오핑에 의해 권좌에서 끌려 내려왔다. 더 올라가면 화궈펑 역시 이런 비운을 경험한 최고 지도자로 꼽을 수 있다. 시진핑 역시 두 태상황에 의해 능력 등에서 문제가 있다는 판단이 내려지면 이렇게 되지 말라는 법이 없다. 이 경우는 반론도 만만치 않다. 이런 주장을 펴는 사람들은 장쩌민과 후진타오가 비록 태상황 역할을 하기는 하겠으나 과거의 덩샤오핑과는 비교도 안 될 정도로 위상이 다르다는 구체적인 사실까지 들어 반박한다. 또 권력이 사람을 만든다고 일단 권좌에 앉으면 그가 태상황 못지않은 위력을 발휘, 눈 밖에 나더라도 최소한 실각은 하지 않을 것이라는 반론을 펴기도 한다. 그러나 설사 그렇더라도 일단 둘에게 찍히면 괴로움을 당할 가능성이 전혀 없다고 하기는 어렵다. 여리박빙이라는 말처럼 조심하는 것이 시진핑으로서는 상책이라고 해야 한다.

시진핑이 흔들거리는 것과 동시에 다른 후보가 급부상하는 것도 그에게는 최악의 시나리오 중 하나라고 해야 한다. 이때 다른 후보는 숙명의 라이벌 리커창이 될 수도, 차기 권력의 중추가 될 6세대인 이른바 중국의 486 선두주자들이 될 수도 있다. 그도 아니면 비교적 젊고 평판이 좋은 왕양이 대안이 될 가능성도 없지 않다. 왕양은 나이로 보나 당정 내의 위상, 능력으로 볼 때 이 케이스에 아주 적합한 인물이기도 하다. 그러나 보시라이는 나이로 보나 최근의 측근 스캔들로 보나 후보가 되기는 거의 불가능해 보인다.

시진핑이 2017년 가을 공산당 제19차 전국대표대회 폐막 직후인 다음날의 제1차 중앙위원회 전체회의를 통해 선출될 차기 정치국 상무위원회 위원들을 관례대로 인민대회당에서 소개하지 못할 가능성은 이처럼 전혀 없다고 하기는 어렵다. 그렇게 된다면 그는 자오쯔양 다음으로 대략 20년 만에 비운에 직면하는 총서기라는 운명을 감수해야 한다.

하지만 역시 현재로서는 가능성이 상당히 낮아 보인다. 지금은 과거보다 더욱 예측 가능한 세상이 됐을 뿐 아니라 시진핑도 어디로 튈지 모를 럭비공 같은 사람이 전혀 아니기 때문이다. 더구나 그의 건강은 90세 가까이 장수한 아버지로부터 물려받았다는 소리를 들을 정도로 정평도 나 있다. 여기에 두 태상황이 굳이 시진핑을 흔들어 중국을 다시 정치적 격변 속으로 몰아넣으려 하겠는가 하는 전망도 그의 총서기 두 번 연임의 관례가 현실로 나타날 것이라는 사실을 웅변한다고 해도 좋다. 한국과 미국을 비롯한 주변 관계국들이 그의 시대를 10년으로 예상하고 대중 전략을 수립하는 것이 현재로서는 당연한 선택이자 맞는 판단이 아닌가 싶다.

2 _
떠오르는 차차세대의 별들

시진핑은 예정대로라면 2022년 무사히 10년 동안의 총서기 임기를 채우고 중국을 G1국가로 올려놓은 다음 공식적으로든 형식적으로든 자신의 후계자를 선택해야 한다. 물론 이때는 본인의 개인적인 판단뿐만 아니라 전임자인 후진타오의 의견까지 존중해 신중하게 결정을 내려야 한다. 당정 고위 간부들과 일반 대중들의 평판 역시 완전히 무시해서는 곤란하다. 따라서 잘 알려진 당정의 차차세대 유력 주자들, 이를테면 먼 미래의 별들을 인재 풀로 활용할 수밖에 없을 것으로 보인다. 그의 후계자 그룹이 중국 공산당의 6세대가 될 수밖에 없다는 결론은 자연스럽게 나온다.

이들 6세대는 이미 외부에 많이 알려져 있다. 또 일찌감치 부장급에 준하는 고위직을 꿰차고도 있다. 10년 후에는 시진핑의 뒤를 이어 충분히 후계자로 거론될 자격이나 경험을 여유 있게 쌓아놓고 있다고 해도 좋다. 대표적인 인물로는 역시 486세대의 선두주자로 꼽히는 후베이(湖北)성 우펑(伍峰) 출신의 후춘화를 꼽아야 할 것 같다.

그는 후라는 성과 공청단 출신이라는 사실에서 보듯 후진타오와 많이 닮아 있다. 그래서 리틀 후진타오라고도 불린다. 리커창이 얼마 전까지만 해도 이렇게 불렸으나 이제는 그가 이 별명을 확실하게 가져갔다고 해도 좋다. 후진타오와의 인연 역시 예사롭지 않다. 시간은 1983년으로 거슬러 올라가야 할 것 같다. 그는 이해에 베이징대학 중문과 졸업을 앞두고 있었다. 성적도 후베이성의 천재라는 말을 들은 것에서 보듯 대단히 뛰어났다. 당연히 베이징 내의 상당히 좋은 직장으로 배치될 예

차차세대 유력 주자 후춘화.

정으로 있었다. 그러나 그는 막판에 베이징을 선택하지 않았다. 놀랍게도 그의 최종 선택지는 당시 그 누구도 가지 않으려고 했던 오지 중의 오지인 티베트였다. 그의 이 결정은 당시 전국을 떠들썩하게 만들었다. 이때 공청단 서기로 있던 후진타오 역시 이 소문을 들었다. 후진타오는 그를 그저 눈여겨보는 것으로 그치지 않았다. 대대적인 선전을 통해 그의 결정을 선양하겠다는 결정을 내린 것이다. 곧 그의 미담은 베이징 공산당 기관지인 『광밍르바오(光明日報)』에 크게 실렸다. 반응은 뜨거웠다. 그러자 『런민르바오』를 비롯한 다른 신문들과 『CCTV』 같은 방송 등도 경쟁적으로 후속 보도에 나섰다. 그는 졸지에 자신의 의지와는 관계없이 전국적인 유명 인사가 됐다. 이 유명세는 그에게 또 하나의 기회도 제공했다. 이해 7월 인민대회당에서 열린 베이징 소재 대학 졸업생 대회에 참석, 학생들을 대표해 연설을 하게 된 것이다. 그는 이때 "중국은 다민족 국가입니다. 소수 민족 자치 구역이 국토 총면적의 60%를 차지하고 있습니다. 소수 민족 지구는 할 일이 많은 땅입니다. 기회의 땅입니다. 저는 한족만의 현대화가 아닌 중화 민족의 현대화를 위해 일하겠습니다."라는 요지의 연설을 했다. 당시의 중국 당정 지도부가 완전히 좋아할 말들만 박력 있는 20대 초반 청년의 열변으로 토로했다. 청중의 호응은 대단했다. 대회에 참석한 차오스(喬石), 후치리 등을 비롯한 당 고위층 역시 기립박수를 아끼지 않았다. 이제 그의 앞에는 오로지 탄탄대로만이 놓이게 됐다.

그와 후진타오의 인연은 이후 티베트에서 더욱 끈끈하게 다져졌다. 티베트 공청단에서 한참 일을 하고 있을 때인 1988년 후진타오가 티베트 서기로 전근돼 온 것이다. 그로서는 드디어 미래 총서기의 눈에 확실하게 들 절호의 찬스를 잡았다고 할 수 있었다. 때를 맞추어 후진타오가 티베트를 통치하기 시작한지 1년 후 티베트의 짱족들이 중국 당국의 탄압에 항의하는 대대적인 폭동을 일으켰다. 이에 리펑 총리는 후진타오의 건의를 받아들여 티베트 일부에 계엄령을 선포했다. 후진타오는 즉각 평소 눈여겨 본 그를 폭동 진압 센터인 반소요지휘부 제2 판공실로 보냈다. 전쟁 지휘부나 다름없던 곳에서 그는 후진타오의 기대를 저버리지 않았다. 계엄 기간 내내 거의 매일 같이 폭동이 일어난 지역을 샅샅이 훑으면서 임무를 거의 완벽하게 수행했다. 후진타오는 그의 성실함과 총명함, 우직함에 다시 한 번 반하게 됐다. 조카뻘인 그를 틈만 나면 늘 챙겨준 것은 당연할 수밖에 없었다.

후진타오가 중앙으로 떠난 뒤에도 계속 티베트에 남아 일했던 그는 1994년 다시 정치적 아버지와 조우하게 된다. 후진타오가 라싸(拉薩)에서 주관한 티베트 업무 좌담회에 참석, 오랜만에 해후를 하게 된 것이다. 둘은 이 만남을 통해 더욱 가까워지는 전기를 마련했다.

그가 티베트에 내려간 지 14년째가 되던 1997년 12월의 어느 날이었다. 이때 티베트자치구 한 지방의 부서기로 근무하던 그는 후진타오로부터 전화 한 통을 받았다.

"동지, 그동안 고생을 많이 했소. 이제 중앙에서 일해야 할 때가 아닌가 싶소. 동지의 생각은 어떻소?"

"제 나이 아직 35세입니다. 아직은 이곳 생활이 견딜 만합니다. 해야 할 일도 꽤 많이 남아 있는 것 같습니다."

후춘화의 말은 결코 빈 말은 아니었다. 그는 1983년 8월 티베트로 내려올 때 최소한 20년 이상은 있어야 하겠다는 계획을 이미 세워놓고 있었다. 그의 입에서 즉각 대답이 튀어나온 것은 당연할 수밖에 없었다.

"아니오. 더 늦으면 그곳을 떠날 수 없소. 이제 그만 고집을 접고 중앙으로 돌아오기 바라오."

"하지만 가고 싶어도 제가 갈만한 곳이 어디에 있는지 모르겠습니다. 저는 베이징을 떠난 지가 이미 14년이나 됐습니다. 작년에 중앙당교를 다니면서 베이징에 체류한 적은 있으나 아무래도 익숙하지가 않았습니다."

"그건 걱정하지 마시오. 내가 베이징의 공청단에 자리를 하나 마련해 놓겠소. 정 미련이 있으면 나중에 다시 그곳으로 돌아가면 되지 않겠소."

후춘화는 후진타오의 전화를 받은 얼마 후 진짜 짐을 싸게 됐다. 후진타오의 말대로 그에게 주어진 자리는 공청단 중앙위원회 서기였다. 지방에만 근무한 경력으로 베이징의 공청단 중앙에서 일하는 드문 파격적 기회를 잡은 것이다.

무려 14년 만에 돌아온 베이징에서 후진타오의 그림자는 더욱 길게 드리워지게 됐다. 심지어 그는 중앙당교 대학원 과정에서 세계 경제를 공부했을 무렵인 1998년을 전후한 시기에는 후진타오와 사제지간으로 다시 본격적으로 만나기도 했다. 후진타오가 이때 차기 지도자의 자격으로 중앙당교의 교장을 맡고 있었던 것이다.

후춘화의 쾌속 승진 가도는 후진타오가 2002년 총서기에 오른 이후부터는 더욱 거칠 것이 없었다. 그가 다시 티베트로 돌아간 2001년 이후 자치구의 비서장을 거쳐 상무 부서기, 자치구 당교 교장에까지 오르는 기염을 토하는 데는 고작 3년의 시간 말고 더 이상 필요한 것은 없었다. 나이 40세를 전후한 시기였다. 그는 2006년 11월에는 무려 20년 동안의 티베트 생활을 끝마치고 드디어 당당하게 베이징에 입성하는 기회까지 쥐게 됐다. 대망의 공청단 제1 서기의 자리가 43세의 그에게 주어졌다. 후진타오, 리커창 등이 모두 거친 자리였다.

후춘화는 그러나 공청단 제1 서기 자리에 오래 머무르지 않았다. 거의 맛만 보는 수준인 2년만 달랑 재임했을 뿐이었다. 하지만 그것은 그 자리에 있기 부적합해서거나 무능해서가 아니었다. 티베트 외의 지역에서 근무한 적이 없는 그에게 다른 지역을 경험하게 함으로써 더 클 수 있도록 배려한 후진타오의 심모원려와 관계가 있었다. 이 계획에 따라 그는 2008년 3월부터 2009년 11월까지 허베이성의 부서기, 성장, 당조 서기 등을 차례로 역임했다. 이때 46세였던 그는 중국에서 가장 젊은 성장이 되는 기록도 세웠다. 이어 2009년 11월에는 네이멍구자치구 서기 자리로 옮겨갔다. 2012년 10월의 18차 전국대표대회 때에는 25명이 정원인 정치국 정치국원 자리를 차지할 가능성이 농후한 떠오르는 별이라고 단언해도 좋을 인물이다.

그는 차차세대의 가장 강력한 후계자 물망에 올라 있는 인물답게 인간적으로도 훌륭한 것으로 평가받고 있다. 그저 후진타오의 적극적인 후원만을 등에 업고 야심을 키워가는 것이 아닌 것이다. 그의 어린 시절의 행동을 일별해보면 어느 정도 감이 잡힌다. 그가 한 성에 몇 명 합격하기도 힘들다는 베이징대학에 전체 현의 문과 수석이라는 성적으로 가볍게 합격했을 때인 1979년 그의 집안은 정말 가난했다. 그야말로 땡전 한 푼 없었다는 말이 과언이 아니었다. 심지어 학비는 고사하고 베이징에 갈 차비조차 없었다고 한다. 그렇다고 그가 현 역사상 처음으로 베이징대학에 합격했다고 흥분한 현 주민들도 뾰쪽한 방법은 없었다. 하지만 그는 좌절하지 않았다. 자신이 벌어서 학비를 마련하면 되는 것 아니냐는 대범한 생각을 한 것이다. 이후 그는 실제로 대학 입학 직전의 여름방학 기간 내내 고향 인근 수력발전소 공사장에서 모래를 운반하는 아르바이트를 했다. 이렇게 해서 번 돈으로 가볍게 학비를 마련한 그는 이후에도 이런 생활 태도를 버리지 않았다. 또 그는 말보다는 실천을 앞세우는 전형적인 실천형 인물이라고 한다. 1983년 그와 함께 티베트로 들어간 400여 명의 동료들 중에서 수년 이후에도 남은 사람이 몇 손가락 안에 꼽을 정도라면 그가 어느 정도 성실한 인물인지 아는 것은 그다지 어렵지 않다. 이뿐만이 아니다. 그는 늘 철저한 현지화를 주창했다고 한다. 그가 혈통은 한족임에도 티베트어에 능통할 뿐 아니라 티베트의 가무음주에도 일가견이 있는 것은 다 이런 그의 성향이 가져다준 특기가 아닌가 보인다.

물론 그에게도 시련은 있었다. 2011년 초 네이멍구자치구에서 발생한 유혈 사태를 조기에 진화하지 못해 승승장구하던 이력에 오점을 남긴 것이다. 이로 인해 그는 한때 외신들에 의해 경쟁자들보다는 뒤처질 것이라는 얘기를 듣기도 했다. 그러나 이후 사태 해결에 적극적으로 나서는 등의 노력으로 이를 거의 만회했다고 한다. 예상대로 2012년 정치국원, 2017년 정치국 상무위원에 차근차근 오를 경우 2022년에 대권은 거의 그의 것이 된다고 단언해도 좋다.

후춘화보다 나이가 세 살 많은 선배인 저우창 후난성 서기도 눈여겨봐야 할 6세대의 별로 부족함이 없다. 후베이성 황메이(黃梅)현 태생에 시난(西南)대학 법학과 출신인 그는 더구나 후보다 먼저 공청단 제1 서기를 1998년부터 2006년까지 역임한 경력을 자랑한다. 말하자면 후보

차차세대 유력 주자 저우창.

다는 한 걸음 앞서 가던 바로 직전의 전임이었다. 당연히 후진타오와의 관계 역시 대단하다. 같이 근무한 적은 없으므로 후춘화만큼 밀접하다고 하기는 어려우나 만난 횟수로 따지면 그가 더 많을지 모른다. 이 정도에서 그치지 않는다. 그는 공청단으로 옮기기 전인 1985년부터 10년 동안은 정부의 사법부에서 근무하면서 법제사(법제국) 사장까지 지낸 실무형 이력도 자랑한다. 35세 때 사장을 지냈으니 그 역시 출세를 대단히 빨리 했다고 단언해도 좋다.

공청단 제1 서기 자리에서 물러나서도 그의 승승장구는 계속됐다. 2006년 12월부터 후난성 부서기를 필두로 성장, 서기 자리에 차례로 오른 것이다. 그는 개혁을 적극적으로 추진하는 등 업적도 만만치 않다. 예컨대 후난성 성장에 오르자마자 성내 55개 행정 및 법 집행기관의 리스트를 일반에 공개한 것이 대표적인 개혁 조치로 꼽힌다. 이어 2008년 4월에는 중국 최초의 지방 행정 절차를 규정해 통과시키기도 했다. 이는 행정권의 행사 절차를 법으로 규정해 놓은 것으로 공권력 행사의 예측 가능성과 투명성을 높였다는 점에서 높은 평가를 받았다. 그는 이 조치들을 적극적으로 추진함으로써 법치 성장, 중국 개혁, 개방 30년이 배출한 걸출한 인물이라는 극찬으로 받기도 했다.

그는 일반적으로 고관들이 간과하기 쉬운 기본적인 민생에 눈을 돌리기도 했다. 그가 전적으로 살려냈다는 평가를 듣는 유명한 둥팅후(洞

庭湖)의 수질 개선 상황을 살펴보면 알기 쉽다. 그가 후난성에 처음 부임했을 때 둥팅후의 수질은 거의 5급수였다. 공장 용수로도 쓰기 어려운 수질이었다. 그러나 그는 후난성 부임과 동시에 둥팅후 살리기에 나섰다. 먼저 경제가 파탄 난다는 원망에도 불구하고 폐수를 흘려보내는 호수 주변 250여 개의 제지 공장의 문을 폐쇄토록 하는 과감한 조치를 취했다. 이후 둥팅후 인근에는 달랑 두 개의 제지 공장만이 남게 됐다. 그것도 고도의 정화 처리 시설을 갖춘 공장이었다. 다음에는 최소한의 경비를 들여 대대적으로 호수 연안 일대를 정비하는 노력을 기울였다. 둥팅후가 계속 오염에 신음할 까닭이 없었다. 현재 이 호수는 평소에는 3급수, 비가 많이 오는 초여름부터 가을까지는 2급수를 자랑한다. 이후 그는 마오쩌둥의 체취가 어린 샹장(湘江) 살리기에도 나서 상당한 성과를 올렸다.

그 역시 특별한 돌발 상황이 일어나지 않는 한 2012년 10월의 18차 전국대표대회에서 정치국 진입을 노리게 된다. 현재 예상으로 진입 가능성 여부는 반반이다. 만약 무난하게 정치국에 입성할 경우 차기 상무위원을 거쳐 차차기에 대권에 도전하는 행보를 걸을 것이 분명할 것 같다. 무엇보다 경력이나 능력에서 모두 경쟁력이 있다는 평가를 받고 있다. 후진타오의 지지가 큰 힘도 되고 있다. 홍콩을 비롯한 일부 외신들에서는 왕리쥔 사건으로 치명상을 입은 보시라이를 대신해 충칭 서기가 될 것이라는 전망도 하고 있다. 이 경우 그의 대권 도전은 더욱 탄력을 받을 것이 확실하다.

2008년 후춘화로부터 공청단 조직을 물려받은 루하오 공청단 제1 서기는 6세대라고는 하나 나이가 거의 경악 수준이라고 해야 한다. 41세 때 공청단의 수장이 된 것이다. 이는 후진타오의 42세, 후춘화의 43세보다

차차세대 유력 주자 루하오.

빠른 기록으로 그가 얼마나 강력한 차차기의 주자인지를 잘 말해주는 분명한 사실이 아닌가 보인다. 여기에 그가 36세 때인 2003년에 중국 역사상 가장 나이 어린 베이징 부시장에 발탁됐다는 사실까지 상기하면 왜 그 젊은 나이에 차차기의 별로 주목을 받는지는 잘 알 수 있지 않을까 싶다.

루는 1967년 상하이에 출생했다. 그러나 어린 시절 산시성 시안으로 이주, 현지의 명문인 85중학을 다녔다. 될 성 부른 나무는 떡잎부터 알아본다고 그는 고교 시절에도 단연 뛰어난 인물이었다고 한다. 줄곧 반장을 맡았을 뿐 아니라 운동에도 대단한 소질을 보였다는 것이 주변 인물들의 전언이다. 일설에는 아버지 루훙성(陸鴻生) 시안건축과기대 교수의 친부로 알려져 있는 혁명 원로 루딩이(陸定一)의 후광이 승승장구에 결정적인 역할을 하고 있다고는 하나 중국에 태자당 출신이 그 외에도 많다는 사실을 감안하면 설득력은 약하다.

그는 베이징대학에 진학한 이후에는 더욱 빛을 발했다. 1987년 문화대혁명 이후 처음으로 직선제로 선출한 학생회 주석에 당선됐을 뿐 아니라 대외적인 활동에서도 단연 발군이었던 것이다. 나중에는 베이징 학생 연합회 부주석에까지 올랐다. 그는 학업 역시 게을리 하지 않았다. 베이징대학의 유명한 경제학자인 리이닝(厲以寧) 교수의 총애를 받았다면 더 이상의 설명은 필요 없다고 해야 한다.

그가 본격적으로 정치 무대에 눈길을 돌린 것은 석사 과정 학생 시절인 1990년부터였다. 이해에 베이징시 산하의 국영 기업인 칭허(淸河)방직공장의 공장장 조리가 된 것이다. 이어 그는 28세이던 1995년 직원이 무려 5000명이나 되던 칭허방직공장의 공장장 자리를 거머쥐게 된다. 당시 최연소 국영 기업의 최고 책임자였다. 그는 32세이던 1999년에는 베이징 중관춘 과학기술단지 관리위원회의 판공실 부주임 자리로 옮겨 갔다. 이어 주지하다시피 2003년 역사상 최연소 베이징 부시장 자리에 올랐다.

그는 베이징 부시장 시절 그저 상징적인 존재로만 남지 않았다. 자신이 책임을 진 베이징의 외기기업 관리와 식품 등의 제품 안전 및 품질 감독 업무에서 단연 발군의 역량을 발휘했다. 특히 한국 기업들의 애로 사항에 대해서는 적극적인 도움으로 해결해준 덕택에 중국 당 6세대 내의 대표적인 친한파로 불리고 있다.

현재 상황에서 보면 그는 2012년 10월 18차 전국대표대회에서는 일단 중앙위원회 정도에 진입하는 약진을 보여줄 것으로 보인다. 아무래도 나이가 있는 만큼 정치국원이 되겠다는 욕심을 크게 부릴 이유가 없다. 그러나 2017년에 가서는 맹위를 떨칠 가능성이 충분히 있다. 정치국원이 되는 단계를 아예 뛰어 넘어 상무위원으로 직접 발탁되지 말라는 법도 없다는 얘기이다. 시진핑 역시 2007년 10월의 17차 전국대표대회에서 이렇게 상무위원이 됐다. 이 경우 총리까지는 몰라도 상무 부총리 자리 정도는 충분히 차지할 개연성이 농후하다. 2022년 대권에 도전할 분위기를 충분히 다져놓을 수 있는 것이다. 설사 그렇지 않더라도 그에게는 2022년과 2027년이 남아 있다. 영원한 총서기, 총리 후보라는 얘기가 될 수 있다. 시진핑이 2007년 10월 거의 25년여 만에 베이징으로 올라와 그와 몇 마디 나눠보고 무릎을 치면서 감탄했다는 소문은 그냥 나온 얘기가 아닌 것 같다.

농업부장을 지낸 농업 전문가로 알려져 있는 쑨정차이 지린성 서기도 간과하면 얘기가 안 된다. 아니 어쩌면 그가 일반의 예상을 다 깨고 차차세대 별 중의 별로 우뚝 설지도 모른다는 사실을 감안할 경우 그를 주목하지 않는 것은 대단한 실수라고 해야 한다. 실제 일부에서는 차차세대의 별 중에서 가장 출발이 늦었던 그가 의외로 시진핑처럼 뒤집기에 성공할 가능성이 없지 않다고 전망하기도 한다. 그만큼 그가 최근에 보여주는 기세는 놀라움 그 자체라고 해야 한다.

쑨은 총서기 후보 0순위로 불리는 후춘화와 동갑으로 산둥성 룽청시 후산(虎山)에서 태어났다. 가난한 농촌에서 태어난 그는 말할 것도 없이 어려운 유년 시절을 보내야 했다. 하지만 공부는 잘 했다. 성격도 온화해 학창 시절 줄곧 반장을 도맡았다고 한다.

1984년 산둥성의 칭다오농학원을 졸업한 쑨은 농학자가 되겠다는 꿈을 안고 곧바로 베이징시의 농림과학원에 대학원생으로 입학했다. 이곳에서 그는 옥수수 밀생(密生. 빽빽하게 심어 재배하는 방식을 의미-저자)을 집중 연구, 석사 및 박사학위를 따냈다. 이어 정부의 장학금을 받아 1년 동안 포스트닥터 과정을 영국에서 이수했다. 그는 이처럼 농학자로서 쾌속 항진을 했다. 박사 학위를 취득한 이후에는 베이징시 농림과학원 작물연구소 부주임, 토지비료연구소 소장 등의 요직을 거쳐 농림과학원의 부원장의 자리에도 올랐다. 세계적 학자로서의 꿈 역시 서서히 키워갔다. 그는 그러나 1997년 34세 때 자신의 인생을 송두리째 뒤바꿀 수도 있는 제안을 공산당으로부터 받는다. 관계 입문을 권유받은 것이다. 그는 결단을 내렸다. 베이징 쑨이현의 부서기 자리가 바로 그의 품

차차세대 유력 주자 쑨정차이.

에 들어왔다. 그는 농학자였으나 자신의 전공을 살리면서 다른 분야에서도 열심히 일했다. 관계에 입문한지 5년째가 되던 2002년 2월 그는 현에서 구로 승격한 쑨이의 서기에 임명됐다. 중앙 부처의 사장급이기는 했으나 후춘화, 저우창, 루하오 등의 라이벌들과 비교하면 그야말로 형편없는 위상이었다. 실제로도 당시 그를 이미 차차세대의 떠오르는 별들이었던 후, 저우, 루 등과 비교하는 사람들은 없었다. 하지만 그는 이후 몇 단계씩 뛰어넘는 승승장구를 거듭했다. 2006년 12월에는 급기야 베이징 부서기조차 거치지 않은 그가 농업부장으로 발탁되는 이변이 연출됐다. 국무원에서 가장 나이 어린 43세의 부장이었다. 완전히 대기만성이 따로 없었다. 그는 나이로만 화제를 불러오지 않았다. 이후 일부의 의구심을 보란 듯이 떨치도록 하면서 그럭저럭 중국의 농정도 잘 이끌었다. 그가 농업부장에 3년 재임한 다음 역시 파격적으로 젊은 나이인 46세에 2009년 11월 지린성 서기로 이동한 것은 능력을 인정받았기 때문이라고 해도 좋다.

솔직히 그는 2006년 이전까지만 해도 주위에서 눈을 부라리고 찾으려고 해도 찾기 어려웠던 인물이었다. 속된 말로 있으나 마나 한 그저 그런 관료로 존재감이 정말 미약했다. 그러나 그는 그 짧은 시간에 그야말로 전광석화처럼 차차세대의 별로 우뚝 서게 됐다. 본인의 노력과 일중독이라는 말을 들을 정도의 성실함, 농업을 중요하게 생각하는 원자바오 총리의 전폭적인 지원이 어우러진 결과가 아닌가 보인다. 결과적으로 현재 그는 차차기의 유력한 후보군 중에서도 다크호스로 불릴 정도의 위상을 갖추게 됐다. 지금까지의 페이스만 유지한다면 2012년에는 몰라도 2017년 상무위원 진입은 불가능하지 않을 것으로 보인다. 한때 그라는 존재에 눈길조차 주지 않았던 후춘화와 저우창 등이 바짝 긴장해야 한다는 얘기가 될 듯하다.

쑨과 비슷하게 차차세대의 희망으로 혜성처럼 등장한 신성은 또 있다. 바로 2012년 1월 10일 허베이성 성장으로 선출된 장칭웨이(張慶偉. 51)라는 정치 신인이 주인공이다. 그는 어떻게 보면 쑨정차이 지린성 서기보다도 더한 신데렐라라고 해야 할지도 모른다. 2011년 8월 허베이성 부성장으로 선출될 때만 해도 베이징의 내로라하는 외국의 중국통들도 그의 이름을 몰랐으니까 말이다. 그러나 지금 그는 힘은 다소 부칠지 모르나 분명히 차차세대 별 중의 별을 노리고 있다.

허베이성 러팅(樂亭)현을 원적으로 두고 있는 그는 지린성 지린시에서 태어났다. 묘하게도 자란 곳은 또 다르다. 장시(江西)성에서 자랐다. 그는 문화대혁명이 끝난 직후인 1978년 대륙 서북 지대의 명문인 시베이공업대학 항공기설계학과에 입학했다. 이때만 해도 정계 진출에는 전혀 관심도 없었다. 석사 학위를 취득한 후 항공항천(우주비행)공업부 산하의 연구소에 입사해 로켓 연구 및 제작에 참여할 때도 크게 다를 바 없었다. 그는 오로지 중국의 국방과학 선진화에만 관심이 있었다. 그래서인지 그는 항공항천공업부에서 20년을 근무하면서 초고속 승진 가도를 거침없이 달렸다.

연구원 생활 초창기에 그는 화제도 적지 않게 남겼다. 때는 1988년이었다. 미국의 휴즈 사가 아시아 1호 위성을 중국의 창정(長征) 3호 로켓에 실어 발사하겠다는 의사를 타진했다. 미국으로서는 비용절감을 위한 단순한 실험적인 제안이었다. 그러나 중국으로서는 대단한 도전이었다. 이때 휴즈 사는 협력을 위한 협상 장소에서 위성이 선회를 시작한 후에 로켓이 분리돼야 한다는 조건을 내걸었다. 중국 측은 까다로운 조건에 아주 난감해 했다. 당시 협상 장소에 우연히 참석해 있던 장칭웨이는 자신도 모르게 뒷줄에서 튀어나와 말했다.

"그것은 제가 해결할 수 있습니다."

항공항천공업부는 달리 방법이 없었다. 죽이 되든 밥이 되든 햇병아리 연구원인 장칭웨이에게 중책을 맡겨야 했다. 그는 기대에 어긋나지 않았다. 뛰어난 컴퓨터지원설계(CAD) 능력을 발휘해 프로그램을 만들고 시뮬레이션을 구축했다. 휴즈 사는 대만족했다. 아시아 1호 위성은 1990년 4월 발사에 성공할 수 있었다. 이해에 30세 문턱에 있던 그는 이로 인해 고급 엔지니어로 파격적인 승진을 했다. 이어 91년 30세 때는 유인 우주선 탑재 로켓의 부총설계사에 임명됐다. 과학자로서는 드물게 보는 승승장구였다. 그는 2001년에는 마침내 중국 우주항공 분야의 연구, 제조를 총괄하는 항천과학기술그룹의 총경리로도 승진했다. 고작 40세의 나이에 중국 최대 우주비행 그룹의 선장이 된 것이다. 이후에도 그의 실적은 눈부셨다. 유인 우주선인 선저우(神舟) 5호 및 6호의 발사 지휘 업무를 총괄해 가볍게 성공으로 이끌었다.

2007년 8월 말 전인대는 46세의 그를 부장급인 국방과학공업위원회 주임으로 임명했다. 그는 이어 2008년 3월에는 비행기 제조 회사인 중국상용기유한책임공사의 회장과 당조 서기를 맡은 다음 2011년 허베이성 서기에 임명됐다. 자의와는 관계없이 어느덧 정치인이 돼버린 것이다.

그는 첫눈에 봐도 정치 경력이 일천하다. 그러나 다크호스가 될 가능성은 충분하다. 쑨정차이가 베이징시의 한 구에서 빌빌거리다 일약 농업부장으로 발탁된 다음 차차기의 유력한 후보로 떠올랐듯 말이다. 현재 중앙위원으로 있는 만큼 2012년 정치국원, 2017년 상무위원을 거쳐 대권에 도전한다고 해서 놀랄 사람도 별로 없을 것 같다. 만약 그가 진짜 총서기에 도전하게 된다면 중국 정치는 질적으로 완전히 한 단계 더 업그레이드되지 않을까 싶다. 실무형 인재를 중시하는 것에서 더 나아가 아예 최고 지도자 후보로도 키운다는 사실을 만방에 과시할 수 있을 테니 말이다.

차차세대의 별로는 이들 외에도 쑤수린 푸젠성 성장과 저장성 상무 부성장으로 일하다 2012년 연초 구이저우성 부서기로 옮긴 천민얼을 더 꼽을 수 있다. 50세 갓 넘은 나이나 성장, 부장급의 중량급 보직에 자리하고 있다는 사실만으로도 차차세대 후보군에 진입할 자격을 충분히 갖추고 있다. 더구나 둘은 시진핑과 밀접한 관계도 맺고 있다. 다소 떨어지는 지명도를 차세대 지도자의 확실한 지원으로 메우고 있는 현실이다.

현재로서는 누가 시진핑의 뒤를 이을지는 누구도 모른다. 그만큼 10년 세월은 길다면 길다. 기상천외한 일들이 일어나도 수만 번은 일어날 수 있는 시간이다. 때문에 지금 유력한 후보도 어느 순간 조용히 무대에서 사라질 수도 있다. 그러나 최소한 앞에서 열거한 차차세대의 별들 중에서 총서기가 나올 가능성은 거의 100%에 가깝다고 해야 한다.

3 _
자신의 사람 후계자로 하는 것은 쉽지 않을 듯

시진핑은 자신의 퇴임 후 안전을 생각해서라도 가장 아끼고 믿을 만한 후계자를 뽑고 싶을 수밖에 없다. 그러나 현실적으로 자신의 의지대로 이렇게 하기는 정말 어렵다. 후진타오조차 자신의 뜻을 관철시키지 못해 장쩌민이 시진핑을 강력하게 미는 것을 지켜보면서 리커창의 비운에 가슴으로 울지 않았는가. 완전히 죽 쒀서 누구에게 줬다고 할 수 있었다. 하기야 역사를 조금 뒤로 더 돌려보면 장쩌민이라고 다를 까닭이 없었다. 후진타오보다는 자신이 믿을만한 상하이방의 떠오르는 스타, 이를테면 쩡칭훙, 우방궈 같은 인물들을 후계자로 삼으려 했으나 후진타오에 한 번 필이 꽂힌 덩샤오핑의 뜻을 꺾지 못해 생각을 접을 수밖에 없었다. 이렇게 보면 중국 정계에는 전임 최고 지도자가 후계자를 지명하는 데 있어 보이지 않는 어떤 규칙이나 시스템이 있다는 사실을 어렴풋이 알게 된다. 요즘 유행하는 말로 하면 첸구이쩌(潛規則), 다시 말해 관례이다. 그것은 바로 최고 지도자가 자신의 후임을 지명하는 것이 아니라 후임의 후임을 지명한다는 사실이다. 덩샤오핑이 후진타오, 장쩌민이 시진핑을 비공식적으로 지명한 것을 보면 이 사실은 어느 정도 증명이 되지 않나 보인다. 이를테면 징검다리 식 지명 내지 권력 승계가 중국 정계의 불문율이라고 봐도 크게 틀리지 않을 성 싶다.

후계자 지명 시스템에 따르면 시진핑의 뒤를 이을 차차세대의 지도자는 후진타오가 비공식적으로 지명하게 돼 있다고 해도 크게 틀리지 않는다. 따라서 현재로서는 후춘화, 저우창, 루하오 등이 대권 경쟁에서 가장 앞서 달려가고 있다고 해도 좋다. 또 원자바오가 물을 주고 키운 쑨

시진핑이 후계자로 염두에 두고 있는 쑤수린.

정차이 역시 후진타오가 눈길을 전혀 안 주지는 않으나 어느 정도 가능성은 있다. 장칭웨이 역시 크게 다르지 않다. 자신처럼 실무 관료, 즉 테크노크라트라는 사실에 상당히 높은 점수를 줄 수도 있을 것으로 보인다. 홍콩을 비롯한 서방 세계의 외신들 역시 대체로 이런 분석에 힘을 실어주고 있다.

따라서 시진핑의 직계인 쑤수린이나 천민얼은 다소 어려울 가능성이 다분해진다. 한참 떠오르는 별이니 황태자니 하면서 소문만 무성하다 2인자의 자리에 만족할 수밖에 없게 될 수 있다. 현재로서는 비관적이라고 해야 하는 것이 정답이다. 솔직히 후진타오는 이들에 대해서 그다지 잘 알고 있지 못하다고 해도 좋다. 더구나 이미 인재 풀을 충분히 확보하고 있는 그가 늘그막에 어디에 인재들이 더 있는지 노구를 이끌고 찾아 나서면서 엉뚱한 고생을 할 이유도 굳이 없다.

하지만 시진핑이 그렇다고 자신의 영향력을 포기한 채 10년 세월을 흘려보낼 수는 없는 일이다. 어떻게든 자신이 키운 인재를 후계자로 낙점하기 위한 노력을 기울여야 한다. 또 그게 인지상정이기도 하다. 그래야 퇴임 후 자신과 가족 내지는 친인척들의 안전을 보장받는 것이 가능하다. 더구나 후진타오가 자신의 임기 중에도 정신적, 육체적으로 건강을 유지한다고 단언하기도 어렵다. 시스템대로 후진타오가 차차세대 후계자를 지명하지도 못할 가능성을 염두에 둬야 하는 것이다.

시진핑의 마음 속 후계자 천민얼.

이 경우 당연히 그는 쑨수린과 천민얼을 가장 머리 속 깊숙한 곳에 심어두지 않을까 싶다. 현재로서는 두 사람이 시진핑과 밀접한 관계를 가지고 있는 486세대 중 가장 고위직에 있는 별들이라는 얘기이다. 또 밑으로 조금 더 내려가면 위상은 다소 약하나 능력 하나만큼은 뛰어난 쉬린 상하이 시 상무위원을 찾을 수도 있다. 시진핑이 마음만 먹고 키워준다면 쑨정차이나 장칭웨이처럼 되지 말라는 법이 없다. 실제로도 그가 그렇게 나올 가능성도 크다.

방법은 많다. 파격적이기까지는 않더라도 적극적으로 중용하면 어려울 것도 없다. 세 사람 정도는 그가 그렇게 해도 주위에서 뭐라고 하지 못할 경쟁력도 충분히 갖추고 있다. 그가 본격적으로 당정을 장악하면 세 사람이 더욱 두각을 나타낼 것으로 예상할 수밖에 없는 이유는 바로 여기에 있다.

만약 시진핑의 의도대로 자신의 측근들이 맹활약할 경우 욕심을 부려볼 수도 있다. 시스템을 무시하는 것은 아니나 후진타오에게 "자, 내가 키운 사람들이오. 어떻소?"하고 압박을 가해볼 수는 있는 것이다. 또 치사하기는 해도 후진타오의 약점을 건드려 자신의 의지를 관철하는 것도 방법이 될 수 있다. 후진타오 역시 가족의 비리와 관련해서는 할 말이 없는 사람인 까닭이다.

최악의 경우는 시진핑이 시스템을 무시하고 독단적으로 후계자를 키우고 지명할 수도 있다. 그러나 이렇게 되면 권력 투쟁의 양상을 불러오게 된다. 본인이 다치든 후진타오가 다치든 비극을 불러오지 말라는 법이 없다. 또 다치는 쪽의 내상은 대단히 심각해진다. 중국 전체의 운명과도 관계가 될 수도 있다. 당연히 국가적으로 불행해질 가능성이 훨씬 높아진다. 둘이 모두 다치면 더 말할 나위가 없다. 이때는 G2에서 굴러떨어지는 엄청난 횡액을 입을 수도 있다.

물론 시진핑이 후진타오와 적당하게 타협하는 선에서 차차세대의 지도자를 낙점하는 것도 방법이 될 수 있다. 이 경우 각각 자신들이 추천하는 대표 주자를 런닝메이트로 엮는 것이 가능하다. 예컨대 후진타오가 낙점하는 인물은 총서기, 시진핑이 지원하는 인물은 총리가 되는 식이다. 당연히 반대의 조합 역시 가능하다. 또 각 5년씩 한 번만 총서기를 하도록 윤번제를 도입하는 것도 반드시 나쁘다고 하기 어렵다. 오히려 이게 권력의 정체와 최고 지도부 주위에서 각종 비리가 만연하는 나쁜 풍토를 막는 역할을 할 수도 있다. 나아가 인사 적체 문제에도 적지 않은 긍정적 효과를 가져올 가능성도 있다.

그러나 어쨌든 결론은 시진핑이 10년 동안 자신의 뜻대로 권력을 운용한다고 하더라도 자신의 사람을 최고 권좌에 올리는 것만은 쉽지 않을 것이라는 쪽으로 나온다. 어떻게 보면 기분이 나쁠지 모르나 전임자들의 입장을 생각한다면 받아들여 가슴으로 곰삭여야 한다. 또 그렇게 할 경우 차차차세대의 지도자를 그가 비공식적으로 지명할 날도 오기 마련이다.

4 _
과연 태상황이 될 것인가?

막강한 권력을 휘두르면서 온갖 화제의 중심에 있다가 어느 날 갑자기 권좌에서 내려와 사람들에게서 잊혀진다는 것은 정말 괴로운 일이다. 어떻게 보면 그렇게 되는 것보다는 깨끗한 죽음이 더 나을 수도 있다. 동서고금을 막론하고 권력 맛을 한 번 본 사람이 여간해서는 그 막강한 힘을 보장해주던 자리에서 내려오려고 하지 않는 것은 다 이유가 있는 것이다. 현대의 중국이라고 다를 까닭이 없다. 마오쩌둥이 말년에 문화대혁명을 일으킨 이유를 살펴보면 바로 설명이 된다. 한때는 자신의 앞에서 감히 고개를 뻣뻣하게 들지조차 못하던 류사오치와 덩샤오핑이 민심을 얻으면서 급속도로 뜨자 견디지를 못한 것이다. 결과적으로도 그는 작심하고 이들을 제거하기 위해 전 대륙을 대동란으로 몰아넣었다. 덩샤오핑 역시 크게 다를 것이 없다. 세상을 떠나는 그 순간까지 세상에서 잊혀질 것이 두려워 권력을 손에서 놓지 못했다.

이미 은퇴한 장쩌민이나 곧 은퇴할 후진타오도 다르다면 이상하다고 해야 한다. 실제로도 그렇다. 장쩌민은 이미 태상황으로서의 입지를 확실하게 굳혔고 후진타오 역시 전임자가 걸었던 길을 가고자 하고 있다.

미래 권력인 시진핑에게 있어 가장 좋은 시나리오는 아예 권력을 놓지 않는 것이라고 할 수 있다. 그러면 잊혀지는 것을 걱정할 필요도 없다. 그러나 총서기 2회 연임은 공산당이 존재하는 한 만고불변할 철칙이다. 정치적인 위험을 무릅쓰고 이 규칙을 바꾸지 않는 한 그 역시 2022년에는 총서기, 2023년 3월에는 국가 주석 자리를 내놓고 박수를 받으면서 자연인으로 돌아가게 된다. 따라서 무리하기보다는 선배들인 장,

후 등처럼 태상황이 되는 길을 선택하는 것이 더 현명하다고 해야 한다. 그렇다면 그는 과연 선배들처럼 명실상부한 태상황이 될 수 있을까? 특별한 일이 없는 한 가능성이 높다고 할 수밖에 없다.

그가 태상황이 될 경우 역시 좋은 점은 한두 가지가 아니다. 우선 중난하이에서 세상을 떠날 때까지 머무르는 것이 가능하다. 설사 본인이 원하지 않더라고 의무적으로 그렇게 해야 할지도 모른다. 그의 모든 일거수일투족을 챙기는 것이 임무인 이른바 판공실 역시 설립된다. 철통같은 경호가 보장되는 것은 너무나 당연하다. 여기에 본인이 원할 경우에는 정치적인 영향력 역시 계속 행사가 가능하다. 당정 부장급의 인사에 개입하는 것은 기본이고 자신이 키우고 싶은 미래의 스타들을 적극적으로 후원하는 것도 전혀 불가능하지 않다. 차차세대의 후계자를 직접 낙점하는 권리 역시 비공식적으로 가지게 된다. 한마디로 공식적인 행사에 등장하는 것만 빼고는 이전에 누리던 권력의 상당 부분을 퇴임하고서도 향유할 수 있다.

물론 시진핑이 태상황이 되지 못할 가능성도 전혀 없지는 않다. 이 경우는 최악의 돌발 사태가 일어날 때 현실화될 수 있다. 우선 정치적 이유로 실각하는 케이스를 들어야 할 것 같다. 이렇게 되면 태상황은 둘째 치고 비운의 주인공이었던 자오쯔양처럼 되지 말라는 법도 없다. 측근에게 뒤통수를 맞은 보시라이의 최근 횡액을 보면 그 역시 안심해서는 절대 안 된다.

그가 철저한 공산주의자답지 않게 정치 개혁에 눈을 돌리게 될 때도 비운은 그를 비켜가지 않을 가능성이 있다. 이는 미국을 비롯한 서방세계가 내심 은근하게 바라는 바이기도 하다. 당연히 집단 지도 체제를 이루고 있는 당정 지도부는 이를 용납하지 않게 된다. 장쩌민이나 후진타오 역시

시진핑이 태상황이 되면 풍광이 아름다운 중난하이에서 여생을 보내게 된다.

용납할 까닭이 없다.

그의 임기 내에 공산당이 힘을 잃어 자연스럽게 권력을 놓게 될 때는 더 말할 것이 없다. 이 경우 그는 태상황은 둘째 치고 영어의 몸이 되지 말라는 법이 없다.

그러나 현재 상황만 놓고 보면 그가 10년 임기를 다 못 채우고 태상황으로도 대접받지 못할 가능성은 비교적 낮다고 해야 한다. 그 역시 선배들인 장쩌민, 후진타오 등이 걸은 길을 그대로 답습할 것이라는 얘기이다.

물론 그가 은퇴한 후에도 장쩌민이나 후진타오가 계속 생존해 있을 경우 정치적 영향력이나 대우는 과거 덩샤오핑이 누리던 것과는 많은 차이가 날 수밖에 없다. 은퇴할 때의 나이가 채 70세 직전이 될 것이라는 사실을 감안하면 더욱 그렇다고 해야 한다. 하지만 세월이 흘러감에 따라 점점 권위를 세워간다면 그 역시 장쩌민이나 후진타오를 넘어 덩샤오핑과 같은 태상황의 영향력을 행사하지 말라는 법도 없다. 은퇴 이후의 행보가 더욱 아름다워 보이는 미국의 지미 카터 전 대통령처럼 존경을 받지 말라는 법 역시 없다.

에필로그

모진 사람 옆에 있으면 벼락 맞는다는 말이 있다. 그러나 그것도 어떻게 보면 운명이라고 해야 한다. 감수하거나 벼락 맞지 않을 방법을 모색해야 한다. 한국에게 있어 중국은 어쩌면 이런 모진 사람인지도 모른다. 5000년 동안 내내 옆에 붙어 있으면서 한국에게 가한 적지 않은 고통을 상기하면 확실히 이렇게 말해도 틀리지 않는다. 하지만 이 운명을 외면하면 한국에게 미래는 없다. 반대로 적극적으로 벼락을 맞지 않을 방법을 모색하거나 이 운명을 이용하는 적극성을 보여야 미래가 고통스럽지 않게 된다. 심지어 잘하면 곧 G1으로 부상할 중국으로 인해 한민족 사상 유례 없는 국운 융성의 길을 찾을지도 모른다. 이렇게 되기 위해서는 말할 것도 없이 현미경까지 들이대겠다는 적극성을 보이면서 중국과 중국인을 연구해야 한다. 더불어 중국과 13억 중국인의 운명을 걸머진 지도자에 대해서도 지대한 관심을 갖고 연구, 분석할 필요가 있다. 이렇게 하지 않는 것은 솔직히 직무유기라고 해도 좋다. 그러나 지금 한국 출판계에서는 어찌된 일인지 차기 지도자인 시진핑에 대한 평전 하나 나오지 않고 있다. 그가 곧 후진타오의 뒤를 이어 차기 총서기에 오를 것이 거의 확실해진 것이 무려 5년이나 됐는데도 말이다. 그나마 다행인 것은 세 권의 책이 번역돼 유통이 되고 있다는 사실이 아닐까 싶다.

필자는 당초 이 책을 쓸 생각을 하지 않았다. 그러나 아무리 기다려도 한국인 필자가 나올 것 같지 않은 현실을 보고 마음을 고쳐먹기로 했다. 마침 글로연의 이희원 사장께서 시진핑 평전을 기획하고 필자에게 의사를 타진했다. 거부할 이유가 없었다.

하지만 원고를 탈고하기까지에는 어려움이 많았다. 무엇보다 1차 자료가 턱없이 부족했다. 중국 현지에서는 그에 대한 책 하나 출간된 적이 없었으니 더 이상의 말은 사족이라고 해야 할 것 같다. 홍콩과 대만, 일본의 서적들을 대거 참고한 것은 그래서 어쩔 수 없는 선택이었다고 해도 좋다.

필자는 이외에도 그동안 보도된 그에 대한 중국 언론의 기사들도 대거 활용했다. 9년 동안 언론사 베이징 특파원으로서 경험하고 느낀 것들은 더 말할 것이 없었다. 이 책에 그대로 녹아 있다고 해도 좋다.

필자는 가능하면 중국과 시진핑에 대한 편견을 가지지 않고 이 책을 쓰려고 했다. 실제로도 그랬다고 자부하고 싶다. 그럼에도 중국과 그를 너무 폄하했다는 평가를 받을 수도 있다. 반대의 경우 역시 마찬가지다. 만약 이에 대해 독자 제현들이 이의를 제기한다면 진지하게 받아들이겠다.

아무쪼록 이 책이 중국과 중국인, 나아가 13억 인구의 최고 지도자를 알고자 하는 한국 독자들에게 읽혀져 중국이라는 운명에 슬기롭게 대처하는 데 일조를 해줬으면 한다. 기회를 주신 이희원 사장님께 다시 한 번 감사를 드리고 싶다.

2012년 3월 1일 용인 성복동 우거에서

시진핑

13억 중국인의 리더, 그는 누구인가?

1판 1쇄 인쇄 2012년 03월 02일
1판 1쇄 발행 2012년 03월 12일

지은이   홍순도

발행인   이희원
편집장   오승현
디자인   윤시호

발행처   ㈜글로연
주소   서울시 마포구 서교동 353-1 서교타워 1204호
전화   (02)325-8558 / 070-8690-8558
팩스   (02)325-8586
e-mail   shoh@gloyeon.com
출판등록 2004년 8월 23일
등록번호 제313-2004-196호

ISBN   978-89-92704-35-9 03300
값 15,000원

✽ 이 책은 저작권법에 따라 보호받는 저작물이므로 무단전재와 무단복제를 금합니다.
✽ 잘못된 책은 구입하신 서점에서 교환해 드립니다.